法国理论

第八卷

陆兴华　张生　主编

上海文化出版社

图书在版编目(CIP)数据

法国理论. 第八卷 / 陆兴华，张生主编. —— 上海：
上海文化出版社，2022.10
ISBN 978 - 7 - 5535 - 2478 - 8

Ⅰ.①法… Ⅱ.①陆… ②张… Ⅲ.①思想史—研究
—法国 Ⅳ.①B565

中国版本图书馆 CIP 数据核字(2021)第 266128 号

出 版 人　姜逸青
责任编辑　赵　静　张悦阳
装帧设计　王　伟

书　　名　法国理论·第八卷
主　　编　陆兴华　张　生
出　　版　上海世纪出版集团　上海文化出版社
地　　址　上海市闵行区号景路 159 弄 A 座 3 楼　201101
发　　行　上海文艺出版社发行中心
　　　　　上海市闵行区号景路 159 弄 A 座 2 楼 206 室　201101　www.ewen.co
印　　刷　常熟市文化印刷有限公司
开　　本　890×1240　1/32
印　　张　11.75
印　　次　2022 年 10 月第一版　2022 年 10 月第一次印刷
书　　号　ISBN 978-7-5535-2478-8/B.020
定　　价　65.00 元
告 读 者　如发现本书有质量问题请与印刷厂质量科联系　T：0512-52219025

编 者 前 言

1870 年前后,尼采被电报的发明所震惊,感到身边的现实突然开始流动而变得混沌。现代文化工业、大众媒体和今天的社交媒体对加速进一步加速,为官僚机器所规划和督办的社会背后的消费社会创造出更多需求、交换和利润套路。今天的拼多多、美团这样的数码平台,通过训练计算机对图像的识别来改进平台算法,正全方位地加速我们的实践生活、日常生活、社会和家庭生活,只为迫不及待地使资本获得更高的回报率(在技术发展的趋势必然使资本的总体回报率不断下降的大势之下)。我们想要过自己的私人生活,也许都已太迟。最近一段时间以来,我们不都有了一种自己只是一个会点外卖的木乃伊的感觉吗?

但另一方面,在这通过外卖和快递就能搞定一切的世界里,我们也吃惊地发现,各种加速主义的征兆非但没有消失,反而更加"抬头不见低头见",甚至遍地都在冒出。新冠疫情在美国告急之后,连特朗普这样的极右民粹势力,也立刻下意识地拣起了某种战时的经济方针,下措施前一点都没犹豫,这让我们感觉到,其实加速主义的潜在目标,也就是资本主义的自我毁灭,它如某种链条传动般到来,它早已在所有人的心口等候多时了。这是全球加速过程暴露在我们面前的惊人的矛盾,也是来自我们时代的一个忧喜参半的消息。

加速正在使全球化走进一种新的旋律,也给世界带来全新的暴力。我们当前在全球各地经历的那种技术暴力,正是由速度带来的。而在加速和被加速中,作为99%的我们正在被更快地内卷化,须从自己身上的内因出发,才能逆转由文字、机械、模拟和数码短记忆第三存留对我们的内卷。这一内因(quasi causality)是:我们用自己的欲望去逆转,将运动逆转为时间,用我们个人的欲望机器,去逆转资本主义式统治机器对我们身体的捕捉和对我们欲望的抽吸。

今天普遍的加速是全球资本主义系统在过去的五百年间不断失禁、无底线地将自己捅开的结果。它践踏了人类理性,给理性加速,使之自动化,进入大数据循环,使全球人民进入无理性、无节制的深度学习。我们将用什么来包扎这个被速度及其暴力刺得千疮百孔的时代,然后通过梦的综合,在一个新的早晨,苏醒于另一个时代?用欲望。我们的欲望有无限速度,能够用它自己无限的快和无限的慢,去克服全球资本主义控制论平台对我们的加速。

而对于加速以及与其有密切关联的加速主义的讨论,不仅已经成为法国思想家以及其他欧美国家思想家关注的焦点问题,近年来也已经成为国内学术界关心的话题,而且正在加速"出圈",进入大众文化及生活领域。在法国思想家中,对于加速的关注,最早应起于维利里奥对于"速度"(vitesse)的观照,他认为速度是社会发展最为关键的驱动力,而且,速度带动了从交通运输到信息传播乃至科技发展以及社会各个方面的"加速"(accélération),以此为基础,他建立了"竞速学"(dromologie)。而他的这一有关速度的思想对德国社会学家罗萨的社会加速理论产生了重要的影响,后者对因加速而引起的科技及社会变迁以及人们生活步调的加速现象作出了深入的研究。而且,他曾来访中国,期间还曾到同济大学人文学院及多所大学介绍自己的社会加速理论,因此他对以高铁为特征的"中国加速"或"加速中国"现象也有了切身的体验,并作出了别出心裁的富有"加速"色彩的解释。

当然,因速度和加速引发的理论加速中,最重要的还是所谓"加速主义"(Accelerationism)的出现,其中,以英国华威大学的尼克·兰德等人为代表的"华威加速主义"最为醒目。尼克及其学术同伴糅合了未来主义,德勒兹和加塔利对资本主义对人的解放作用的揭示,以及赛博文化对社会的加速作用等,尤其是对马克思的社会变迁思想的吸收,形成了加速主义的基本理论框架。而其最根本的思想指向就是对当下资本主义所主导的科技及社会的加速采取一种"乐观其成"的态度,而不是海德格尔对待技术的那种"泰然任之"(Gelassenheit)的一厢情愿的做法,他们希望资本主义自身在其犹如过山车一般的加速中抵达至极限,从而迎来一个崭新的未来。显然,这一理论有着强烈的弥赛亚色彩,但其思想加速的"轨道"却是马克思的"前见"所勾画的资本主义的"逃逸线"。

因此,我们可以说,加速主义是20世纪末以来西方马克思主义这一古老苗圃里长出的最重要的新枝,罗萨就通过其加速思想对法兰克福学派的马克思主义传统进行了创造性的拓展。有人将加速主义与其产生的具体思想场域抽离,指斥其为一种腐蚀现有社会体制的政治手段,未免简单粗暴。这也是《法国理论》及时对加速及加速主义思想进行集中关注的原因。本期的中外作者们对加速与加速主义,对马克思主义、列宁主义、全球化和当代中国被加速的城市化等议题,进行了深入解读和反思。同时,诸多作者也从技术哲学的角度,来反思当代中国的"高铁式"和"支付宝式"现实,和当前全球思想界中的那些超人类主义、后人类主义倾向,给一路前冲的我们补上一些反思对冲力。希望这一期《法国理论》为国内关于加速主义与中国当代现实的讨论提供更多、更广的语境。

作家和画家亨利·米修认为自己是一个线性加速者。他主动加速,从写作转向绘画,给我们绘出了一条条伟大的逃逸线和逆溯线。他想要抓住那根还飘在远方的外面线,像梵高那样。后者在信里对他弟弟说,他正等着一种色彩到来,后者是他的救命线,如果拉不住它,他就会恐惧,要透不过气,会瘫痪。德勒兹说,米修活在他的自我折叠之中,总要到最外面的地方,去找他自己的最里面。他永远活在风暴眼里的那刻宁静之中。米修能够成为我们克服当代加速之毒性的导师吗?我们邀请大家读陈洁琳的《亨利·米修的绘画思想研究》。

米修说,吸毒后,他就成了一条被加速的毒品线,开始向各个方向流星般散失,成为分子,走向分子般的运动。那为什么他又主动戒毒了?因为,他发现,有无限快的电子速度正在穿过他的身体,于是他想要使自己的身体变得无限地慢。他说,须在快里找慢,将外面折叠到里面,待在风暴的中心,才是最优美的;做一个漂浮在大浪上的酒瓶木塞,才是精彩和优雅的。那么,在一切被加速的过程之中,你是用什么褶子缠绕住你自己,最终战胜了被内卷,在外面找到了自己的里面?

米修向我们提出并回答了下面这些问题:我们如何在快中变慢?如何脚踏两个电子而稳定地在控制论回路中循环,走向我们自己心理、集体式的个体化?如何将快折叠到我们的慢之中?将外面和远方折叠到我的里面?权力包围着我们,但同时,那远方线、海洋线、死亡线正以失控的速度,将我们卷走。我们正被两种相反的力量撕扯。这时,穿过我们身体的那一巨大速度就是思想。速度才是思想。而我们思想,就是为了在这一大流动、大加速之中巍然不动，并泰然处之。

米修在《褶皱中的生活》中说：我生来就千疮百孔，我是将自己建在了一根缺席的柱子上。在逃逸线上拾起的任何东西，都可以成为我们的致命武器，这时，我们自己也能成为武器。米修在《一个欧洲野蛮人在中国》中说，鸦片并不能定义中国，中国人其实从来都是抽烟的。中国人喜欢到处弄些小发明，这是一种伟大的能力。他们本来是能够发明刀叉的，但发现那太过简单，于是就拿起了很难用的筷子。

如今，在云计算平台上，中国人民应该如何驾驭电子呢？信息传输的速度都达到光速的3/4了，如何用发明筷子的精神去应对它？斯蒂格勒在中国讲学时说，光用我们的欲望的速度，就能够战胜信息传输的速度对人类的内卷，因为，欲望的速度也可以无限地变快和变慢。

斯蒂格勒在"南大讨论班"中曾要求我们用怀特海的过程哲学，来理解正发生于当代人身上的那种加速现实。怀特海告诉我们，自然过程和文化过程并不对立。他的宇宙论告诉我们，在一个动力上互锁的各种螺旋中，各种速度的配方实现了无限的速度，它就是我们的当代思想。思想，才能克服加速。我们用思想去打断、去自动化，改变规则的那种力量就是知识，也叫历史，属于人类理性的功能（函数）。历史向我们揭示了两个方向，一是物的朽烂，二是如春天到来般一切的更新。人类理性是对历史中起源性元素的自我约束。如果没有人类理性的这一操作，这些起源性元素就会进入混乱。在今天，当思想和理性在改变规则时，我们必须在速度上超过近光速的计算机的运算速度。我们必须无限地快，又无限地慢，这才能逃出既定的回路，找到一条逆人类的逃逸线，去建立欲望的心智经济、生物圈内的贡献式经济。

可是，去年初秋，我们所敬爱的斯蒂格勒老师不幸地离开了我们，在这人类世的寂寥天空下，我们深感肩上的担子更重了。这一期中，我们发表了一组他在最后时刻发表的文本和他的学友们缅怀他光辉一生的文章，算是代表了他在中国的学友们，从汉语语境出发的对他的怀念。

《法国理论》经过这些年的历练，正到达其自我认识的成熟季节。我们衷心感谢一路陪伴我们至此的每一位读者和关心者。你们的信赖使我们不安，使我们不敢放慢脚步。

2021 年 5 月 10 日于同济

《法国理论》编辑部

目 录

斯蒂格勒纪念专题

"从黑夜中诞生了白昼",是对不完美的克服

贝尔纳·斯蒂格勒/文

郑　　重/译

> "圆梦最好的方法,就是醒来。"
>
> ——保罗·瓦莱里

　　到了 22 世纪初,那些还住在生物圈(biosphere)里的人,会在 21 世纪经历什么呢? 早在 19 至 20 世纪,生物圈就成了技术圈(technosphere),因此,这个时期也被叫做人类世(Anthropocene)。提出这个问题的,是联合国政府间气候变化专门委员会(IPCC)最近的报告,以及安东尼奥·古特雷斯①于 2019 年 1 月 24 日在达沃斯世界经济论坛上发表的评论。目前,我们所知的 21 世纪是这样的:

- 对熵进行逆熵式的延异(negentropic differance)——也就是我们说的生命可能走到了尽头;
- 于是在这个世纪,我们肩负起一个责任——保护所有形式的生命。

---

① António Guterres,联合国秘书长。——译者注

　　早在 30 亿年前，生命出现在地球上，而且变得越来越复杂，从单细胞生物变成多细胞生物，由此组成了活的生命体——动植物，而它们则由多细胞的内脏构成。让-马蒂斯特·拉马克称它们为有机物。之后，到了 300 万年前，体外有机物（exorganisms）出现了，也就是能通过体内器官（endosomatic organs）——特别是手和脑——来形成体外器官（exosomatic organs）的有机物。

　　我所说的体外有机物，通称为人类，因为对于人类而言，体外器官比体内器官更重要，斯蒂芬·霍金就是这样把他丧失行动能力和伤残的状况转变成了物理思想——一种关于运动的思想；再如，荷马、史蒂维·旺德、雷·查尔斯都是盲人，却打开了我们的视野；还应该提到查理·帕克和约翰·柯川这两位和海洛因的关系；还有，断了两根手指的强戈·莱因哈特（Django Keinhardt）重新演绎了吉他；罗伯特·怀厄特（Robert Wyatt）在轮椅上写下并演奏了《石头底下》（*Rock Bottom*）；而吉尔·德勒兹则告诉我们，乔艾·布斯凯（Joë Bousquet）是成了他自己伤口的准因（quasi-cause）后才开始写诗的。①

　　这些独特性赋予了体外化（exosomatisation）以形式，也就是学术上的、心智上的（noetic）、艺术上的塑型（modelling）和成型；这些独特性非同凡响、无与伦比，是不可计算和用之不尽的。说它们用之不尽，是指它们滋养了我所说的"精神的枯木"（spiritual necromass），或心智的腐殖质②：从森林幽灵和祖先崇拜到数据库，其中还包括销声匿迹的亚历山大图书馆、遍布欧洲

---

①　诗人布斯凯在一战中受伤，腰下瘫痪，却说："我的伤口先于我存在；我生来就是要体现它的。"——译者注

②　noetic humus，即腐殖质，指土壤中无生命的、细小的有机物，由动植物遗体经微生物分解而成。——译者注

的各大皇家图书馆,还有博物馆——最早是在雅典,然后成了文人共和国(Republic of Letters)中的珍品陈列室,而在所有这些的基础上,才有了作为国家博物馆的卢浮宫,以及狄德罗和路易·塞巴斯蒂安·梅尔西埃(Louis-Sébastien Mercier)对卢浮宫抱有的解放性的理想。

一个作品是什么?它在体外化中打开一条路,从而逆转了熵的生成(the entropic becoming)这一热力学现象,或是形成一个回路——也就是递归(recursivity),这个回路处于一团复杂回路的集合中。

*

这变成了新的进化法则,正像阿尔弗莱德·洛特卡在 1945 年指出的那样,并且通过研究的劳动(the work of study)而持续成为精神的枯木,同时也是心智的腐殖质。[①]

这团回路集合的缠绕,可以临时形成逆熵的本地性(locality)。生命本身就有这样的本地性,正像埃尔温·薛定谔指出的那样,但却是以另一种模式——体内化模式——来呈现的。而那种逆熵的本地性,则是通过把时间之箭(arrow of time)[②]推迟和差异化(differantiating),让它拐个弯,同时又药式[③]地使其加速而实现的。在人类世冒这样的风险,会引发不可逆的崩溃。

---

① 《作为最高原则的进化法则》(Alfred J. Lotka, *The Law of Evolution as a Maximal Principle*, in: Human Biology 17 [1945], p.167—94)。

② 爱丁顿(Arthur Eddington)借时间之箭描述宏观上时间明显的方向性,可物理学在微观上几乎完全是时间对称的,也就意味着物理定律在时间走向倒转后仍为真。——译者注

③ pharmacologically,指既是毒药,又是解药。——译者注

*

一个作品，在根本上不可削减地来自体外化，于是，

- 一方面，这使得时间之箭有可能在射往熵和人类熵（anthropy）的方向上推迟（defer）和偏离（differ）；
- 另一面，它也加速了熵和人类熵的产生，但隐藏了熵和人类熵的迂回路线；

因此，我们要关心留传给我们的作品，以便通过雅克·德里达所说的作品的播散（dissemination）来增加它们的延异，同时也为了减少它们必然具有的毒性：作品，本质上作为体外化，其实是必不可少的药（Pharmaka）。

一个作品，可以是：

- 手工制品，300 万年前开始制作；
- 艺术作品，3 万年前开始制作；
- 书写的作品，不论是智性的还是法律的，出现于 4 000 年前，其中《汉谟拉比法典》是最古老的例证之一；

*

那么，一个艺术作品是什么？ 它最早出现在约 3 万年前，其中拉斯科壁画是个比较近的例子，已有 17 000 年的历史，从而将已知的第一件艺术作品的时间往前推了 1 万年。拉斯科也找到了它的观众——乔治·巴塔耶。在愕然之中，他写下了《艺术的诞生：拉斯科奇迹》：

在某个时刻，从黑夜中诞生了白昼，而我们在拉斯科看到的

日光,照亮了我们现在这个物种的黎明。正是有了住在这个洞穴的人,我们才终于可以第一次有把握地说,是他制作了艺术作品;他和我是同类。①

　　肯定会有人反对,说要找到这个从黑夜中诞生的黎明,就得回到肖维岩洞,那里有 35 000 年前画下的作品。但这个关于"第一件"艺术作品的问题,其实无关紧要:如果被巴塔耶称为游戏人(Homo Ludens)的那些人,确实把体外化变成了艺术(另一个问题也来了:温尼科特描述的母子之间的过渡性空间,是否也出现于这个体外化阶段?),那么通过这一变化,这个新生的艺术标志着那些我们可以称之为"我们自己"(因而可以说"我们从这里开始")的人的出现,因为那些人在这个艺术中认出了自己;有了他们,我们才能见证艺术留下的这件明显的证据,而这个证据属于人类的体外器官。如果这个前提没错,就可以断定,在直面超人类主义的寓言,也就是后来所说的奇点时,艺术的责任非常明确。

＊

　　艺术作品开启了一个关于心智的灵魂的时期——这是亚里士多德的说法,即便我们不能再像亚里士多德那样设想心智性(noeticity)——因为按我们构思艺术作品的方式,心智的灵魂属于对体外化的追求,它开始于 300 万年前,那会儿还是前心智(prenoetic)的时期。但不管是前心智的作品,还是心智的(比如巴塔耶的"游戏人")作品,作品都是一种技术性外化,而且是从这

---

① Georges Bataille, *Prehistoric Painting: Lascaux*, *or The Birth of Art*, trans. Austryn Wainhouse, 1955, p.11.中译参照巴塔耶,《艺术的诞生:拉斯科奇迹》,蔡舒晓译,西南师范大学出版社,2019 年。有改动。

个原始的技术性(technicity)中出现的：只有以此为代价，作品才会开放。此外，不仅艺术作品是技术性的，在普遍上和整体上，心智①也一样是技术性的——柏拉图等诞生之初的哲学拒绝接受它，而且这种拒绝恰恰成了哲学的基础，并一路走向马克思——后来他在两个位置间摇摆不定。

要完成尼采口中的"重估一切价值"，就是要克服这个拒绝的态度，通过像尼采那样表演性地向前一步、超越尼采(他把这个任务委托给了哲学化的艺术和艺术化的哲学②)——这一步是一种舞蹈，但也有沦为死亡之舞③的危险。这个危险，就是衡量21世纪的艺术作品所涉及的东西的一把尺子。接下来，我将借约瑟夫·博伊斯，来说明今天的哲学家和艺术家肩负的责任和任务，即一起成为生物圈的本地性的园丁；他们必须在本地性的所有尺度上思考④和关心，这样才能对本地性进行杂交(hybridise)、使之克里奥尔化⑤。按爱德华·格里桑(Édouard Glissant)的分析，这个责任和任务中，必然包含了一种全新的政治经济上的任务，也就是形成自我再生(autopoietic)的经济，其中艺术的挑战不多不少，正是重新发明作品——反之，它也必然包含了重新发明金钱的需要。我们从博伊斯的《什么是钱?》⑥中学到了这些。

---

① noesis，指对理念的认识。——译者注
② 即尼采说的哲学家-艺术家(Philosophen-Künstler)。——译者注
③ danse macabre，指欧洲中世纪后期出现的叙事类型，多见于绘画，将死神拟人化，寓意生命脆弱、必有一死。——译者注
④ 法语的思考(penser)一词和包扎、治疗(panser)一词发音相同。——译者注
⑤ 名词 creole 指克里奥尔人，即西印度群岛或西班牙语系的美洲国家中，欧洲初期移民与非洲人混血产生的后代；也指克里奥尔语，即在混血过程中，由不同语言混合而成、用作当地主要语言的混合语。——译者注
⑥ Joseph Beuys，*What is Money? A Discussion*，*with Johann Philipp von Beth-mann*，*Hans Binswanger*，*Werner Ehrlicher and Rainer Willert*，trans. Isabelle Boccon-Gibod (Forest Row：Clairview，2010).

作品，可以理解为一种关心（care），在生物圈的本地性各自克里奥尔化的尺度上，将它们串联到一起；同时，作品也在生物圈兼技术圈中，经历了阿希尔·姆本贝（Joseph-Achille Mbembe）所说的"生成黑人"（becoming-black）的考验和磨砺——这样理解的话，每件作品作为关心，都是绷带或包扎布，在 21 世纪更是如此，总会有感染的风险：包扎布必须时时更换，这意味着 15 世纪不可能产生肖维洞穴那样的作品，在 19 世纪也不可能会有人像列奥纳多·达·芬奇那样创作，在 20 世纪也不可能会有人像马克思那样思考，在 21 世纪也不能重复马塞尔·杜尚和博伊斯；这其实都不重要，尽管我们必须和这些人一起生产，因为逝去的他们留在了他们的作品里，从而构成了我所说的第三滞留①。我们必须和他们一起生产，尽管诚如格里桑所言，一切始于重复，我们就要通过新陈代谢和我所描述的心智腐殖质来留下换掉的包扎布。

*

我刚才说到，每件作品都是技术的，但如果按马丁·海德格尔提出的"现代技术"来理解，"技术"（technology）的出现其实还不到三个世纪——从中也产生了他所说的集置（Gestell），也就是技术的控制论和原子能的时代。如今，我们把现代技术的时代称为人类世时期。和人类世时期很多重要的观察者和角色同行，包括 IPCC 和联合国秘书长古特雷斯，同时也跟随京特·安德斯（Günther Anders）、弗拉基米尔·维尔纳茨基（Vladimir Vernadsky）、洛特卡和阿诺德·汤因比这些人的步伐，我们自问：人类世时期是一切终结的时代吗？

---

① tertiary retentions，斯蒂格勒用以指精神生活通过记忆技术的外化形式，从有组织的痕迹构成了滞留式的装置，如书、唱片。——译者注

这个终结，总是像有着两面的雅努斯神：

- 看起来不可终结的东西终结了，比如宇宙的热寂和太阳之死；
- 同时它也是一个目的，而这也是生命的特征，因为按照吉尔伯特·西蒙东（Gilbert Simondon）的观点，生命走向的是一个未完成的结晶化过程（crystallization），但它是在300万年前、以一个新的形式出现的①。于是按照勒华-古杭（Leroi-Gourhan）和洛特卡的说法，这个未完成的过程通过各种作品的积累，从而显示了自己——不管是文学作品、艺术作品，还是建筑作品和城市这样的作品。

生成城市——这是药式的生成，也就是生命在目的上终结了，它变成了技术性的东西，并且作为城市文明（urbanity）形成了各种心智的本地性；今天就有人声称，这些本地性构成了"智慧城市"。然而，心智的本地性各种各样，而且有很多尺度，包括我提到的生物圈本身的尺度。

不管是在前智性的时期，还是智性的时期，生命的这个未完成的特征，都不再通过我们口中物种所特有的器官特定的、进化的繁衍来从根本上体现，而是通过作品延异式的再生产（reproduction），甚至是机械性的作品来体现。"作品"这个词，可以按照海德格尔看梵·高的画《一双鞋》②时的评论及其《艺术作品的本源》中的定义和之后读里尔克的《致俄耳甫斯的十四行诗》时赋予这个词的意义来理解，也可以按伊格纳茨·梅耶尔松

---

① 指作为体外化有机物的人，及其体外化。——译者注
② 见《存在与时间》（Martin Heidegger, *On Time and Being*, trans. Joan Stambaugh, 1972, p.7）。

（Ignace Meyerson）的《心理学功能及其作品》（*Les fonctions psy-chologiques et les œuvres*）中说的作品来理解。

*

当今最有权力的设计者、生产者和经营者（GAFAM①，或者他们中的大多数人），声称当代的体外化的器官产生（organo-genesis）将臻于完美，从而到达所谓的奇点。如果对其视而不见、听而不言、察而不觉，首先就是偷换、败坏和抹除奇点的根本问题，这不仅是德勒兹用来反对普适的思想系统的东西，也是海德格尔试图在此-在（Da-sein）中寻找、之后又引领他做出这个假设的东西——在集置的时期，此-在还是第一问题吗？如今，体外化正在到达一个临近末世的极限，这就使有些人宣称，体外化进程已经完成，不再需要我们所说的"人"——按苏格拉底的说法，我更愿意称之为对话性的心智（dialogical noesis）[也就是对话—理性的心智（dia-noetic noesis），意思是这两者彼此分离，因而也是未完成的]。而按亚里士多德的说法，人是理性的灵魂（他认为，心智的灵魂是一种流动性，而植物的灵魂和动物的灵魂则是其他类型的流动性。在他的本体论中，流动性总体上是初始的欲望②）。

当藤幡正树提出"对不完美的克服"（Conquest of Imperfection）时，他证明了体外化的偶然作为准因的至关重要的必要性，可哲学从不思考和好好对待这个问题；这也是为什么藤幡的作品，应该和德勒兹基于斯多葛派这一心智的腐殖质及他对布斯凯、F.S.菲茨杰拉德、马尔科姆·劳瑞（Malcolm Lowry）和《爱丽丝漫游仙境》的评论一起来理解。对于斯多葛派，这是为了自己

---

① 指谷歌、亚马逊、脸书、苹果、微软这5家科技巨头。——译者注
② 应是指不动的推动者是宇宙所有运动的首要原因。——译者注

而读的问题,他们为了自己而变得湿润(humidifying):他们的眼泪、唾沫,以及精神压力引起的情绪①总等着被感染,它们被用来疗治自己、照顾自己——而斯多葛派就是这些敷料/疗法②的第一批思想者和治疗者。

*

我们能以反艺术家杜尚的眼光来解读博伊斯的公开信吗:"借着这封信,我不再属于艺术"③? 或者反过来呢? 对于藤幡阐述的"对不完美的克服",又该如何是好? 从博伊斯的角度来读杜尚,或者从杜尚的角度来读博伊斯,就要从杜尚封印画笔说起——他思考了生产的无产阶级化(proletarianisation)的各种形式,也就是生产的无产阶级化作为体外化的各种形式;博伊斯则从重新思考作品出发,来思考和疗治(或者说关心)艺术,从而提出了社会雕塑(social sculpture)的问题,并像埃庇米修斯一样地实践。

我和一个以形成心智的互联国(internation)为目标的团体④都一致认为,在 21 世纪回答这些问题,要从头重新思考全球经济——这是与熵的斗争,我们因而需要重建各种本地性,这样才能进入逆人类熵世的时期。⑤ 与之相反,人类世时期则似乎走向了体外进化的外大气层⑥和超出卫星轨道的时期,如 IPCC 所说,它因此而进入了终结的阶段;同时人类世也是体外化存在的

---

① psychosomatic moods,又译心身性情绪。——译者注
② 敷料和疗法在法语中统称为 pansements。注意这个词和治疗(panser)、思考(penser)在语义、构词、语音上的关系。——译者注
③ 见《对话录》(Joseph Beuys, in Beuys, Enzo Cucchi, Anselm Kiefer & Jannis Kounellis, *Ein Gesprach*, Zurich: Parkett, 1986)。
④ 见网址 internation.world。
⑤ 见斯蒂格勒,《逆人类熵世》(Bernard Stiegler, *The Neganthropocene*, trans. Daniel Ross, Open Humanities Press, 2018)。
⑥ exospheric,与之对应的名词 exosphere 是地球大气层的最外层。——译者注

体内化过程(endosomatisation of the exosomatic)——比如以神经技术的形式。我和这个团体都认为,在人类世时期,要从中逃出来,艺术和哲学必须从体外化的角度重新思考这些问题:

- 雕塑的问题,也就是社会雕塑——体外化的雕塑既是因,又是果;
- 园艺的问题——在更深的层次上,雕塑必然是园艺的问题,那么,这一雕塑的社会性以及所采取的形式,首先关系到一种对世界的经验,而且也是一种教育——通过大脑的突触发生①以"修剪枝条"(pruning)的过程,正如让-皮埃尔·尚热(Jean-Pierre Changeux)在《神经元的人:心灵生物学》②中所说:"学习就是清除多余。"

生命总体上是对生者的雕塑,但也是对死者的雕塑,后者既指朽木——维尔纳茨基指出生物质③在阳光下以朽木为食,也指细胞性死亡(cellular death)。[见让-克罗德·阿迈桑(Jean-Claude Ameisen)的《对生者的雕塑》(*La sculpture du vivant*)、德里达的《生生死死》(*La vie la mort*)和弗朗切斯科·维塔雷(Francesco Vitale)的《生物解构》(*Biodeconstruction*)]但在这里,我们必须提到基因疗法和限制酶④的问题,因为这些问题更关乎"雕塑",而非园艺。

---

① synaptogenesis,指神经系统中神经元之间突触的形成。——译者注
② Jean-Pierre Changeux, *Neuronal Man: The Biology of Mind*, trans. Laurence Garey (Princeton: Princeton University Press, 1997), ch. 6.
③ biomass,指能当燃料或工业原料的、活着或刚死的有机物。——译者注
④ restriction enzymes,一种能切开双股 DNA 的酶。——译者注

*

在这些基础之上，许多关于科学艺术（scientific art）之现状的问题被提了出来，这些问题的提出同时还基于一些"人造生命"艺术家，像是史帝拉（Stelarc）、爱德华多·卡茨（Eduardo Kac）和他的生物艺术（bio-art）（我们会好奇他是在玩什么），还有奥尔朗（Orlan）和其他许多人，要求我们对艺术、科学、技术、经济之间的关系以及它们共同的责任做更深入的调查。为此，我们要重读博伊斯，而这完全不是要鹦鹉学舌，或者毫无效果地、依样画葫芦地重复（摆出一个"博伊斯式艺术家"的博伊斯式姿态，只会是可笑的），而是要像康德、歌德那样批判他。

福尔克尔·哈兰（Volker Harlan）在《什么是艺术？——博伊斯和学生的对话》的序中，说了句很重要的话：

> 博伊斯提出的首先是练习的问题，而这终将走向社会雕塑。①

博伊斯尤其认为，心智是艺术性的，而所有心智的体外化有机物（它们一起构成了博伊斯说的社会有机物）都是潜在的艺术家，也就等于是潜在的哲学家。没错，所有人都是雕塑家，这首先是指园丁通过修剪他们种下的树木来雕塑生者，这片土已经事先被软化、松过、施过肥了，就像腐殖质要以多种方式新陈代谢，这些方式可能很好，也可能很糟；所有人都是雕塑家，其次是指教育会关心、疗治心智的生命，就像都柏林理工大学创意艺术和媒体研究生院的诺埃尔·菲兹派翠克（Noel Fitzpatrick）和格伦·洛克伦（Glenn Loughran）设想的那样，其原因就是：一种

---

① 见《对话的缘起》（"How This Discussion Came About", in: Joseph Beuys, *What is Art？*, West Hoathly: Clairview, 2004）。

生命的形式是药式的。

*

我想回来谈谈对不完美的克服——它布置了一个任务、命令或者义务，似乎把自己显现为回眸一望，从而投射了一个可能会来的未来，并且就这样将自身铭刻进不可避免的熵的生成中。但按照弗朗西斯·巴伊（Francis Bailly）、乔塞佩·隆戈（Giuseppe Longo）和马艾勒·蒙代维勒（Maël Montévil）的研究，对不完美的克服作为分枝（bifurcation），必须被看作是反熵的（anti-entropic）。我想带大家快速回顾一下格里桑的《多样的诗学的导论》（*Introduction à la Poétique du divers*）和《关系诗学的导论》（*Introduction à la Poétique du relation*），再回到藤幡的问题——在此基础上，我将借助姆本贝的《黑人理性批判》（*Critique de la raison nègre*），提出一些我的思考。

为什么想迈步超越博伊斯的社会雕塑及其需要的园艺工作，就要援引这些著作呢？首先，请大家注意，我和日内瓦 2020 团体（Geneva 2020 group）都认为，人类世时期的特点就是有两大真正的、根本的挑战，它们非常棘手：它挑战了那些有效的可能性（effective possibilities）——虽然可能性微乎其微（也就是说，这个可能性无法计算，而且发源于同一个意志），也是对逃离人类世、走向逆人类熵世的挑战。这两大挑战就是：

- 如果没有工具和器具——也就是说，不把雕塑铭刻入体外化进化的阶段中，那么就没有社会雕塑，也没有任何植物的园艺、心智性的园艺；
- 雕塑和园艺这样使动性的行为，通过用这些器具进行的实践，使得另一种本地性到来的时候，总是能生产本地性，而这就走向了格里桑所说的克里奥尔化。

　　然而问题是，这种克里奥尔化在今天是否仍有效，甚至是否可能——因为"数据经济"的技术产生了姆本贝力图思考和疗治的"生成黑人"问题，而伊夫·希东（Yves Citton）也借助弗雷德·摩腾（Fred Moten）在《在常态下：逃亡计划和黑人研究》[1]中的思想，对此作了深入研究。

＊

　　在开始这个很简略的速读前，我们先做个小结。艺术，确认了体外化之中的世界走向了终结——这个终结有两面。体外化就是对不完美的克服，因为体外化有机物，是出现于心智之梦中的作品，就像瓦莱里、宫崎骏那样把梦变成可以思考（pensable）和疗治（pansable）的作品，但体外化有机物最终总会显露其酿成噩梦的潜力——这是不可避免的。

　　最糟的可能，是新的奴隶贸易商许诺的十全十美。

　　最好的可能，是通过发展一种贡献式经济（contributory economy），在熵的三个层面上[2]与之对抗，从而对抗人类熵，这样才可能为练习雕塑和园艺提供机会。这就是三年前在巴黎北郊启动的"贡献式学习的领土"。[3]

　　要作这样的斗争，就必须通过将本地性打开和解域化（deterritorialising）来重估本地性，重估本地性与器具的关系，这样就可以将本地性同时克里奥尔化与"杂交"，来培育杂交（crossbreed）、进行格里桑所说的"混种"（métisser）——把一种逻辑从外强加于本地性，清空本地性的意义，或者与之相反，产生新的、

---

[1]　Stefano Harney and Fred Moten，*The Undercommons: Fugitive Planning and Black Study*（New York：Autonomedia，2013）.

[2]　指物理熵、生物熵、信息熵。——译者注

[3]　Contributory Learning Territory，包括塞纳—圣德尼等 9 个城市。见 http://recherchecontributive.org/。——译者注

有效的独特性，就像音乐天才查理·帕克。这就是格里桑"多样的诗学"中的几个关键问题，但我不认为他把问题提得够高，我要介绍他的学说，需要从姆本贝的角度来读格里桑。反过来，从格里桑的角度读姆本贝也是如此。读他们需要借助博伊斯，同时也得站在反博伊斯的角度，即完完全全的反面——博伊斯对埃庇米修斯的理解仍太肤浅。

*

格里桑的观点站在加勒比海的角度上，而这就将他与地中海区别开来：他假设相对于加勒比海，地中海是集中的；与之相反，加勒比海是开放水域，"一片衍射（diffract）的海"，"而且承载着令人激动不已的多样性的骚动"。①

多样性——关键词来了，它在这里是地中海的反义词——地中海倾向于"一元和整体的思想"。可是，单单把地理位置的作用抬这么高，就说明问题了吗？当然不是：正像没有某种特定类型的船、地图、指南针和其他许多东西，加勒比海就不会向衍射开放，地中海如果没有以下这一切，仅凭自身也永远不会倾向于"一元和整体的思想"②——自己的船（西方当时还没有指南针）、比1492年那时更详尽的地图，还有字母表形成的网——有了这一基础，希腊殖民者就可以定居下来，而朱迪亚（Judea）地区就会形成以一本《塔纳赫》为核心的社会，将其语法化（grammatisation）［见韦尔南（Vernant）和奥鲁（Auroux）］的同时产生了重大的、摧枯拉朽的转变力量。［我们应该注意到，这之间勒华-古杭用过衍射的比喻，来描述他所说的"技术趋势"如何通过"种族细胞"（ethnic cells）的内部环境（interior milieus）投射了自身，从而得以实现，并且将自

---

① 见《多样的诗学的导论》（Édouard Glissant, *Introduction à une poétique du divers*, Montréal: Presses de l'Université de Montréal, 1995, p.14）
② 同上。

身衍射到技术事实广大的多样性上，从而构成了一种技术环境。]

发生在加勒比海的克里奥尔化，将来自完全不同背景的文化元素真正缠绕在一起、熔于一炉，以至于产生了完全超出预料的东西。这种克里奥尔化发生在新美洲（Neo-America），其中的"奴役、镇压和剥夺财产，这些罪行造成了一种对'存在'的真诚的皈依"。[①] 然而，这种皈依不只限于加勒比海地区和新美洲，其"影响遍布全球"。[②] 这正是因为"世界的各种文化以极其有破坏性的方式相互交流"。值得注意的是：

- 1995年时，格里桑对社交网络一无所知，对各种数字网络也知之甚少；

- 他没有谈文化工业的影响，而阿多诺和马克斯·霍克海默已经在很大程度上预见了这一影响；京特·安德斯、阿伦特（在一定程度上），显然还有海德格尔，以及马尔库塞、居伊·德波、列斐伏尔乃至其他人，都看到了这一点；所以当格里桑在第24页写道，"全球性流动"影响了马提尼克岛，也可以使之异化时，这一分析就显得不够充分。

塑造了地中海一元性生成（the becoming-One）的药式技术，在希腊受到了智者学派的影响、在朱迪亚则受到了抄写员的影响，从而成为柏拉图的学园、亚里士多德的学园和缪斯庙乃至犹太会堂在培养和训练诠释学学者时所争论的关键问题。晚些时候，这一技术促使托勒密王朝在这座以亚里士多德的学生亚历山

---

① 见《多样的诗学的导论》（Édouard Glissant, *Introduction à une poétique du divers*, Montréal: Presses de l'Université de Montréal, 1995, p.15）

② 同上。

大大帝为名的城市里，建立了亚历山大图书馆。这些药式技术可以代表一个时期的体外化过程，并构成了克里奥尔化的背景——这可以描述为一个全球性的背景。

格里桑强调，调解式的融合（mediatic fusion），或者更广泛地使用贝尔克（Berque，又译留久）的用词——风土的融合（medial fusion），既是矛盾和冲击的载体，又带来了"意识的发展和希望：因而我可以说，这是'药式的'"。然而，格里桑没有论述这两个层面，但我认为这很有必要。对克里奥尔化的来源作了以上思考之后，他以此为基础，区分了新美洲的三种人：首先是美洲印第安人，他们被赶尽杀绝；其次是

欧洲来的移民，随之而来的还有他们的歌、家族传统、工具、神的形象等；然后是非洲人，一无所有地到来，连他们的语言都被剥夺了①。

因为在奴隶船和种植园里，"说同一种语言的人不会被放到一起"。格里桑进一步提出，克里奥尔化既源自克里奥尔化的语言（speech），也是爵士的发端（matrix）——我认为，这是他对克里奥尔化的分析中最独特、最有力的概念：非洲来的移民，身无长物，"从痕迹中重新组织了一种语言和各种艺术形式，使之通行各处"。这样的说法真的很大胆，很难不让人想到德里达对费希特《对德意志民族的演讲》的分析；在演讲中，费希特断定有些德国人不是真德国人，而有些非德国人底子里却比他们表现得更德国……但我还是要分享格里桑的论题，同时加上一个补充性的、

---

① 见《多样的诗学的导论》（Édouard Glissant, *Introduction à une poétique du divers*, Montréal: Presses de l'Université de Montréal, 1995, p.16）

同样必要的论据。接下来我就来讲讲这一点，以此作结。

＊

在新美洲的非洲人身上，所有这些德国人有的东西都被剥夺走了，不管是与生俱来的东西，还是费希特所说的接纳的东西。被这样敲骨吸髓的非洲人，

却仅仅靠记忆的力量，也就是单凭思想在他们身上留下的痕迹，做出了谁也想不到的事。一方面，他们创造了各种克里奥尔化的语言，另一方面，又发明了所有人都认可的多种艺术形式，比如爵士音乐的诞生，虽然它建立在各种基础性的非洲节奏之上，但同时也有他们后来学会的乐器的功劳。①

爵士一直是一种被广为接受的艺术形式，我可以用亲身经历作证：曾经有许多年，我生命中唯一真正想干的事，就是听爵士，不管是听录音还是去现场。在《在冲扰之中》（*The Age of Disruption*）这本书里，我对此谈了很多。我也曾谈过，在一段监禁的时期里，我也和任何囚犯一样被夺走了一切，虽然还不完全像奴隶（我还保住了我的语言），而唯一留给我的，只有我的记忆和书——这些"精神的工具"②不是天赐的，而是哲学的慷慨赠与，全有赖于吉拉尔·格拉内尔③对我的关心。这样，我才能练习，也就是阅读，同时把留在我脑子里的新鲜痕迹都写下来，并尽力从中挖掘——这得归功于20年前我在学校学到的读写。

---

① 见《多样的诗学的导论》（Édouard Glissant, *Introduction à une poétique du divers*, Montréal: Presses de l'Université de Montréal, 1995, p.17）

② spiritual instruments, 见《马拉美全集》（*MALLARMÉ Œuvres complètes*, Gallimard, Ⅱ, 2003: 224）。——译者注

③ Gérard Granel, 斯蒂格勒在狱中学习哲学时，图卢兹大学的老师。——译者注

提出这些论点，不是要唤起对我生命中某些"浪漫"事件的回忆，而是因为当时爵士已成为我生活的中心，却在监狱里被夺走了，于是我在体验牢房里既预设又缺失的①本地性时，经历了一次皈依——我还要在这里活下去。这引发了我极大的反思，反思是什么构成了心智的记忆，反思爵士到底为何令我如此着迷，等等。

爵士最令我念念不忘的，就是"蓝色音符"②——对于某些人，它都不算音符。我认为爵士能流行全世界，一方面是因为它结合了蓝色音符和用鼓（也就是一套鼓和钹组成的架子鼓）重新组织的非洲节奏；另一方面，录制取代了书写，从而使西方音乐发展到了伟大的顶峰，查尔斯·明格斯（Charles Migus）、艾灵顿公爵（Duke Ellington）等人才因此有机会领受许多新事物。

这些对爵士的评论不是无心之辞，它们处于克里奥尔化这个主题的中心，因为克里奥尔化是在文化工业、营销和如今的"社交网络"的控制之下才传遍了全世界，因此它可以变好，也可以变坏——我们不该忘记，1944 至 1947 年，阿多诺谈到本尼·古德曼（Benny Goodman）时，应该是听过查理·帕克了，但还没法听到古德曼的音乐，或者还没理解爵士到这个程度。当格里桑假设如下思想时：

痕迹的思想是全新的维度，必须站到当今情况的反面，站到我所说的各系统的思想和思想各系统的反面。

我因此建议把痕迹同时看作下列事物，一并进行思考，以便深化他的论题：

---

① by default，这个词组兼有这两层意思。——译者注
② blue bote，爵士乐、蓝调音乐中，为了音乐表现力而小小改变音调的音符。——译者注

- 看作神经系统保留的一种记忆，也就是"记忆痕迹"，从一代传到下一代，特别是被视为后来的蓝调音乐的雏形；

- 看作由第三滞留构成的药（pharmakon），从体外化中出现——比如从器官学的角度来研究乐器，以及欧洲殖民者随身携带的那些常见的东西——这就是格里桑所说的工具，他们不像那些非洲人一样被剥夺了一切。

- 广播电台的话筒、收听电台的收音机，还有唱片播放机和唱片，以及磁带录音机和唱片录音棚，我在法国声学与音乐协调研究所（IRCAM）的时候，曾试着理解它们在爵士乐历史中起的作用。而所有这些，都构成了各种长记忆（即回忆）的第三滞留的系统。

同时，它们也构成了增补（supplement，德里达语）的历史，而痕迹有关于德里达的思想，虽然德里达本人绝不会这样研究一个东西的历史——最终，德里达继续了哲学对技术的拒绝这一运动，而正是这原初性的运动，从一开始就成为哲学起源处的预设和缺失（default）、成为哲学原初的失误（fault），从而塑造了哲学。

我没时间细讲在格里桑看来，克里奥尔化和杂交（metissage，人种混杂、杂交育种、传粉）根本的区别意味着什么。我更想直接拿他和姆本贝的评论收尾。这么说吧，杂交是可以计算的对象，而克里奥尔化却解放了不可计算的、不可预料的、不可能的、完全他者性的东西，也就是解放了完全的独特性。在这里，我想强调，这种解放导致了格里桑描述的微观气候和宏观气候（micro-climates and macro-climates）[1]，也就是各种本地性，或者莎拉·巴朗佐尼（Sara Baranzoni）和保罗·维尼奥拉（Paolo Vignola）所

---

[1]　见《多样的诗学的导论》，第19页。

说的表演性。

在以格里桑的思想结尾时,我要提醒一下:

- 一方面,他假设所有语言无不来自类似的克里奥尔化,也就是一个缺失的、仅仅依赖于痕迹的本源,反而变得无比美妙[有点像法国歌手尼诺·费雷尔(Nino Ferrer)唱的"我想成为一个黑人"]——我本应该再谈谈助力了希腊崛起的几次侵略,但我没时间了;

- 另一面,格里桑指出了克里奥尔化需要一些实验室-领土(laboratory-territories),"小,而且界限明确——有组织的岛屿,但并非群岛";

- 最后,他指出他所说的返祖(atavistic)文化,其实是古老的"混杂的文化"忘记了它克里奥尔化的特点,有点像艺术作品中的少数类型①变成了主要类型②,并且学术化了——我们这些学者对此十分熟悉,却总是忘了这一点;

姆本贝接受了格里桑 1996 年的分析,可以说他颠覆了自己在 2013 年被迫接受的看法,才回到了 1996 年的这一分析。既然克里奥尔化不是杂交育种,也不是在可计算的意义上理解的交配育种(hybridisation),比如生产杂交玉米,那么在 21 世纪的未来,克里奥尔化就是"生成黑人",如《黑人理性批判》中指出的那样。在这里,真正的问题是变本加厉的剥夺,让非洲来的奴隶遭受了所有形式的劫掠(据姆本贝和格里桑回忆,在种植园系统成形前,也有从印度和其他国家来的奴隶。种植园系统可以被看作现代

---

① minor genres,指在主题的价值、叙事内容的比重、形象的数量上低于主要类型的那些作品。——译者注
② major genre,指再现寓言、讽喻、历史的作品类型。——译者注

资本主义的发源地）。这是完全基于计算性的资本主义，丝毫不受"劳工世界"中任何折衷方法①的束缚，而且在冲扰中加速了人类世，把这一套剥夺强加于这个生物圈兼技术圈之上——就是在头脑发热中一头栽进深渊。

在这里，姆本贝提到必须不断修补、给世界疗治等，而这就要从心智的腐殖质开始——我在演讲开头提过：

世界的可持续性，有赖于我们赋予存在物和看似无生命的东西以能量（reanimate）的能力……

世界不会免于毁灭，除非人类全身心地投入，来维持我所说的"蓄积生命"（reservoirs of life）这个任务。②

这一蓄积的前提，就是要重视格里桑所说的淤泥——姆本贝也引用过这些话：

在古代非洲……种子要在脆弱和充满敌意的环境中创造生命，而人类也必须在这个环境中，为劳作和休息开辟空间——这个环境需要保护和修补……这是双重的劳动——既是转变，也是重生，同时这种劳动也属于一个宇宙学集合（cosmological assembly）……和其他存在物分享世界，是一笔弥天巨债。而不管对于人类还是非人类，这笔债首先都是幸存的关键……人类和非人类，对于彼此而言是淤泥。③

---

① 应指劳资的互相妥协。——译者注
② Achille Mbembe, *Critique of Black Reason*, trans. Laurent Dubois, Durham and London：Duke University Press, 2017, 181.
③ Achille Mbembe, *Critique of Black Reason*, trans. Laurent Dubois, Durham and London：Duke University Press, 2017, 180—181.

而格里桑说：

也把淤泥看作残留物，沉积在河岸上，在群岛间，在大海底，在河谷里，在悬崖脚——到处都是，尤其在那些干旱、荒芜的地方，通过一种意想不到的逆转，从肥料中诞生了生命、作品和语言的各种新形式。①

读着这些萦绕在脑海里的句子，有格里桑关于克里奥尔化的不可预料性，有博伊斯的社会雕塑，有藤幡对不完美的克服——淤泥正是这些痕迹的积累，以体外化的方式始于 300 万年前，而时至今日，已变成一张数据工业的网，以光速 2/3 的速度运行着，排挤了各种本地化——而它们本该是各种类型的克里奥尔化的家（语言的、艺术的、生活方式的、城市的、数学的、科学的、哲学的、法律的克里奥尔化）；这种体外化必须再次被用来服务于总是习语式（always-idiomatic）的心智，就像查理·帕克用电台、唱片工业为音乐服务那样。

感谢我的音乐家朋友、诗人朋友、视觉艺术家朋友和建筑师朋友，感谢藤幡正树。这个致谢，是一个哲学家在要求艺术家们一同致力于最紧要的任务、共担责任——这个任务，就是重建政治经济和力比多经济。

---

① Achille Mbembe, *Critique of Black Reason*, trans. Laurent Dubois, Durham and London: Duke University Press, 2017, 181.

"图像的孤儿状态"，帕斯卡尔·孔韦尔，惊慌失措的艺术之人^①

贝尔纳·斯蒂格勒/文

郑　重/译

"而可怕的无限又使你的蓝眼睛惊慌失措！"^②
——兰波

帕斯卡尔·孔韦尔（Pascal Convert）展现了一幅图像通过他而形成的循环，而且他试图将我们引入这个循环，这个循环本身就被铭刻在一个过程中（并被这个过程所把持、构成着）。在其中，象征的交流成形了，脱-形（de-formed）了，又转-形（trans-formed）了，象征的交流同时编织着我们的历史：我们已经被织入其中了。

乔治·梅里永（Georges Merillon）的《科索沃的守夜》拍摄于1990年1月29日科索沃的纳戈瓦克村（Nagafc），记录下被塞尔维亚警察枪杀的纳希姆·埃尔沙尼（Nasimi Elshani）的守夜。围

---

① 法语原文为"L'orphelinat des images"，Pascal Convert，l'homme de l'art effaré，并参考英译"The Orphanage of Images"，Pascal Convert，the Alarmed Man of Art；原文链接为：http://www. pascalconvert. fr/histoire/lamento/lamento-stiegler.html。

② 该诗句取自《奥菲利亚》，中译本参见《兰波作品全集》，王以培译，作家出版社。

着年轻死者的，是他的母亲和他的两个姐妹。照片获 1991 年世
界新闻摄影比赛的年度图片奖。

　　一幅图像循环其中的过程，是一个心理的、集体的个体
化①过程。艺术家在种种的抽取、投射和开放所组成的过程中
操作，而他恰恰是在心理之物（the psychic）和集体之物之间劳
作着、精工细作着。通过劳作，他展现出如下现实：任何心理
触动②都是个体化，而个体化作为正在个体化的人的转-形或
脱-形——其中一例就是对任一图像（不管是宗教的图像、新闻
的图像，还是艺术的图像）的体验带来的触动，那么这个心理
个体化是如何被集体个体化过程所铭刻、所构成的——同时
集体个体化过程又维持着心理个体化，并被心理个体化所维
持着。

　　心理之物并不先于集体之物，反之亦然：它一开始就是心理社

---

①　individuation。提出这个概念的西蒙东这样解释道："个体化对应于存在的各
　　个阶段的表象——即存在各阶段本身。作为生成连带的结果，它并不仅仅是
　　一个孤立的结果，而是一个自身展开的过程。只有考虑了存在物最初的这个
　　过度饱和态才能理解个体化，那时它是同质、静态的（还没有生成），之后很快
　　便接受了一种结构并持续生成，才带来了个体和环境的同时出现——这个过
　　程（即生成）中最初的张力被化解后，却被保留在了随之而来的结构中；在此
　　意义上，可以说引导我们判断个体化的唯一原则，就是存在通过生成保留了下
　　来。"见西蒙东（Simondon），《个体的发生学》[The Genesis of the Individual，in
　　Jonathan Crary & Sanford Kwinter（eds.），Incorporations（New York：Zone
　　Books，1992）：297—319]。——译者注
②　psychic affect。Affect、affection 的意思见《千高原》中布莱恩·马苏米（Brian
　　Massumi）在第 21 页的译注："这两个词都不是指个人感觉（即德勒兹和瓜塔里
　　那里的情感）。L'affect（斯宾诺莎的 affectus）是一种触动和被触动的能力。
　　它是一种前个人的强度，对应于身体的一种体验状态到另一种的过渡，并暗指
　　了该身体的行动能力的增强或减弱。L'affection（斯宾诺莎的 affectio）是每个
　　这样的状态，而且被认为是被触动的身体与第二个发出触动的身体之间的相
　　遇（身体在其最广泛的意义上，包括"精神的"身体或观念的身体）。"柏格森将
　　其定义为"敏感神经上的运动趋势"，也就是固定地接收平面上的运动施
　　力。——译者注

会的连接，构成了西蒙东所谓的转导①关系，也就是说转导关系的各个项（terms）是通过关系而构成的，关系和各个项这二者缺一不可。

看着一幅图像，我就个体化了自己（这就是看的意思）；否则我就是没看到它，甚至于脱个体化了（dis-individuated）我自己（也就是看着图像，我却视而不见）。这就是个体化的一个极端情况，尤其是我们这个时期的问题②：正是这个问题触动了孔韦尔，他将其称为图像的孤儿状态——面对《科索沃的圣殇》（*La Piéta du Kosovo*）时，他自问："你呢，你要做什么？"

如今，看着一幅图像，我就在一种个体化的过程中（不幸的是，这也是一种脱个体化的过程）个体化或脱个体化了自己，而这幅图像正是：一个启示者（法语 révélateur），在此意义上也是一个象（imago）。西方历史的过程也就是一神论体系（monotheism）的历史［这样看来，伊斯兰世界就是欧洲东方和南方的边界、地中海地带，以及与亚洲接壤的地区：伊斯兰世界就是西方（l'Occident）的东侧］。在这样一个历史的情状（affection）外，从没有一幅图像如此触动我；它超出了我理解的边界，并且由于其本性，而逃开了我的眼睛。

这个超出边界的擒纵器（法语 échappement），产生了布朗肖口中"对拽离的眩晕"③，也就是时间的涨潮（法语 flux）及其激浪，

---

① transductive. 克里斯蒂安·高旦（Christian Godin）在《哲学辞典》（*Dictionnaire de philosophie*）第 1354 页中解释道："转导性这个概念，被技术哲学家西蒙东用于描述个体在前个体化现实的基础上生成的过程。通过转导性，不可由同一标准衡量的 2 至 3 个现实法则发生了共鸣，于是诞生了一个新维度，将这些法则衔接了起来，达到了一个结构上更丰富的法则，从而使原有的法则被容纳到了同一标准下来衡量。"——译者注

② 原注：我已经在《象征的贫困·卷一：超工业时代》（*De la misère symbolique 1. L'époque hyperindustrielle*）。

③ "拽离"的法语原文是 arrachement，又译根除。斯蒂格勒在《象征的贫困·卷一》中说，营销操纵着技术、心理，造成了消费主义的病态，因而要作这种拽离，也就是力比多的重新投入和再域化（reterritorialisation）。——译者注

这个擒纵器就像是历史时钟本身的敲击（擒纵器是时钟机械运作的原理）①，是这种触动本身；因为其在集体个体化过程中产生了内部共鸣的过程，就像一种震颤，集体不仅从中生成了，还突然发生了，而且在其中，各个心理个体随着这个震颤，生成了恰恰是作为突然而发生的转导性构成的独特性②。

然而，这些转导性的独特性是反—论的（para-doxical，在任何公论③之外，因而是意外的）。既然这些转导性是独特的，也就是互相不可比较，那么它就是由一个关系构成的——其中形成的这些转导性是这个关系的各个项；而这个关系恰恰构成了以下各项：每一项在与其他项连接的这同一个关系之中，都是不可比较的，因为每一项都在个体化。这就是为什么西蒙东把这个关系定义为一种张力——同样，它也是一个触动。作为一种个体化过程的触动，它在本性上是未完成的（其张力的解除只能以个体化过程本身的破坏为代价），因而也是无—限的（in-finite）。

总之，转导性就是这样奇特的关系，连接起了不可比较——因此也无法被连接的东西。换句话说，转导性是一种动力学：它不是一种静态关系，而是一种个体化过程所固有的未完成而造成的直接结果（个体化过程一完成，恰恰就不会再有个体化了）。

这种动力学及其奇特性形成了某种神秘，这就导致西蒙东提

---

① 现代擒纵机构采用悬吊震荡摆臂，以停留/释放机构里小型旋转齿轮上的钩子。——译者注

② singularity，又译奇点。这一概念部分来自西蒙东、德勒兹。《德勒兹和地理哲学：导引和词汇表》(Bonta，Mark，and John Protevi, eds. *Deleuze and Geophiloso-phy: A Guide and Glossary*，Edinburgh：Edinburgh University Press，2004）第143页解释说："奇点原是数学概念，在德勒兹、瓜塔里那里是流动于质料之上的'非个人、前个体的'点，被生命组织在各种生命形式和非生命形式中；它们表明系统有自我安排的能力，因此用来塑造潜在的多样性。"——译者注

③ doxa 在希腊语中指意见、信仰、可能性知识的领域，与认识、确定性或真知的领域形成对比。——译者注

出，个体化是不可能被描述的，除非对其个体化做出贡献、使个体化转-形。换句话说，如果（个体化）正在被描述的这一事实改变了被描述的东西，那么个体化就不会被描述出来，除非是作为一个已结束的阶段：认识个体化是不可能的（而这就是我们所说的一种神秘）。

这样一种神秘，就是神秘主义的神秘，也是艺术的神秘。这是跨个体化（transindividuation）的神秘，其变象有一个神学—形而上学的名称①，而这种神秘也萦绕着一切具象艺术（figuration），至少在西方是这样。

艺术作品首先强化这个关系（这个触动），因为艺术作品既是心理的、又是集体的个体化的结果，艺术作品所连接的是各个独特性，而不是将各个独特性脱个体化（也不是让各个独特性成为可比较的无名者，对其进行特殊化）。艺术家是这种人：他个体化了自己，以至于在心理上触动了他的东西可以强化、加速同时代人的集体个体化，而这一切正是通过艺术、通过他神秘地让这个触动回到触动的来源，也就是心理社会前个体的底子而实现的。

这个前个体的底子，就是心理个体（一个个"我"）所继承的东西，由此，心理个体形成了一个我们［即一个集体式个体（collective individual），而这是一个动态过程，不断搅拌着各个新个体，并通过集体式个体这个场所中象征的交流来接纳新个体］，通过各种跨代的象征性组织，比如语言、宗教、法律规范乃至一般的人造物——包括作品本身，不管是艺术的还是精神的作品。

正如艺术家通过转-形这个过程来使之形成②，艺术家跨个体化了个体化过程，而正是、也尤其是由此，我们心理的、集体的个体化过程偶然出现，并连在一起。艺术家的个体化不仅通过其作品所打开的面向而个体化了自己，而且它已经、也始终超越了艺术家狭隘的精神现象，时间那使人惊慌失措的无限景观反应于其中——时间的个体化以及时间的顺流、逆流和激浪之中，有一口深不见底的无源之井。

但这个幻影是一种转-形——作为时间化的一种个体化，劳作着、精工制作着个体化过程的空间打开了：作为一种跨个体化的动因（agent），艺术家是个体化过程的一个换能者①，而这就是孔韦尔的作品与我们相关的地方。

他说："一幅图像在我们身后还会遗存下来。"

而这意味着一幅图像用其所属的过程来支撑前个体的底子，而且这个过程先-行（pre-cedes）于心理的个体化和社会的个体化；作为两种个体化的共同点，这个过程既连接两者，又分开两者，并构成了两者转导关系和转-导性（trans-ductivity）的条件。因为图像在种种奇特性之间，而且在其间反映为这些奇特性所相遇的时空，这个相遇总是未来的。

我在这里说的"图像"来自——如果我可以这样说的话——并且出现于前个体的底子中的任何客体间，就像从凡尔登连根拔起的一根树桩，这是因为每个客体反对的主体，只会是主体能在客体上反映的东西。

孔韦尔的工作从思考、体验这个遗-存（sur-vival）的事实开始。遗-存是一种遗存的大量死亡②：一种无神的超越，对于我们这些在上帝死后还活着的人；也是一种生死攸关的超越，即对死

① transducer，指喇叭、话筒等。——译者注
② sur-mortality，原意为超高死亡率。——译者注

者和生者的对立之超越。

这就是问题所在。

心理图像总会构成想象界,但没有客体—图像的心理图像永远不会存在——正是在这个意义上,在这个原始遗存的底子上,在基督教化的西方世界中,图像最终得以在艺术史上构成(在这里,艺术史不可避免地是指基督教的艺术史)。世界上不仅有基督教的艺术经验,但由于从柏拉图开始,希腊形而上学所进行的形式和质料(matter)的大划分,导致柏拉图把肉与灵对立起来,并造成了对这些灵肉问题——也就是生死问题——圣保罗式的接受,直到今天,我们仍"圣保罗式"地思考(也就是把心和物对立起来)。正是从神像这一前个体的底子出发——这里的神恰恰是作为这些图像所投射、所组织的对立(这一切来自于一神论体系,这一体系对立了灵与肉,即对立了生与死),艺术自身才会被构想为一门艺术,也就是一个故事。

然而,这样一种划分,就像面对死亡这个事实时的一种惊慌失措。因为肯定无法进入那另一个平面,人类实现了死亡,有了死亡,有了逝者,而且神只是那平面的一个名字——在死亡的无法设想性的体验之外,在那平面所构成的过度的体验之外:超越了事实的命定性,并成为它(命定性)的需-要性(ne-cessity)本身。

正是在这些问题的网络和网之中,以及某种程度的陷阱之中——这些问题之间有着千丝万缕的联系,并通过迷宫般纠缠的事实来触动我们——孔韦尔才连接起宗教图像和电视图像,并这样工作着。

他说,《科索沃的圣殇》是新闻摄影,而我们把其中的一个穆斯林仪式看作是基督教的。事实上,这正是意向性的结构,就像现象学得出的结论:突然发生于一个意识的一切都是出自这个意识的,以至于这个意识只是发现了发生于自身的事情,即这个意识中已经在那儿的东西。但这个已经在那儿的东西，按西蒙东的说法，构成了一个心理的和集体的个体化过程，而且这个东西打开了自我——这就意味着已经在那儿的东西不仅是简单的意识问题，更是无意识的问题。

在我们将这个穆斯林仪式当作基督教的这一例中，同时提出了两个问题：其一关系到这个事实，即我们在那里看到的东西，是被我们投射到那里的；其二关系到另一个事实，这种投射揭示了它们共同的根，也揭示了两者虽然遥远、却深植于同一个心理社会的个体化过程，然而这个根却被烧焦了，并以某种方式被上主的愤怒击倒了，就像孔韦尔从第一次世界大战的战场上挖出的（树）根一样。

至于意向性的结构，就在于这个事实——我正在对读者说的话，是读者说出来的：我写的一切，都会被我的读者创造出来，就像过去关于圣十字架（Holy Cross）的发明①：ta 在自己身上（重新）找到了这些东西。我期待着发生在我身上的一切——同时，这一切突然发生在我身上，本身也是出乎意料的事情，而且是通过意外而发生的：通过一个人造物、一种艺术，关于这种艺术，普鲁斯特说道，作家的工作不过是让读者阅读自身。换句话说，有被隐匿、埋藏起来的期待，还有因此而是意外、压抑、克制的期待，因为有集体的压抑，它是诱发了跨个体的各种压抑机制的原始创伤。而作品——不管普鲁斯特还是孔韦尔的——都是打开、挖掘、出土这一切，从而悬置了一个功能，中断了一种个体化的自我认同，还追忆着这个自我，好像这是一个他者，完全与自己对立，它作为一种独特性，比任何身份都丰富。

---

① 公元 326 年，罗马皇后找寻只有少数基督徒护守的"重要遗迹"时，发掘了三个十字架。一个濒死的妇人被放在第三个十字架上时霍然痊愈，皇后便相信那是真十字架。——译者注

自我是种种出乎意料的期待组成的一个视野，由原－期待（proto-attentes）、首要－期待（archi-attentes）和绷紧两者的出乎意料的事情所组成，因为期待是一种张力（tension），它很紧张（tense），然而有时又很温柔（tender）。拉紧了这些期待的这种出乎意料的事情，既为心理个体化、也为集体个体化赋能：一种自我的能量将自身投入了各个循环。这就是福柯所谓的"自我书写"的先验的——或者说"老得吓人的"（来自布朗肖）——可能性条件，而自我书写则被设想为"治理自我和他人"的基础。

这样的"循环"——也就是我称为"感叹"①的那些东西，形成了回路，或者更准确地说是螺旋，而且是在我分析作为器官学的各个时代的种种条件下形成的。

然而，在一个时代中，一神论体系的图像学突然与电视新闻的图像联系在一起，而孔韦尔经过的就是这个循环，它如此独特，而且对所有独特性都如此具有威胁。

这些时代是感性之物进行一种个体化过程的时代，而感性之物就是与其他身体有关系的身体，借助于人工物，它产生了种种社会性身体，以此实现象征化。这个几十万年来不断展开的过程，构成了一个感性之物的谱系，而组成这个谱系的既是身体的各种器官和器具——包括感觉器官——的一连串脱功能化（défonctionnalisations）和再功能化（refonctionnalisations），也

---

① 原注：《象征的贫困·卷二：感性的灾难》（*De la misère symbolique 2. La catastrophe du sensible*，Galilée，2005），张新木、刘敏译，南京大学出版社，待出版。译注：exclamation。这个感叹的问题最早在《无信和失信·卷一：工业民主的式微》（*Mécréance et Discrédit, tome 1: La Décadence des démocraties industrielles*，Paris，Galilée，2004）中提出，而《象征的贫困·卷一》（*De la misère symbolique 1. L'époque hyperindustrielle*，Galilée，2004）第 16 节、第 164 页作出解释："我感到了什么，也就是说我将之'内化'了，而我把我感到的东西外显了，这样我就外化了：我们把这个过程称为一个感叹。"

是这些器官、器具所形成的技术和系统的一连串脱功能化和再功能化,最后还有社会组织的脱功能化、再功能化,在其中,社会组织不断获得重新配置,这就是所谓的大写的历史(History)。

这一切都被弗洛伊德料到了,尽管他说得很简短:他假定力比多是由直立姿势而来,而直立姿势这个人性化(hominisation)的根,本身就构成了嗅觉的一种脱功能化及再功能化,这个再功能化与视觉器官的再功能化相联。弗洛伊德称之为一种器质性压抑。①

问题是,弗洛伊德在这件事情上完全没有考虑技术(te-khne),因而也没有考虑力比多能量的流通必须以一种技术的发生为条件,而少了力比多能量的流通,显然就不会有任何能量。

这种广义器官学的时代——其中那些有生命的身体、人造物和社会组织之间的关系不停地被重新界定、重新分配

---

① 见《信 75:性感区》[*Letter 75. Erotogenic zones*(1897)],收入《标准版西格蒙德·弗洛伊德心理学著作全集·卷一》(*The Standard Edition of the Complete Psychological Work of Sigmund Freud,Volumn 1*)中的《弗利斯论文摘要(1892—1899 年)》[*Extracts from the Fliess papers*(1892—1899)]。其中弗洛伊德这样说:"我经常怀疑有某种器质性的因素在压抑中起作用……这关系到接纳之前的各个性感区的姿势……嗅觉感官发挥的作用变了:挺直背的姿势得到了接纳,鼻子从贴近地面而变得抬高了,同时一些之前有意义的、与土地有联系的感官变得令人厌恶——这是通过一个我还未知的过程发生的。"弗洛伊德另在《文明及其缺憾》(第 4 章第 105 页下,注 3303,九州出版社,2014 年)中提到:"但是,最深刻的推测是,在这里我又回到前面的说明,全部的性欲(不仅肛欲)都要受到威胁,都要成为人们采取直立姿势并且降低嗅觉的价值所引起的器质性压抑的牺牲品,这样,从那时候起,性功能就和无法做进一步解释的反感(repugnance)联系起来了,它在完全满足的道路上设下了障碍,并且迫使性功能离开它的性目而朝向力比多的升华和移剂作用,我知道布洛伊勒(Bleuler,1913)曾经指出,确实有这种拒绝性生活的基本倾向。所有的神经症患者,还有其他许多人都对这个事实表示反对,即'我们出生在尿和粪之中'。生殖器也在某种程度上使嗅觉受到强烈的刺激,这种嗅觉是许多人所无法忍受的,它往往破坏人们的性交。"——译者注

着——构成了一个历史的各个片断，而这个历史就是走进新时代的诸多巨变（katastrophai）[即一次次了结（denouements）]。而对我们来说，我们生活在一种独特的颠覆[1]之中：它构成了循环本身的中断，也就是说，它既是对力比多经济的清算，也是脱个体化。

孔韦尔的作品就是这种痛苦，就像作品中被闪电击倒的树干下的根所遭受的那样。他看着这些图像，自称是失去图像的孤儿，然后他又把图像还给我们，向我们展现如果要看到一张图像，就要懂得展现之：要懂得将之归还。还要把图像还给自我。

他说，成为失去图像的孤儿，就是成为失去世界的孤儿：归还图像，就是使世界变得可以想象，也是把图像还给一个世界，其中自我得以成为可能。孔韦尔寻求着世界。他寻求的是把世界还给世界。这就是一个艺术家。一个为艺术而生的人，也是一个惊慌失措的人。他是为一种惊慌失措的艺术而生的人。

在一部电影、一场音乐会、一出戏之后，我们都感受过这种需要，就是想外化并转达我们的情状、我们被触动的心弦，也熟知它有时会诱发感染，这种情况很糟，从而停下闲聊、压抑了情状，而不是把情状说出来、外显出来。

这就是感叹的一种情态（modality），只在技术的、人工物的外部性条件下才可能实现：感性之物的谱系的起源，有一个外化过程，而这个过程就构成了所有表达形式的——也就是实存[2]

---

① katastrophé，即 catastrophe（灾难）一词的希腊语来源。katastrophé原意为破坏、颠覆。——译者注

② existence。斯蒂格勒在《生存、实存、共存》（Subsister，Exister，Consister）中解释说："人外在一站立（拉丁语 ex-sistere）所显示的事实是：自己被投射到自我之外，并在外面、在未来构成；而实存构成的人在人与其种种客体所保持的关系中，也通过这种关系而实存，但不是因为人需要这些客体，而是因为人对此有欲望。这个欲望是一个独特性的欲望——而所有实存都是独特性。"——译者注

的——不断重新配置的永久的底子——因为实存就是外显，也就是铭刻，也就是实验。

艺术家，从感叹的内驱力①看，是名副其实的过度发展（hypertrophied）。而政治就是组织这些感叹的循环。跨个体化过程就是这样构成的——因此，为艺术而生的人的视野不可避免地具有了政治性：其政治命运就是把他的内驱力提升到欲望的平面，而且是崇高的欲望的平面。

但一件作品能打开什么呢？又为什么而打开呢？作品传达的不是一个"内容"，而是一种外在-体验（ex-perience），也是一种考验，某种意义上是一种校对②：这样一种经验总是未来的。作品打开的是未来。这样的说法是不是平庸了？如果不多说说关于这个未来的制造、关于这个未来的存在方式的话，确实是这样，而这个存在方式通过一件作品而打开，并在一个作品中劳作着。

作品开启了一种艺术家—存在（being-artist），即一种存在模式，更准确地说，作品作为开放，就是这种存在作为一个存在模式而进入行动的通道，并且在这个存在模式中，存在就意味着生成（becoming），但其中生成的东西③也要转形为未来的东西，也就是转变成一个自我。自我是作为外在—体验的外在—支持④，而作品向自我打开的，首先就是艺术家身上的那个艺术家—存在，这时的艺术家就是为艺术而生的人。

---

① drive，弗洛伊德的概念译名出自《弗洛伊德文集》，九州出版社，2014 年。——译者注

② 法语 correction d'épreuves，这里可直译为"对各种考验的一个修改"。——译者注

③ 法语 le devenir，原指前途、未来。——译者注

④ 我得在这里明确说明，我最终选择这样写下 ex-sistance（译注：由 exsistence 一词而来）这个词时犹豫了很久，之后在《建构欧洲》（Constituer l'Europe，Galilée，2005 年）中更是放弃了这么做：在工业性技艺（Ars Industrialis）协会于 2005 年 6 月 18 日在高丽讷剧院（théâtre de la Colline）举行的一次会议上……在一次交流之后我才选择这么做。——原注

　　劳作着的艺术家打开了自己,而如果他打开了自己,那是源于他的第一倾向,就像我们所有人都有各自不同的方式,而且我们并不立即就是我们所是;他的第一倾向自闭于那个给予他"来自四面八方的猛击"的东西里,就像阿尔托说的那样,而那个东西通过我们所有人而劳作着,因为我们只有构成这样一个"我们所有人",才能构成我们自己——在潜力上如此,甚至在行动上也如此。一如在法则上,甚至在事实上。

　　然后,作品打开了其受众身上的艺术家—存在,而受众只是有潜力的艺术家,但当他向着作品而打开时,当他在劳作或向作品打开的操作中时,他就会发现自己被作品向他身上施加的有些东西打开了,而那些东西则适应着来到艺术家身上、同时来自艺术家并通过其作品打开的东西。这样一打开,受众就会在某段时间内——在作品的时间——投入行动,他多受作品触动,就有多投入于行动。然而,这种投入行动的过渡同样也是一种个体化,它既是心理的,也是集体的;既是受众的"我"的个体化,也是"我"与艺术家通过艺术家,在"我"与"我们"来自的、并共同适应的过程中所形成的"我们"的个体化。

　　开放之物(the open)的循环在开放之物中构成的转达——因此每次都在于挖掘、形成、穿透、征服和转形这个循环,也在于使之通向行动——那就是跨越界限的转达,也就是转形的转达,同时也是一种自主性的转达,可以理解为自订法则作为自我本身的法则的这一力量和行为。总之,这是对独特性的考验和证明——但这总是通过缺失而实现的,正如我们自康德以来就知道的那样。

　　独特性是欲望的客体本身,而不是简单的差异:一个差异只有从一个身份出发、通过在这个身份内进行比较才能被理解,而独特性是不可比较的。

　　在孔韦尔惊慌失措的艺术的这一时代,欲望客体在结构上受到了当前器官性循环的威胁,而在这个循环中,能量只是以爆炸性、敌对和恐怖的方式进行循环,无论是西方国家的恐怖主义,还是原教旨主义和地下运动的恐怖主义;这就是个体化的失败所产生的毒性,而个体化的失败就是"文化资本主义"的各种媒体对图像进行的短路所造成的。

　　这就是图像战争的影响,这些图像短路引爆了个体化,然而这种爆炸也是资本主义的自我毁灭,或者如德里达所说,是资本主义的自我免疫性疾病:这种象征的贫困是力比多能量的溃散——没有这种能量,就没有个体化过程,而且即便资本主义把这种能量置于资本主义运作的核心,像资本主义所吸引的所有能量一样,最终都将以耗尽这种能量而告终。

　　总之,对作品的考验,也是作品之中的考验,在今天,它事关一场伟大斗争:跨个体化的斗争,既是为作为跨越界限的劳作而作的转-形,也是新的器官学在种种条件下、为劳作的重新配置而作的转-形,而在这些条件下,在自我之中、在紧急状态下,它关乎发明(发现)感性之物的新的组织。同时也关乎一种新的政治。让我们也将它称为一种新的"对感性之物的分享"①吧。

　　我们都可以是有潜力的艺术家,其中每个都是独特的,而变-象者(trans-figurator)的角色则将属于行动中的艺术家,因为在感性现实的一个独特领域中,他将是得到某种经验、某种考验的人,就像某些人经历了长途旅行、一种履历、一个循环一样,它赋

---

① partage du sensible,来自朗西埃的《感性的分享》(*Le Partage du sensible*, La Fabrique, 2000)。朗西埃的感性可理解为合理性。他曾说:"对我来说,审美既不是艺术理论、艺术哲学,更无关艺术欣赏,而仅关乎感性的分布,即哪些人能在社会上共享社会规则和社会经验。所以政治的审美先于艺术的审美。因为政治建立了世界的秩序,决定了什么人可以合理地成为世界的一员。"——译者注

予了他一种权威，即拥有一把别人没有的钥匙的权威，但是要让别人经历这种考验，不是不停地经历，而是在间歇中间歇进行，对于作品的经验由此得以形成、转-形。我们都可以成为有潜力的艺术家，当我们来到作品中，就类似于经历精神分析的工作，其中精神分析师倾听着在受分析者一方起作用的东西，同时只让受分析者经受来自自己的东西的考验，因为受分析者也是自己的他者，也被他自己所压抑的他者性吓得惊慌失措了。

在为艺术而生的人所做的艺术中，对于有潜力的艺术家而言（正如我们所有人都是），这个考验关系到把如此这般的感知力（sensibility）的（诸）领域所组成的东西投入行动。投入行动，就是在作品上劳作的人（即艺术家）遇到作品，因此就是一种开放、一个洞。作品把这种开放指明为感官/意义（sens）的扩大，也就是对感性之物的转-形，它既是感官的器官的去功能化、再功能化，也是符号化过程①的意义的去功能化、再功能化；而其间接后果，也就是跨个体化的后果，就是造成了人造物、社会组织——包括电视的各种工具/器官（organs），从而构成了广义器官学——作为全部转达的循环——的客体。

然而，这个问题在今天看来十分独特，甚至很有悲剧性，因为就像我和尼古拉·多南（Nicolas Donin）一同分析的那样，作为感性的机械（machinic）转向，产生了一种（既是美学的，同样也是政治的）参与的失败，而这种失败打破了种种循环、制造了种种短路，很快就会引火烧身——因为它破坏了力比多，并解放了纯粹内驱力（力比多连接起了这些内驱力，使之变得混杂，并把力比多的共立②强加给了内驱力）。

---

① semiosis，在符号学中指在上下文中的意义。——译者注
② composition，原意为构成。——译者注

　　经此类推，今天有心理疾病——显然是因为心理本来就有病：精神现象①就是疾病，就是与恶的关系（即与心理之物本来所是的那些坏的、丑的、假的东西之间的关系）。

　　心理疾病才是其中的动力：它使心理之物不断来回于投入行动与退回潜力（法语 puissance）之间②，来回于向其动机、向其欲望客体的提升与退回支撑这一动机的种种内驱力之间。

　　但必须照顾这种疾病，使之成为一种健康，这就是所谓的治疗（cure）。而任何治疗都是某种崇拜，也就是一种实践：心理社会的个体化循环所组成的跨个体化，假设了一种关于实践的规则，而正是由此，参与的问题得以确立。

　　我已经详细阐明过这一点了③，我既提到了参与到神圣中的问题——对于亚里士多德，这就是从心智灵魂到其行为的过渡，在那里灵魂被打开了；也提到了作为勒华-古杭陈述之基础的那个理论：要参与，才能感受。

　　宗教之物（The religious）、巫术之物（the magical）、政治之物（the political）本身，还有艺术、哲学、各种科学学科，所有这些，以及产生各种精神作品的那些东西——那些精神作品在我们身后遗存下来，同样也先行于我们，并向着我们心理社会的个体化而打开了我们……这些都是照顾心理之物的方式，以便心理之物通过极为多样的方式，重新发明和转形自己，从而治愈自己，就像在精神分析师那里一样——同时也是作为社会性与社会交往，因为

---

①　the psyche，这个词来自希腊神话中人类灵魂的化身普赛克（Psyche）。维纳斯妒其美颜，命令爱神丘比特让普赛克爱上丑陋的怪物。谁知丘比特爱上了普赛克，每晚都来相会，但普赛克从没有看到他的真面目。而普赛克的两个姐姐由于嫉妒她，骗她杀死丘比特。后来为了找回惊醒的丘比特，普赛克踏入了冥界。——译者注

②　我在《象征的贫困·卷二》第一章中从亚里士多德开始发展了这个主题。——原注

③　见《象征的贫困·卷二》。

心理之物进行多少劳作,就要进行多少具体化(bodied forth)。如此一来,由于心理之物也是集体之物,那么这种关怀就涉及一种政治(对一个自我的个体化的一种参与)。

只有这样,也由于心理之物的命运是集体性的,心理之物才能体验一件艺术作品:作品有助于心理之物打开自己,也就是治愈自己,而不至于因为自我封闭而最终生病;在经受这个考验后,心理之物被还给了它自己(to its self),但也被还给了自我(the self),也就是被还给了自我的开放。由于这个自我恰恰不是心理之物的我(me),也由于这个"我们"(the we)总是在所有人的那个"我们"之中——艺术就是那个"我们"所作的承诺(独特性)——它超出了存在于此时此地(作为身份)的、事实的、有限的"我们"的边界。

作品向自我打开着,向一个非我的自我打开着,而后者才是广阔得多的自我,它被铭刻在了心理社会的个体化中,因此,今天我们必须根据各种机构的疾病来思考——在原则上,这些机构必须被好好照顾。

例如,2005年1月我在德黑兰的时候,在原则上连接起了上帝之死和现代艺术的诞生,认为只有在上帝死后,才能有艺术的现代性。更普遍地说,当我描述是什么把当代艺术的命运和资本主义连接起来的时候,潜藏的问题是要知道这一切如何在一套设置上被衔接起来,而这套设置属于广义器官学的范围——我也说到过广义器官学构成了转达的循环和跨个体化循环,而这些循环也是升华了的力比多能量的循环,其中一个自我形成了;自我在同一动机、同一动力和一个欲望的幻觉中,换句话说,就是在关于自身(one self)和自我(the self)的幻觉中,汇集了所有形式的治疗的不同模式。

　　我也称这一点为各种一致性①、崇高性的问题，即在虚无主义中绝对地缺失的东西，也是我们今天所必须照顾的东西：学会照顾，通过构建新循环，即：不管通过连接（conjonctions）还是断连（disjonctions），都要为其他动机形成一种新的织物（fabric）——这里的动机也意味着理由（法语 raisons），这只在法语中讲得通，因此我们需要一种新的理性（法语 raisons）批判，但这种理性从此往后，完全是由关于欲望及其种种疾病——也就是其种种内驱力——的问题编织而成，这显然是康德想不到的。

　　依纳爵·德·罗耀拉（Ignace de Loyola）的《神操》（*Spiritual Exercises*）谈到，有必要亲自检验上帝的存在，以抵御依纳爵称之为魔鬼或者诱惑的倒退趋势。神操（Exercices）就是这样的一种照顾，也是记忆媒体（hypomnémata）的实践引起的自我书写在晚些时候的一个回声。在没有启示宗教的传统社会，起源神话意味着成年礼。但在所有这些情况下，都有一种治疗，也就是对各个灵魂的照顾，而这里的灵魂是各具身体的运动，也是这些灵魂的欲望。在现代社会中，随着精神分析的发展，转达的人（归还东西的人）必须经受一个考验，来使自己变得适合转达，也就是要让对方学会实操（ex-ercices，来自拉丁语 exercere，意为使之运动或保持运动），而不是代替对方、告诉对方该怎么想，而这正是实操带来的挑战。

───────────

① 法语 consistances。斯蒂格勒在《生存、实存、共存》中解释说："一致性指的是人类的存在被其对象所感动和转-形的过程，而在其对象上，人类存在投射了超越人类的东西，虽然这些对象并不存在，却是由人类的欲望对象所组成的；欲望对象从定义上看是无限的，尽管无限并不存在：存在的只有在时空上可计算的东西，也就是有限的东西。这种无限性是所有形式的理想化（idéalisation）的对象：爱的对象（"我的爱人"）、正义的对象（没有人可以借口正义不存在而不予以承认）、真理的对象[各种数学的理想性（idéalités）]。"——译者注

如果"所有其他事物都不变"①的话，这是苏格拉底式方法的基础。而如此新生的哲学中那些对的东西确实是对的，在一神教中，特别是在圣徒这些模范的宗教人物中，必须亲自做些什么（"那么你呢，你要做什么？"）才能让一个循环得以打开——一个循环的时刻如此构成，也就是如福柯分析的那样，使得自我技术建立在种种记忆媒体之上——有一些疗法，比如宗教就是其中一例，它使可以听人倾诉衷肠的人②以及自我的各种循环中的其他人一起，互惠、协助并发展一种心理上的帮助，而自我的这些循环就是心理社会的个体化；一旦我们考虑到跨个体化，特别考虑到其发源于艺术，我们就必须关注宗教史（艺术史首先是宗教艺术史），把它当作这样一种组织：既有关于心理的帮助，也有关于一种社会的帮助、一种给予个体化的帮助，而这种个体化可以被视为社会化。

而我们必须审视这一点，在心理之物如此病入膏肓的今天，它不仅是美学参与之失败的问题，而且也是不可分割的政治参与之失败的问题。

心理之物的原初疾病，就是其根本的忧郁（来自心理之物令人惊慌失措的原始缺失），也就是心理之物被这些心情所触动的能力，心理之物的大量死亡（mortality）后，这些心情最终来到心理之物身上（心情坏的时候，人们常说"看什么都很灰暗"，很明显会这样：我只听到我期望的东西，一切都是我咎由自取）。然而今天，一些具体的病理学都来自于这个事实：欲望，作为全球资本主义的首要能量，遭到工业化的开发，于是就倒退回了内驱力的水平。

---

① 法语 toutes choses égales par ailleurs，来自拉丁语 ceteris paribus sic stantibus，一般英译为 all else equal。这篇文章的英译作 due allowances made。——译者注
② confessors，基督教中指听忏悔的神甫。——译者注

当忧郁、黑胆汁①、坏情绪占据了我的时候,我的力比多能量不再循环:我成不了我所是的那种人,自我不能再通过我来实现了:"它行不通。"我的喉咙里堵着什么东西,有时候我奇怪地称之为我的淋巴结②——它使我痛苦,也让我喘不过气来。

我不再个体化自己了,同时,我也不再个体化这个团体了:我脱离了这个循环。或者更确切地说,这个团体没有通过我而个体化它自身,所以我也没有个体化自身。这就是自我和我的区别:我一直在,就在那里,但它是空的,而且因为这个自我的缺席而愈发沉重和明显。

今天捕捉触动的种种工业技术有了大规模发展——其中一个伟大的理论家与实践者是蒙特威尔第:关于触动的音乐,也关于音乐中触动的某种理论,也是对于音乐的时间对象的一个实践。虽然实践意不在此[将其作为时间的对象(德语 Zeit Objekt)],却理解了音乐的时间性如何能够捕捉触动,以阻断之,并在某种程度上固定之、或者释放之。在蒙特威尔第的音乐中,释放过程如宗教音乐那样运行,但在另一种情况下,它与主祭给灵魂的照顾有关,而主祭像对待其羊群③那样把他们洗刷干净④,在这里,我们隐约可见构成了所有这些问题的底子本身的模糊性:治疗是如何发展为羊群的。

在视听化、工业化的时间对象中——其中电视构成了特殊的一例——状况则非常不同:我们使用了时间的对象的同一种力量,但这次是为了疏导力比多,以至力比多不再能造就自我,并从

---

① black bile。古希腊的"医药之父"希波克拉底视其为人体四种体液之一,认为分泌过多会致郁。——译者注
② 暗指法语有个相关的表达 avoir les glandes,直译为有一些淋巴结,引申为局促不安之意。——译者注
③ brebis,基督教中指虔诚的信徒。——译者注
④ panse,引申为医治之意。——译者注

我之中挣脱，这指的是力比多不得已地接受了我的内驱力的底子。（在这种情况下）一开始，它就是专门以生成—羊群（herdish-ness）为目的的。

一个时间的对象是各种第一滞留（primary retentions）的一个聚集体，为了让一段旋律的音符听起来像这个音符，它会在自身中滞留预先于它的音符，而这样滞留下来的东西（预先于它的、过去的音符），当下还在那个滞留了它的东西中（当下的音符），胡塞尔将其称为第一滞留。这个第一聚集是由意识进行的，而旋律就是意识的客体。这个意识本身是由其专有的记忆，也就是其经验，所编织而成的，同时其经验则构成了各种第二滞留的一种织物。而意识则根据第二滞留的内容从第一滞留中选择：这就是为什么每个意识在一段旋律中听到的音乐，都不同于任何其他意识。

然而，也有各种第三滞留，也就是集体记忆的各种客观化形式，它是使我们得以在各种第一滞留和第二滞留之间进行着、劳作着的互相作用。第三滞留同样可以是艺术或精神的作品，也可以是广播或电视节目。至于后者，它倾向于被安排为第二滞留，使一切都变得相似，甚至相同。

电视作为控制技术，是通过对第三滞留的霸权化（hegemo-nising）来进行的，第三滞留得以标准化了第二滞留（并且内化了大众的第三滞留）。艺术作品则相反，倾向于强化第二滞留的独特性，而这些第二滞留则编织着心理个体——这里的心理个体是隐藏在第三滞留中的独特性和他者性的回声，同时，这些第三滞留本身也在编织着社会个体化的前个体的潜力。

当自我失去了编织自我的东西之独特性时，心情就会变坏：自我感到自己在脱个体化。然后，自我还会在那些使其晕头转向、甚至心情更坏的东西中迷失自己——比如电视图像，其原则就是今天工业化的民粹主义的无限制扩展。

　　然而,电视是当代心理社会的个体化所注定要遭遇的事实。因此,有必要从电视投入循环的那些图像开始,来对自我进行劳作,正是这些图像造成了这种短路,自我在其坏心情之中迷失了自己。这就是孔韦尔的工作:在这个短路中,他追捕了来自长循环的那些东西,而这些长循环则编织了各种图像组成的西方社会心理的个体化。

　　一部作品通过打开自我来施以帮助,把自我从坏心情中带出来,否则自我就会迷失自己、不再是自我了——矛盾的是,自我不再是自身、也不再在原地,但就是在那里,自我想保持不变,并抓牢其身份,抓牢这个感到被掏空、被阻断、又无力个性化的我。我们从我们的期望来感知事物、我们咎由自取,这是心情坏的时候每个人的常态,那时看什么都是灰暗的,整个世界都让人失望,而我们也憎恨世界。从这个很寻常的经验中,我们要吸取教训:事实是,我眼前的世界是灰黑的,这让我心情更坏,于是我眼前的世界就更灰黑了。坏心情有这样的螺旋动态结构。

　　作品治疗这种疾病,而这种疾病正是我们灵魂的底子;从此,内驱力性的资本主义和工业化的民粹主义——政治民粹主义就在此基础上泛滥着——系统地开发着,同时运行着一个庞大的短路,从中突然出现了力比多能量的巨大缺失。从这个短路中,孔韦尔发掘了一个前个体的底子的长循环,这个长循环预先于这个划分:在上帝死后,来自这个禁止图像崇拜的宗教的那些图像,讲述了西方的心理社会个体化的过程中那个被烧毁的根,而那些图像中就有电视播出的伊斯兰世界的"惊慌失措"的图像。

　　一种崇拜组织了集体意向性,而没有这样的组织就没有社会。上帝死后,记忆成为各种新的斗争的对象,而这些斗争是由其他组织来进行的——孔韦尔在瓦莱里恩(Mont Valerien)的著名作品就是为了颂扬这些组织。

对死者、对英雄的崇拜，是一种循环的扩大，而死者、英雄的作品就是那使者（这也是从个体化的英雄主义到跨个体化的事实的那个过渡）。《本塔哈的圣母》（*Madone de Bentalha*）作为各个图像的危机（crisis），同时作为各个图像的号喊（cry），也被纳入了这个循环，而这些图像在所有崇拜之悬而未决的存在[①]中，发出了前所未有的喊叹。

孔韦尔是一个为艺术而生的人，也就是说，是一个外化的人，而这种外化使种种内驱力的感叹化身为进行表达的欲望，并且通过外化对第三滞留耐心的、惊慌失措的经验，照顾着经验以及外化的喧哗——没有这些经验，就不会有作品，也不会有循环。

艺术是一种行动。在树桩、蜡、那些从宗教艺术史而来的重新显现的图像、今昔的被枪杀者、平民受害者的一帧帧画面，乃至荧光屏的扫描之间，他续写着他的履历[②]，用这个孤儿般的问题把历史的身体捏制成形；荧光屏的扫描则驱逐了一幅图像的任何可能。然而问题正是在于，要从中重新创造一幅图像，就像人们曾相信他们可以发掘圣十字架一样。

那么你呢，你要做什么？

---

① être-en-souffrance，也有"受难的存在者"之意。——译者注
② 来自拉丁文 Curriculum vitae，原意为生命的路程。——译者注

从记忆的角度洞察新冠病毒

贝尔纳·斯蒂格勒/文

郑　重/译

记住一次公共卫生危机。

对大流行病的记忆,在我们对记忆的各种再现(representations)中并不突出。人类有种很不幸的趋势,灾难疼过就忘,尽管他们的野心是想要一切安稳。如果我们还记得 1918 年的西班牙流感——它造成了 5 000 万人死亡。

这次危机包含了很多引人注意的事。接下来的好几年里,我们都将谈论这次大流行病的情境,和随之而来的全球性隔离。这次隔离的经验确实触发了一些非常有趣的对于记忆的经验,虽然它也能走向反面。这取决于事态发展。

这次病毒危机区别于西班牙流感之处,是病毒前进的速度。同时,至少在过去二十年里,温和版本的流行病危机越来越快地重复出现,其背景则是公共卫生投入的不断削减。而今我们看到,在接下来很长一段时间里,它可能会毁了全球经济。

病毒不但极其快速、大规模地在全世界流传,而且还有高度传染性。它在"后真相"世界中产生了恐慌,没人再相信任何人了。

我们现行的经济模式,依赖于全世界几乎所有角落之间物理和象征的超-传播(hyper-communication),而这极大地增加了危险。这个以"数据经济"为中心的经济模型，是很危险的，因为它消灭了抗冲击力的条件——多样性。

在以算法优化万物的欲望驱使下，我们的抗冲击力下降了，与此同时，生活却以实时管理①为基础，于是我们在多处短缺中看到了这种效应。作为整体的人类社会，出现了前所未有的脆弱。这种不负责任的行为必须停止！

隔离，重生了过去生活方式的记忆和意义。

目前，我正和护理人员的团队合作，致力于在数个社会区域（social territories，指塞纳-圣德尼省中参与项目的 9 个城镇）展开社会实验和贡献式项目，内容关于智能手机对亲子的影响。尽管仍在危机中，我们仍决定保持联络，来努力回答这个问题：此时此刻，隔离生活意味着什么？

隔离中有很多可能的情况，但很明显，不论如何，许多事都中断了，而这个时刻刚好创造了思考的机会，不管是个体的，还是集体的——如果有人陪同的话。

这可以带我们回到曾经的记忆和意义上，包括一度失落了的家庭活动——它同时也是教育活动，比如下厨房。从这些问题出发，我们可以思考一起做事意味着什么，思考智能手机同时对年轻人和老年人提出的挑战——致使我们遗忘之危险。

从这里，不管是个体还是集体，我们可以扪心自问：为什么我们不能和这些 20 世纪的生活方式重新发生关系？隔离为我们创造了思考我们的生活方式的条件。

我们应该从中学到更多普遍性的东西。我们正试着回答这些问题，同时归功于数字技术，我们也在用新方法构想城市及其居民，并致力于探索烹饪、城市建筑、能源和流动性。这都是在一

---

① just-in-time，其基本原理是以需定供。——译者注

个贡献式经济的实验性背景之中进行的,基于对知识和本地性的重估,并且与当地居民保持了紧密联系。

经验和心理记忆(psychic memories)不应屈从机器记忆(machinic memories)。

今天的经济建立在信息上,而信息取代了知识;信息本身完全是可计算的,于是把我们也变成了可计算的、拟态的和被远程控制的存在。

我们必须发展一种信息理论的新模式,可以运用计算,但要赋予不可计算的东西以价值。以音乐为例,一方面,音乐基于计算,但另一方面,音乐基于超越计算的东西。

我们必须通过赋予各种本地多样性(diversity of localities)以价值,重新思考信息技术和计算,停止依赖算法,重建医生、银行家、各领土居民之间的协商机制。

现行的系统完全依赖于自动化的平均数,从而消灭了不可计算的东西。

而一旦面临不可计算的东西,系统就受到了危机的威胁。在目前口罩短缺一事上,风险就被低估了。用平均数计算,从未发现有风险,于是人们就忘了这一点。

对我来说,我们正在经历的一切,无疑是对人类的重大警告。而其核心问题正是在于重估这片土地上的知识、本地性、多样性,并深思熟虑,这将规定其他一切。

从2008年金融危机中,我们并没有汲取教训。因此,如今最大的问题是:人类是否能从新冠病毒的危机中学到点什么。

学习,意味着质问自己。如果我们必须在一次紧急事件中这么做,就算这不是思考的理想条件,我们也要好好利用隔离的机会来思考、工作,想一想接下来要怎么做。

斯蒂格勒论新冠病毒：不确定性和"休克主义"①

贝尔纳·斯蒂格勒/文

郑　重/译

"人忘了行动。人只会反应了。"

——尼采

贝尔纳·斯蒂格勒在《什么是包扎式地思想》卷一〔解放的关系出版社(Liens qui libèrent)〕中，引了尼采的这句话作为题词。如果在新冠病毒后，我们又学会了行动呢？这就是斯蒂格勒的提议。他是哲学家、研究和创新学院(Institut de recherche et d'innovation)所长，以及工业性技艺协会(Association Ars Industrialis，一个以促进精神技术的工业性政治为宗旨的国际协会)会长。

问：您会怎么分析这个病毒危机？

斯蒂格勒：我们处于极端的不确定性中。所以，我需要很慎重地来谈这个问题。现在就进行自我定位很冒险。但我并不是没有考虑真正的新情况，就来老生常谈已有的观点。首先，各号

---

① 原刊于 2020 年 4 月 16 日，原标题为 Covid-19：Incertitude et "stratégies du choc"。

人物一本正经地对事态作出的各种矛盾的想象,多到令人难以置信。这使我极为震惊,也非常不安。我说的还不是假新闻。这一切,对已有的范式提出了真正的怀疑。

其次,疫情非常明显地置疑了全球化。事实上,近三十年来无比重要的交流方式的发展,为病毒传播的速度起到了基础作用——商品的陆上流通、空运、海上交通……这一置疑有大倒退的风险:找个新的替罪羊,退守自我,提防外国人。这令人担忧。此外,"后真相时代"造成了几种形式的怨恨,这是由于缺乏直言(希腊语 parrêsia,法语 franc-parler),体外化(exosomatisation)不同寻常的加速与我们这个工业社会已经成形的虚无主义也是其原因。

我们看到了围绕着《皮卡尔信使报》(*Courrier Picard*)题为《黄祸?》(Le péril jaune?)的社论展开的笔战;再如社交网络上的话题"我不是病毒"的出现,也显示了我们身边的种族主义;此外,维基百科创建于 2020 年 2 月 27 日的页面"2019 冠状病毒病疫情相关排外及种族主义"(Xénophobie et racisme liés à la pandémie de Covid-19)显然也是症状之一。

此外,许多人指出了野生动物和圈养动物之间、人类和我们称之为"宿主转移"(或者说,病毒从一个宿主迁移到另一宿主)的问题之间的关系,是与此前全然不同的。对这一转移推波助澜的,是大规模的砍伐森林,是城市化现象带来的、野生生物和人类之间近来才出现的密切接触。这个全新的重要因素,在此前的流行病中从未出现。传染性疾病专家迪迪耶·斯卡尔(Didier Sicard)教授在"法国文化"电台的访谈中①,就这个问题谈得很

---

① 参见 https://www.franceculture.fr/sciences/didier-sicard-il-est-urgent-denqueter-sur-lorigine-animale-de-lepidemie-de-covid-19

好,他不但回到了研究起点的中立位置,同时呼吁紧急调查新冠病毒的动物起源。

所以,新冠病毒危机所揭示的,首先是全球系统的极端脆弱。借助数字化,我们意识到了全球化已"大功告成"这一特点。

38亿网民,事实上已占了地球居民的一半。这是个庞大的数字。今天,我们看到了在个体和经济上,自己被这些网络联系到了何种程度。同时,这一数字化网架的技术装置,也显示了深深的药性特点。一方面,如果说自然资本被技术(技术被视为可以无限增长的)替代而驱动了经济,按新自由主义的信念,一种全球经济得以维持,那么在另一面,我们就目睹了今日市场之间的互联,以及它导致了什么。面对这种普罗米修斯式的、埃庇米修斯式的过度,我们忽视了创立一种治疗术的重要性。

同样,我们看到了信息疫情(infodemic)、阴谋论、谣言的扩散,比如零对冲(ZeroHedge)——全世界最有影响力的阴谋论英语网站之一。很快,我们就从生物性病毒的领域转到了信息病毒。

当我们发现危机具有全体论(holistique)的特点时,这些现象的协同增效作用(potentialisation,原指药物作用)或者叠加作用(surimposition),徒留下恐慌的情绪:我们明白一切都相互关联,不能只局限于个体的、本地的观点。这种情绪,让人想到法语"恐惧"(panique)的词源——潘神。而我更想提及的是希腊语"整体"(hólos)。这一次,破坏着实是摧枯拉朽的。一切都被重新置问:家庭生活的模式、教育实践、工资,等等。

柏林墙刚刚倒塌时,我在俄罗斯教书。而这次遭遇也让我想起面对苏联解体时俄罗斯的经历。我们一直以为,面对未知的创伤与我们无关。如今才发现,这是会发生在我们身上的。

问:您提到全球系统的极端脆弱,其实您很早就指出这一点了。前不久，您还和其他研究者，包括法兰西学院的阿兰·苏皮欧（Alain Supiot）教授（主讲"社会地位和全球化：对团结的法律分析"课程），数学家、逻辑学家、认识论专家乔塞佩·隆戈（Giuseppe Longo）和美国城市规划学家、哲学家、社会学家理查德·塞内特（Richard Sennett）一道，于 2020 年 1 月 20 日在联合国日内瓦办事处宣讲，认为必须建立新的愿景，因为现行的这些模式趋于崩溃。现在，病毒的降临显示，它们确确实实在崩溃。而且，没有比病毒更小的活物了——约 250 纳米，它再次彰显了我们社会的极端脆弱。您能讲讲这种脆弱吗：为什么会脆弱？这种脆弱是怎么形成的？

斯蒂格勒：脆弱，与复杂的中心化系统中的去本地化有关。数据中心的例子很有代表性。计算力如此集中在一个地方，就是脆弱的明证。同样，要是你是工程师，你就知道电信网络是怎么运行的，你就知道在一定程度上，破解这些系统没有难到哪儿去。为了网络和可扩展性的效应，我们的技术装置的宏观手段强行废除了本地性，它所施行的简化论牺牲了对独特性的讨论。这也打开了垄断的大门，比如 GAFA① 之垄断。问题在于，这一效果在全球尺度上直接可见。要想不那么脆弱，就必须以极其去中心化的模式逆转这一过程。这也是冷战时美国军方互联网项目的起源。一个分散式的互联网，点对点，更能抗击信息战、审查和自然灾害的冲击。这是一个正在兴起的运动，特别是自区块链协议发展以来，2016 年 6 月在旧金山召开的分散式网络（DWeb）首届峰会就致力于万维网的重新去中心化，为了回到 1990 年代的原初模式的种种斗争，都显示了这一点。

---

① GAFA 指美国的谷歌（Google）、苹果（Apple）、脸书（Facebook）、亚马逊（Amazon）等等。——译者注

不过，这样的装置不应该干扰监管的手段和机构：这就要重新全盘考虑与今日之技术息息相关的政治学、经济学和法学。今天，我们系统的效能确实很大，就像亚马逊利用算法，最大程度地优化并运用概率计算而创造的奇迹。但这个效率的代价，是我们系统整体的极端脆弱。我认为这才是当下真正的发现。

脆弱的另一面，已经被多次强调了——工业部门的瓦解。我们产生了依赖性。然而，今天的很多功能都是去疆域化的。所以，一定要重新审视生产的装置。这不是"重新工业化"的问题，而是在价值链上对本地性和本地内部的协调进行计算重估——这就需要重新思考核算（comptabilités）。

问：如此脆弱的事态，会发展成什么样呢？

斯蒂格勒：这件事向我揭示了休克主义的问题。你肯定听说韩国首尔在疫情期间，死亡和感染人数都很少。雅艾勒·阿祖莱（Yael Azoulay）的研究综述《新冠病毒：韩国的案例给法国和欧洲在脱离危机上的启示》（*COVID-19: S'inspirer de l'exemple de la Corée du Sud pour sortir de la crise en France et en Europe*）指出了这一点。

我提到这点，是因为显然有很多人已经解释过：对那些要跨步向前地"综合"使用网络和电子监控的人，这次危机是个好时机，但这些措施却有关个人自由和民主。这里，我要援引加拿大记者娜奥米·克莱因（Noami Klein）《休克主义》一书的议题：在卡特里娜飓风灾难中，沿袭了 1976 年诺贝尔经济学奖得主米尔顿·弗里德曼（Milton Friedman）之精神的极端自由主义者们——人称"芝加哥小子"（Chicago boys），是如何以一系列摧毁公共教育系统的极端自由主义措施而从冲击中受益的。卡特里娜危机被用来压倒人们，某种对事物的愿景被强加于他们。

这场危机暴露了超级自动化（ultra-automatisé）模式之局限，

但也使我们意识到这一点，从而走进一个新时代。这个新时代将调整我们和技术、交流、经济以及全球化的关系。这个新关系，首先将关心本地性。事实上，按生物学家、动物学家，甚至病毒学家的说法，传染病和生物多样性的问题非常紧密地联系在一起。

这样，我们才能想象休克主义的反面。否则当前脆弱的系统，就将以新的方式不断衰减。我们应该意识到数据经济、过分去疆域化、极端脱心智化（dénotéisation，我们丧失的知识完全被基于计算的信息系统所代替）的局限性。

其实，我们正走向这两种休克主义中的一种：一方面是克莱因描述的经典策略，另一面，则是在熵的问题上——面对这个危机的根本问题我们能做什么，要有清醒的认识。这种熵不但是热力学上的能量消耗，而且是生物学的——比如生物多样性的削弱，同时也是人为的——比如作为我们个人和集体的抗冲击力之基础的心智多样性（noodiversity）和独特性被摧毁了。

很明显，我反对的，就是克莱因描述的经典的休克主义，因为我们在熵的增加上走得太过头了。我们的经济模式建立于新自由主义之上，而它的教义又完全基于概率和按计算性作出的决定。这一规定武断地认为，市场更理性，因为市场是一种计算理性之本身。然而，把计算性当作理想的标志，是大错特错的。此外，这种武断建立在对债的主观利用之上，因而就建立在总是日益加剧的经济的脆弱性之上。定义逆熵（néguentropiques）是有生命的东西，也就是说，它们的未来正维系于几乎完全不可能从正常状态中分离的分枝（bifurcations），从而总是超越了所有计算。

这种计算理性的统治增加了人类熵，非常危险。也就是说，人类团体、个体、动物物种、栽培植物对抗熵的能力被削弱了。这削弱了各个系统的抗冲击力，也使我们走向一个有待到来的未来（a-venir）的解体，而忙于包扎（panser）被技术圈窒息的生物圈。

我之所以支持工业性技艺协会和互联国集体，就是因为重新思考了经济，从而系统性地重估对熵的斗争，这是基础。互联国集体 5 月将发表著作《分枝：对安东尼奥·古特雷斯和格蕾塔·通贝里的回应涉及的基础知识》（*Bifurquer: Éléments de réponses à António Guterres et Greta Thunberg*）。这一斗争首先就是逆熵的。因为人类世，这个在人类活动影响下的地质式分枝的时期，已然全面冲击了地球；而且其特征就是本地性遭到清算、知识沦陷、力学定律否定生命的独特性。在这个人类世的时期，技术以算法消解了社会，把一切削减为可计算性，维持着一种虚幻的资本主义金融，同时贬损公民—劳动者的权利，比如零工阶级（gig-working class）的产生。

我们工业性技艺协会支持的经济模式，是"逆人类熵世"（Néganthropocène）的蜕变。这要求我们创造（比如说）一种贡献式收入，让我们从逆熵价值的创造中取得收入。危机的这条出路，是隐约可见的。

这也是我口中由超人（德语 Übermensch）进行的、在超人中完成的分枝（走向尼采所说的超人性），也就是包扎社会伤口的逆熵人（néganthropos）。

在新冠病毒的危机中，要真正清醒地认识到在熵的问题上，我们应该做什么。此时此刻发生的，就取决于这个问题。但我们也观察到，有些人反而竭力增加熵的风险，要把一切都用计算管理起来，继续做"进步的白日梦"。这种休克主义可能有效，但如果不将其纳入对本地的抗冲击力的发展，我们就无法思考（penser）和治疗（panser）这个问题，那么其他大难就将临头。

这种情况,夹在休克主义的两种可能之间。

问:对隔离的经历,您又感觉如何?

斯蒂格勒:这次危机中让我觉得最奇特的,是未来的绝对不可预见性。这在以前从没有过。在这一背景中,我们应当更警觉。我们看到针对氯喹(chloroquine)的争论,但很难得出自己的意见。在读了哈乌勒(Raoul)教授的文章和反对他的文章后,找到自己的位置反而更难了。于是我觉得,重要的是把这种不确定性变成思考的经验。媒体经常强调思考的孤独。

要走向"明天的世界",这个危机为我们好好上了一课,而且我们也在其中亲身认识到,要对人们反思的能力保有信心。所以问题来了:会有人回味这个疑问,并看到其后果吗?

问:此时此刻,这个疑问让您思考到什么呢?

斯蒂格勒:在研究和创新研究学院(IRI)和互联国集体,我们正和物理学家、数学家联手重启一套信息理论,因为我们认为,当今发展的信息模式和网络是有毒的。这些模式基于算法,而非个体,从而使个体和藉由数字假肢而形成的团体所作的思考出现短路。这是一个特别有熵性(entropic)的现象,所以也是危险的。

我想我们明天要问的问题,就是欧洲能否从这个经验中得到勇气,对信息理论进行基础研究,从而发展新模式。

这很重要,因为二十年来经济领域的所有进展都基于数字化,所以工业模式规定了其余一切,包括在今日医疗界大量涌现的数据医疗(data médecine)。是概率规定了人群。这还是一个极为药学的问题。

要认真对待系统的缺陷,以及关于电脑、网络的构想的缺陷,就必须对系统或基础设施去中心化。事实上,这些系统、电脑、网络正是建立在无视本地性和本地动态的计算性模式上。人类行为、社会规则的这些标准化模式的发展，削弱了心智多样性。

真正降低的抗冲击力，造成了我们整体上巨大的脆弱。我们必须在信息论中严肃对待逆熵，而这正是信息理论的根本问题。这就是欧洲走出数字殖民的活路。

问：您对年轻人有什么想说的？我这么问，是因为您在新作中就此写了很多，比如在《在冲扰之中：如何才能不变疯？》①或者《什么是包扎式地思想？卷二：格蕾塔·通贝里给我们上的课》②之中。您最近还创立了协会"通贝里一代之友"。这个协会回应了联合国秘书长安东尼奥·古特雷斯在 C40 世界市长峰会上对气候问题的呼吁。您强调这代人的不幸，是当代无法形成一个时代（époque）——您把这一事实命名为"扰乱"，也就是数字化社会的支配。没有梦想，也没有此在（Da-sein，海德格尔式的个体）构成的共同前景。您还指出在深深的代沟中，不再有知识的传播，代际关系也荡然无存。

让我引用一段《在冲扰之中》的话，它提到了著作《不可想象的事·卷一：时间的崩塌》（*L'Impensable 1. L'effondre-ment du temps*）中对一个 15 岁的年轻人弗洛希安（Florian）的研究："弗洛希安这代人缺少的，是对一个时代、一代人的共同期待的视野。空白（blank），正如朋克们所说，代表了空白的一代。"您对空白的一代想说些什么？

斯蒂格勒：我确实是和让-马里·勒克莱齐奥（Jean-Marie Le Clézio）创建了"通贝里一代之友"协会，因为我觉得在今天，几代人一起工作、发明新的团结方式很有必要，这样才能建立全新的代际契约（contrat intergénérationnel）。只有通过研究性和试

---

① *Dans la disruption: Comment ne pas devenir fou?*. Editions Babel.

② *Qu'appelle-t-on panser? 2. La leçon de Greta Thunberg*，Paris，Les Liens qui libèrent，2020.

验性的实验室,让科学家、年轻人和已有的人群在我们扎根的领
土上一起参与,才是认真对待通贝里的呼吁。要好好倾听这位年
轻女士,陪她一起思考、行动。我们要以更尊敬环境的方式,来关
心本地多样性,以便最终重建一种现实原则。

"起风了"——悼斯蒂格勒

许　煜/文

郑　重/译

（香港城市大学，创意媒体学院）

我如何相信贝尔纳已经离开我们了呢？

可能这是真的，但我不相信，也不会相信。

8月7日我一醒来，就收到了贝尔纳离世的消息，我听他生前的电台访问，依然能感受到他的存在、他的慷慨、他温暖的招呼和笑容，但我已无法止住我的泪水。一周前，我仍和贝尔纳通电话，我们讨论8月底在法国阿尔勒的研讨会，以及将来的计划。他的声音比以前软弱，但很积极。他埋怨手机坏了，打印机也坏了，可又不能在网上买，因为需要用手机接收验证码，但是他仍然继续写作。8月6日，我突然感到一阵不寻常的虚弱，肚子不断地抽痛，类似的情形两年前发生过一次，那时，我的朋友兼编辑自杀了；我拖着疲惫的身体到邮局寄高丽参给贝尔纳，但因为新冠，邮局关门了。回到家后，我想写信给他，告诉他我编辑的、有他参与的两本期刊专刊就快出版了。但我没有写，我也没想到，我再也没有跟他说话的机会了。

我在2008年11月与贝尔纳在伦敦相识，虽然之前我已在他的讲座上见过他。我与一名同事一起到圣潘克拉斯火车站去接他。那时我年轻，兴奋，同时又很焦虑。之前我读过他的《技术与时间》第一卷、他和德里达的《电视回声影像学》(*Échographies de la télévision. Entretiens filmés*),看了《伊斯特河》(*The Ister*),一部由他的长期译者兼朋友丹·罗斯(Dan Ross)以及大卫·巴里松(David Barison)制作的纪录片。我几乎每年都和学生一起看这部片子。就像所有人一样,我很好奇他是怎么从一个银行抢劫犯成为哲学家的。我那时已经仔细研读过海德格尔的《存在与时间》以及海氏后期著作,我以为自己已经洞悉了海德格尔技术思想的某些问题。但阅读《技术与时间》卷一令我极度兴奋。我逐句通读过几遍,每次都是非凡的经历。贝尔纳用"技术"[或者说"第三持存"(tertiary retention)]的概念解构了海德格尔的"存在"概念,并打开了海德格尔思想的一个突破口,进而从内部将其重构。

但是,更令人印象深刻的是他解构西方哲学史的计划。对他来说,技术实际上是第一哲学,但它被哲学史压抑了(弗洛伊德意义上的压抑)。《技术与时间》前两卷致力于对海德格尔和胡塞尔现象学的解构;第三卷是对康德《纯粹理性批判》的解构,以及对法兰克福学派批判理论的批判。

《技术与时间》第三卷也是贝尔纳针对工业资本主义的政治性著作的开端,此后他在这个方向上出版了超过三十多本书。贝尔纳并不反对工业本身,而是反对工业资本主义的视野,同时反对各种形式的犬儒主义。技术工业,尤其消费主义,重视短期的获利能力,因此并没有担负起照怀大众——特别是年轻一代,格蕾塔·通贝里的一代的责任。正是在这样的条件下,技术变得有毒。从《技术与时间》的第三卷开始,贝尔纳试图通过对马克思、弗洛伊德、西蒙东,对生物学和经济学等的阅读,系统地寻找新武器。贝尔纳在2006年与朋友们一起创建的工业性技艺协会的任务,便是致力于工业的转型。他生前在巴黎北部圣德尼的项目则是与工业伙伴和银行合作，发展一种新的政治经济，他称之为"贡献性经济"（the economy of contribution）。

我仍然记得那是个下雨天。他像个典型的法国知识分子，穿了件黑色大衣，戴着帽子，但我还是把伞递给了他。他一开始拒绝，后来还是接受了。贝尔纳非常友好，问我在读什么。我告诉他，我正在读他的半自传《付诸行动》（*Acting Out*）和哲学史家皮埃尔·阿多（Pierre Hadot）的另一本书。他很吃惊。我那时刚从重病中恢复过来，他的哲学与古代灵修之间的共鸣使我着迷。在后来的会议上他发表了主题演讲，我也做了一次报告，贝尔纳对我关于关系的研究非常感兴趣，叮嘱我与他保持联系。几个月后，他到伦敦大学金匠学院与大卫·格雷伯、雅安·莫里耶-布当（Yann Moulier-Boutang）辩论，活动由斯科特·拉什（Scott Lash）主持，当时一名俄罗斯艺术家，自称阿甘本的粉丝，在演讲者面前拉屎以解释他所理解的抗争。活动结束后，贝尔纳邀请我到他巴黎的研讨会上谈我的研究。后来他同意指导我的博士论文。贝尔纳对我来说是英雄和巨人，每次和他讨论论文时，我都觉得自己是在浪费他的时间。但是贝尔纳热情且慷慨，他从不把我当学生，而是当朋友，他对我的研究十分感兴趣。我并没有第三持存来记录这些场景，但是很多细节仍然历历在目。我还记得在一次会议中，贝尔纳叫我不要读太多的海德格尔，因为每个伟大的思想家只有一两本代表作，对他来说，海德格尔的是《存在与时间》。有一次，在我们等过马路的时候，他说有一个人我以后必须认真对待，那就是雅克·德里达。我在 2016 年出版了论文《论数码物的存在》（*On the Existence of Digital Objects*），贝尔纳慷慨地写了序言。

当我从伦敦移居巴黎并开始在他的研究和创新学院工作时，我才更加了解贝尔纳。IRI 是他于 2006 年辞去蓬皮杜中心文化发展部部长一职后，与文森特·普伊格（Vincent Puig）创建的研究所。在担任蓬皮杜艺术中心部长之前，他应音乐家兼作曲家皮埃尔·布列兹（Pierre Boulez）的邀请，成为 IRCAM 的所长。我从没有遇到过比贝尔纳更传奇的人：从农场工人，到爵士酒吧老板，再到银行抢劫犯，后在现象学家吉拉尔·格拉内尔的帮助下在监狱里学习了五年哲学，成为利奥塔的硕士生和德里达的博士生，此后负责多个研究项目，包括 1980 年代与国家图书馆合作的数字化项目。接着他成为法国视听研究院（INA）的副院长，然后是 IRCAM 所长，2018 年他从 IRI 退休。

后来我离开法国前往德国工作，但与贝尔纳的关系更加紧密。他曾在我工作的吕讷堡大学担任了一个学期的客座教授，其后又在洪堡大学继续当了一学期客座，那时我刚好住在柏林，因此我们几乎每周都见面。自 2012 年起，我每年都会去法国中部的埃皮纳伊（Epineuil）乡下上他的暑期学校，贝尔纳和他的家人为受邀者和学生们组织了为期一周的研讨会。那是思想与友谊的盛宴，不幸的是它在 2017 年戛然而止。但随着贝尔纳的离去以及新冠疫情爆发，2020 年起，我每年都向往的法国夏天似乎也离我越来越远了。

2015 年，我第一次与贝尔纳和他的家人一起回到中国。贝尔纳总对所有人说，是我把他带到了中国，但我认为情况恰恰相反。那时我已经在欧洲生活了十年，其间，我每年只回香港几天探望父母，没有去内地。与贝尔纳一起去杭州讲学对我来说是个重要的事件，感谢中国美术学院现任院长高士明和他的同事们，让我重新发现了中国。从 2015 年开始，我们在杭州教授大师班，这期间我几乎每天都和贝尔纳一起共进午餐和晚餐。在许多个温暖的春晚，我们在学院旁边意大利餐厅的露台上觥筹交错，谈论哲学。我还记得那是 2018 年，贝尔纳喝着酒，抽着烟，突然对我说，你还记得我曾经叫你不要读海德格尔吗？我回答说，是的，我记得，那是十年前，但是我没有理您。他笑着说，我知道你不听我的话，我现在认为我错了。

2016 年，我出版了第二本专著《论中国的技术问题——宇宙技术初论》(*The Question Concerning Technology in China: An Essay in Cosmotechnics*)，是我对海德格尔 1953 年的论文《技术的追问》的回应和批评。在这本书中，我提出了与贝尔纳不同的海德格尔读法，尽管此书第二部分中对于京都学派和新儒家的解构，仍然有赖于他对海德格尔的世界历史观的批判。我将这本书献给了贝尔纳，因为如果没有我们之间的多次讨论，没有他对我叛逆精神的肯定，我将无法迈出这一步。然而，这本书也给贝尔纳带来了问题。贝尔纳不同意我的看法——不是我对海德格尔的阅读，而是我对法国古生物学家勒华-古杭的解读，这或许是我与他的哲学冲突。我们在 2018 年的成都之行中讨论了这件事，恰好是在和他儿子奥古斯丁一起去看熊猫的途中；我们原本应该在 2019 年中国台北的研讨会上就此事展开辩论，但却没有做到；最后，我们决定把辩论挪到 Angelaki 期刊的宇宙技术特刊上，然而特刊发行的时候，刚好是他去世的那天。贝尔纳在 2020 年 4 月住院期间忍受了很多痛苦，却还是非常慷慨地完成了这篇文章。可惜他改变了论文的方向，所以我们计划中的辩论从未真正发生。

贝尔纳留下了许多关于哲学和技术的原创性和开创性工作。他从不局限于单一学科，也从未对任何肤浅的跨学科研究感到满意。他一直在努力发明新的思维和实践，打破各种各样的界限，让我们窥见未来和希望。他是灾难的思想家，或者更准确地说，是悲剧的思想家，他从未错过使偶然事件成为哲学上的必然的机会。尽管如此，贝尔纳仍然亏欠我们他承诺过的多本《技术与时间》。贝尔纳曾经几次向我提起他在监狱里的一段很不寻常的经历。在一次迷幻式的体验中,他写下了一篇文章,当时他也不太明白自己写了什么。他拿给格拉内尔看,后者告诉他:"这将是你的哲学。"这些内容写进了他的博士论文,后来论文答辩委员会成员之一的马里翁希望发表这一部分,但贝尔纳拒绝了。该部分应该作为《技术与时间》的第七卷出版,尽管我们仍在等待第四、第五和第六卷。据贝尔纳所说,这个神秘的部分是关于螺旋形的。我从没有读过这些文字,但我在想它是否有可能与我在《递归与偶然》(*Recursivity and Contingency*)中描述的内容相近,我这本书导论的标题叫"一种迷幻的生成"(A Psychedelic Becoming)。贝尔纳读了《递归与偶然》,他认为我探讨的德国观念论和控制论的问题很重要,他把书推荐给了法国出版商。但是遗憾的是,我们从未讨论过"递归"与他的"螺旋"概念之间的关系,因为去年我错过了这个机会。

去年我们在湖边散步时,我告诉他,我曾在 2016 年与他的老朋友石田英敬和东浩纪一起喝醉过。贝尔纳非常兴奋,他说出狱后他从未真正醉过,但是他可能想要有一次例外。在餐厅里,他点了一瓶酒,无奈因为我的身体尚未从《递归与偶然》所造成的虚耗中恢复过来,我最多只能喝一杯。贝尔纳不得不把半瓶红酒带回酒店。我错过了让他喝醉的机会,或者我也让他失望了。毕竟,贝尔纳是一个不需要酣醉的悲剧主义者(tragist)。

今年,我原本希望能再次在杭州见到他,但因为疫情,所有活动都取消了。我最后一次见到他是在 2019 年 11 月,当时我们应台湾艺术大学之邀,一起去教授大师班。我原本应该在 12 月去巴黎参加他的年会,但我实在精疲力竭,而不得不取消行程。尽管今年的会议仍将在 12 月如期举行,但贝尔纳已无法赴约。贝尔纳选择在一个贫乏的时代离开我们,在这个时代,愚蠢成为常态，政治不过是谎言，肆虐的疫情加剧了一切他终其一生都在与之斗争的恶。自 2016 年以来，贝尔纳经常谈论梦想和梦想的必要性：工业资本主义摧毁了做梦的可能，它只能通过操纵注意力来生产消费主义。

在他看来，做梦的官能是被康德所忽视的。贝尔纳是一个梦想家，他梦想着不可能，因为那是哲学真正的对象；他是一个与愚蠢战斗的悲剧英雄，正如他的口头禅——"必须战斗"（il faut combattre）。贝尔纳高度评价宫崎骏的动画片《起风了》，对他而言，这部电影是说明梦想与技术关系的绝佳例子。所有技术都是梦想的实现，但梦想也可能成为噩梦，正如在药理学中，所有的药既是解药，又是毒药。贝尔纳继承了柏拉图和德里达，成为 21 世纪的技术药理学家；然而，今天的科技大学几乎很少有不为工业服务的，它们或许会谈论伦理，却不再需要哲学，因为它们都失去了做梦的能力。"起风了"来自贝尔纳最喜欢的瓦莱里的诗歌《海滨墓园》（Le cimetière marin），这首诗的结尾如下，我想这或许也是贝尔纳，继尼采之后最伟大的悲剧主义者，会留给我们的话：

> 起风了！……只有试着活下去一条路！
> 无边的气流翻开又阖上了我的书，
> 波涛敢于从巉岩上溅沫飞迸！
> 飞去吧，令人眼花缭乱的书页！
> 迸裂吧，波浪！用漫天狂澜来打裂
> 这片有白帆啄食的平静的房顶。

（卞之琳译）

斯蒂格勒、忧郁、否定性[①]

——为斯蒂格勒所作的悼词

让-吕克·南希[*]/文

钟　立/译

摘要：在这篇悼词中，让-吕克·南希将斯蒂格勒的死看作他作品中关键的一部分，并且询问这一奇异的死亡之于作品的归属是什么。在斯蒂格勒进入哲学的启始处，对于死亡的情感在"人的发明"中扮演了重要的角色。这一情感是致死的，并且导向忧郁，而后者生产了天才以及技艺（*génie des arts*）。忧郁不但出现在斯蒂格勒工作的一开始，也呈现在最后，他将忧郁看作对熵增默认的体验，但是他从未将之视为问题化的对象。南希说明了在斯蒂格勒的作品中，忧郁一定不可治愈（起源的错失不可以、也不应该被

---

① 原文标题为 Stiegler，Melancolie，Negativité：chant funèbre pour Bernard。

* 让-吕克·南希（Jean-Luc Nancy）是斯特拉斯堡大学杰出哲学教授，也是法国最重要的知识分子之一。至今为止，他已出版了几十本著作、数百篇论文，涉及主题十分多样，涵盖共通体、宗教、身体以及现代知识传统。他的主要作品有：《非功效的共通体》（*La Communauté désœuvrée*，1986）、《自由的经验》（*L'Expérience de la liberté*，1988）、《一个有限的思想》（*Une pensée finie*，1990）、《身体》（*Corpus*，1992）、《"那里有"性关系》（*L'"il y a" du rapport sexuel*，2001）、《基督教的解构》（*Déconstruction du christianisme*，2005—10）、《侵入者》（*L'Intrus*，2010）、《一个世界的可能性》（*La Possibilité d'un monde*，2013）、《不承认的共通体》（*La Communauté désavouée*，2014）、《怎么办？》（*Que faire?*，2016）、《性存》（*Sexistence*，2016）、《世界的脆弱皮肤》（*La Peau fragile du monde*，2020）。

完全地修复)以及它双重性的特质,还有它与否定性的主体间不可决定性的关联。他将斯蒂格勒的死思考为朝向不可挽回的错失的飞跃,那里没有意义可以到来,最终(非)完成了斯蒂格勒行动的许诺。

关键词: 斯蒂格勒;忧郁;否定性;死亡;起源的错失

贝尔纳·斯蒂格勒的死是他作品的一部分。这一死本身并不是出奇的意外。其他死亡也是逝去者贝尔纳作品的一部分,或许,在思虑过后,所有的死亡都将是这由一切生命秘密孕育的作品的一部分。然而,在贝尔纳·斯蒂格勒的例子中,尤其要准确地辨别之于他作品的归属,这一死亡是什么,它以什么方式延展了作品,或许是以一种奇异的模态使其分支(bifurquer)①。

人与死亡的关系——对于每一个人而言是他/她的死亡的关系——在斯蒂格勒的作品中起着至关重要的作用。因为在《埃庇米修斯的过失》开始处(斯蒂格勒哲学工作的启始),正是在这一关系中,他看到他决定称之为“人的发明”②的入口,这让人之自身在某一意义上成了人工物(artefact),先于所有可能的人工物——他所称之为“技术”的一切——且呼唤它们之到来的人工物。这一启始的特质自身并非完全是启始的:相反,它所指示的是起源的错失(un défaut d'origine)。人自身并不关联到某一起

① bifurquer 是斯蒂格勒晚期讨论逆熵时的一个重要术语,熵增是同一模态的不断反复以至穷竭,逆熵是制造差异的。——译者注

② 我没有作引用标注,因为这不是一份学术式的研究。并且,在有引用处,前后文对其来源都有充分的提示。除此之外,用“斯蒂格勒”或“贝尔纳”是根据我感觉前后内容更多地与这个作者有关,还是更多地与这个人有关——但是对于他而言,这二者间的区分不是很大,他自己也写过多次。(译者注:介于法语中的代词十分复杂且使用频繁,在句式中的褶皱被翻译为无褶的汉语时,不得不完全展开;否则,读者容易弄不清代词所指的是谁或是什么。因此,译文会根据南希讲述的标准,在多处添加“斯蒂格勒”或“贝尔纳”的名字。)

源——换而言之,这两者之间不存在某一关系(un rapport),而是拥有某一连续性,甚至是某一延展:人关联于起源的错失,这一事态呈现在对死亡的情感中,它正是对死亡的情感。这一情感,同时是感知,是考验,是知识,正如斯蒂格勒所言,它培育了最强烈意义上的"担忧"(préoccupation):忧心、焦虑——假使不是烦恼,它参与既奇异又有限的命运——奇异是因为有限,有限是因为奇异。

这一对死亡的情感——感觉自己会死(se-sentir-mortel)——伴随着人的发明,伴随着人对不朽者与神的发明。人与不朽者和神之间有关系,是缺与替代的关系,后者让人成为技术人(le tech-nicien)。

这一情感是"致命的"(funeste),他出人意料地写道——因为这指示了他作为见证者的事实。"funeste"实际上指厄运的承载者,最后是死亡的承载者,正如相关词汇"funèbre"(丧事的)以及"funérailles"(葬礼)的意思。这一情感似乎带来或招致了死亡,而与之相反,它似乎也是死的印记、踪迹或烙印。

实际上,在"因此一切都随着对死亡的情感而来"的最初表述中,斯蒂格勒将这一情感视为人的起源;人们或许可以讲,这是非起源的起源(une origine désoriginée),它没有起源,因而除了自身的终结(中止)外,它并没有目的(fin/destination)。

这一情感有一个名字:忧郁。斯蒂格勒写道,"致死的情感,忧郁"。我们仅可以在书的第 141 页读到它,之后,斯蒂格勒没有就忧郁的主题——我特指这一语词——作进一步的研究。但是在更后面,我们可以读到,在普罗米修斯被无休止地吞噬肝脏所象征的"原始忧郁"后,不朽者"永远遥远的临近"关涉着"人类(*genos anthropos*)永恒的忧郁书写着的无尽遗憾",这一表述与"致死的情感"一样言辞激烈。

忧郁有时会在《技术与时间》中被提及，例如，在巴特的启发下，对照片之忧郁的论述。在 2018 年再版的《技术与时间》的序言中，贝尔纳回顾了自己之前关于陀思妥耶夫斯基《白痴》的工作，宣布这将会是最后一卷《技术与时间》的主题[卷标题为《使之成为必然的错失：白痴、习语、蠢话》（*Le défaut qu'il faut . Idiot , idiome idiotie*）]，他提到癫痫是"那些可以诞生出天才①的精神疾病之一"，同时又写道，这与"伪亚里士多德对忧郁症的描述相同"，并加上了该文版本的考注（在别处，该文被认为是亚里士多德的作品）。② 这里有一个或许十分重要的细节：他在参考书目中用了古法语的拼法"mélancholie"③。贝尔纳似乎在无意间沉溺于细微的古语变化，又将问题转向了它与丧失的起源的关系。

然而这些与文中的关键主题无关，文中的关键主题是天才。此后，天才将指普罗米修斯从不朽者那里偷来的"技艺天才"（*le génie des arts enteknè sophia*）的回归，再之后，它将是"比希腊人更为古老、更为原始的美索不达米亚人的天才"的回归。从一者走向另一者，从神话走向重新回顾的原型历史，是为了从所谓的"希腊奇迹"处退回至更早的时代（人们还可以设想无限地退回），在那里，天才承载了起源处先祖性的标记（顾名思义，成为标记与 génie 的名称相符，但贝尔纳没有明说），后者指向人的天才中不朽性的踪迹。假使我们牢记"白痴"，一个临近天才的形象所扮演的角色——白痴是"起源的去规则化：一个原初的意外"。它在起源的错失中揭示了"粗心大意、原始的愚蠢、奇异性与有限自由的

---

① génie 同时有工程学的意思。——译者注
② 多数权威人士认为它是亚里士多德一位追随者的作品，很有可能是提奥夫拉斯图斯（Theophrastus）。然而，将该文归于亚里士多德，在一定程度上说明了它的巨大影响，并且它与亚里士多德关于生物学与医学的著作十分契合。——译者注
③ 现代的拼法为 mélancolie，旧拼写 mélancholie 由拉丁语中的 melancholia 发展而来。——译者注

来源"。

因此，在起源的错失旁边，或者在这一错失本身中，有另一启始性的来源，那是发明以及更为一般的行动的来源（贝尔纳这么写），我愿将它称为实存的启始性（l'initialité de l'existence）。起源的欠缺也为另一来源提供了庇护。这当然不是一种补偿，也不是一种救赎，更不是一种辩证的复活。但这的确是白痴的天才。

也许忧郁并不是简单的黑色，也许这一黑色闪耀着奇异的、难以捉摸的、却又无可怀疑的光芒。从某一意义上说，这并不让我们感到惊讶：我们知道，斯蒂格勒的所有作品都是以行动的欲望以及相信的意志为指导的，后者更准确地说，是康德口中"相信的必要性"，斯蒂格勒在经手后，将之视为对理性本身最理性的肯定。同时，理性自身也是知识的错失，并且这一错失是理性最为强力的来源。"理性是使之成为必要的错失"，斯蒂格勒这么写道。

正是同一逻辑指导了有关谁（qui）的思想（在根基处，这是白痴或天才的一般形式），因为在他/她的记忆中，谁没有过去并不是因为过去被遗忘了，而是因为过去将要到来（à venir）。那里还是有一个使之成为必然的错失，一个来自于原则中的缺（以及原则的缺）的根本来源。

忧郁有一类双重性，那里，致死者与天才者并行，我们于《在冲扰之中》看到了对这一双重性的肯定，或许那是关于该主题最新的一个篇章（至少就我了解的是这样）。它首先被确定为"道德之沦丧"的顶峰，后者指示的是文化，文化应该在道德败坏和意义丧失的痛苦中被培育与关照。这一顶峰等同于"理性之丧失"，并且"自亚里士多德起"，承载了忧郁的名称。

而在之前，斯蒂格勒写道，同一现象被海德格尔当作"起源的错失"，从而被命名为 Abgrund（深渊），并且自希腊起，这一现象

也被命名为 *hybris*（过度、疯狂与犯罪）。而那便是由其起源的错失而"构成智性灵魂"（l'âme noétique）的东西，并且它也是智性灵魂的"根本的风险"。需要注意到的是，假使海德格尔在《形而上学导论》中命名了斯蒂格勒用作例子的 *Abgrund*，他也从来没有讲到过 *Abgrund* 与 *hybris* 间的关联。一般而论，二者的关联性在海德格尔那里甚至没有被含蓄地提示过。诚然，斯蒂格勒并没有明确地建立二者的关联，但他确实在这两个术语间构建了等价关系。斯蒂格勒很明白 *Abgrund* 仅对应于海德格尔式的存在，而 *hybris* 代表的"过度、疯狂与犯罪"，正是这本书中我们想要逃离的对象，换而言之，斯蒂格勒在两个术语间构建等价的细微语文学实践，似乎泄露了他在二者间的价值滑移。

因而，这里有一个从忧郁至疯狂的摇摆——稍纵即逝的摇摆，这也可能是由于这段口述篇章有些匆忙。但是，我们当然要注意到这一点，就像我们注意到"致命"这个形容词的使用有些奇特一样。

然而即使对此不论，忧郁边界处的犹豫不决、双重性的可能性还是在同一著作的后几页中被确认了。讲到"逆熵的勇气"，即对道德败坏的抵抗以及其颠覆的时候，斯蒂格勒进一步确认，这一勇气"不否认，不压抑灾难"，"不沉沦于忧郁之中"（虽然它不会停止体验忧郁，因此不否认忧郁）。这几行之中，动词"否认"的重复带来双重的指示：一方面，对于灾难的否认与对于忧郁的否定（因此也是对于有死者起源的错失的否定）是拟似或平行的；另一方面，假使必须在两个层面上否认这一些否定，也正是因为这两者相距不远。

人们或许想要设法去否认忧郁，就像他们尝试去否认灾难，他们看到的仅有跨人类主义的连续进步。而否认忧郁意味着必须否认死亡——这也正是跨人类主义所设想的可能未来的目标——否认死亡意味着否认致命的情感见证的起源的错失。人们无法回避考验。然而，人们可以不再沉沦，人们可以抵抗，即便面对着不可抵抗者的考验。

先于这一论述的是到来的灾难与起源的原初丧失间的平行性，在书中，这一平行性是在未讲明的状况下引入的。二者的平行会趋向二者的同一（l'identification），这一转变在忧郁周边进行。这里的忧郁不仅是"致命的情感"，它也由人类世的灾难引发：他在不久后写到，人类世的灾难是"实存之情感"的断裂，而"实存之情感"是"有死之存在"孕育的地方。现在，它关乎抵抗的勇气，抵抗的勇气必须是可能的，同时是可被要求的，它处在人与起源的错失的关系中。事实上，它让人们能够理解为什么这是一个使之成为必然的错失（c'est un défaut qu'il faut），或者为什么白痴可以是天才。

接下来产生的情况是：忧郁似乎与抑制不住的致命情感以及实存情感交错而过、但并不相交，后者并不能够否认前者，它对前者做了什么？在我看来，这是最为关键的问题。它提出的是否定性的操作或者操作性的问题。假使必须要有错失，那么这一必要性从何而来？

在我看来，贝尔纳所做的一切都是为了提出这一问题，但是他没有回答。我首先要明确，我并不试图批判贝尔纳。首先，批判要求更为精细地分析贝尔纳的文本。在这一方面，人们可以指出，即便忧郁十分重要，贝尔纳也从未将之呈现为问题化的对象。接下来，出于根本或超验的原因，论证或者分析对错失的概念的批判对贝尔纳而言也许是必要的：因为必须借由错失来越过勇气的丧失，越过虚无主义。换而言之，必须要有一个克尔凯郭尔式的飞跃，而不是连续的演绎。或许这正是贝尔纳的死亡归属于他的作品的方式：他的死是他所有的书、讲座班、概念建构都没有完成的行动通路。这也是出于他在书最后提到的,来到问询本身也不再可能之处的必要性。

那么,这一必要性的缘由是什么?我相信——我是以贝尔纳定下的语调说"我相信"的——人们可以通过否定性来寻找其中的缘由。所有被命名为逆熵、逆熵人类、逆熵人类学的操作,都是否定之否定。没有疑问,它们的诞生求诸于药性、从而求诸于矛盾的联合要求(la conjonction des contradictoires)。而斯蒂格勒从不允许它们被理解为辩证式的,因为它们无法导向最终的综合。忧郁的双重特质——体验到存在之情感的致命的情感——回应了同一个要求。

但我们不能误解黑格尔。不应相信否定之否定悬空于过程外的位置上。与此相反,黑格尔自己解释过,第三规律并非是一个终局,而是不间断的运动。这一运动是由什么组成的?

以矛盾的方式,它构成了一次"逗留"(séjour)。否定之中的回归,并不仅是被否定者的回归,也是参与不间断运动的否定的回归。黑格尔不仅用抽象的术语说明过它。在《精神现象学》著名的序言中,黑格尔宣称精神并不在死亡之前退却,而是逗留在其中。基督论的模型是明显的例子:耶稣在坟墓中待了两天——《圣经》对此什么也没有写(却指示了时长),但留下了在天使的陪伴下,坟墓中耶稣的肖像。在别的文本中,黑格尔对此的解释并不完全符合主流的神学传统(无论后者多有说服力),尽管它不仅与黑格尔在别处引用的约翰·黎斯特的赞美诗("上帝自己死了")相对应,并且以出人意料的方式对应了托马斯·阿奎纳对坟墓中的耶稣的评注:"耶稣的死具有的不是黑夜的特质,而是白昼的特质。这一光辉的死亡并非是另一次死亡,而就是死亡自身。"

在黑格尔那里,之于死亡,在死亡自身中有辩证法的悬置。这一精神于死亡的逗留并不仅是对有限性以及罪恶(因此是错失）的否定，也不仅是重新找回或者获得的无限性对于这一否定的否定。或者更为准确地讲，假使我们整合了《逻辑学》与《精神现象学》中的文字，有限所通向的无限是运动、无限的转换，或者在此呈现的、在死亡的位置上呈现的无限本身。

然而，这一位置并非不是忧郁的位置。黎斯特的赞美诗讲述的是知晓上帝之死后的悲伤与痛苦。或许与斯蒂格勒所认为的相反，黑格尔相距他并不遥远。黑格尔是第一个"灰色"时代（可翻译为斯蒂格勒的"熵增"，或者"没有时代的"）的思想家，他也是第一个在哲学中引入忧郁的人，他并不急于假设忧郁会在完成的概念之中消逝。与之相反，所有我分析了其图式的思想都是逗留的思想，它们需要被重新阅读：它们有关于以某一些方式驻留于忧郁之中。

或许自黑格尔起，没有任何思想回避了这一必要性。在这一意义上，我认为贝尔纳并未远离这一要求，他靠得很近。没有疑问的是，在这一点上，他也是德里达的继承者——但他经由别的道路，依从了另一种等待。

在我看来，他的道路，是否定性主体的不可决定性的道路。他很了解人类事件的否定性（而忧郁便是其代价），当他看到这一事件坠入了自我摧毁的深渊时，他奋力地要求去否定它。他也十分谨慎，要求不让对于人类事件的否定性的颠覆成为有保障的肯定性，《在冲扰之中》的最后，他也确认了实现有保障的肯定性的不可能性，他将这一肯定性视为梦，视为必须持续到来的许诺。同时，他也肯定了必须生产一个"在新时代中的飞跃"的必要性。

在任何状况下，人们仅能追随他，我也仅能追随他；而当他讲到"在无意义中意义的到来"时，人们也是如此。然而，忧郁的必要性，以及不去回避忧郁的试炼的必要性，在贝尔纳那里没有得到应有的反思。取而代之的是贝尔纳忽然到来的残酷死亡，于我而言，这一瞬间回应了黑格尔式的死亡中精神的"逗留"。在让人哑口无言的震惊状态之外，贝尔纳似乎忽然理解到——或者说感觉到、体验到，这在此是同一件事——在全力实现新时代的飞跃时，必须同时在不可挽回的错失中飞跃（或者在接收不可思考者之时飞跃），在那里，好像没有任何的意义会到来。

正是由此，他的死亡属于其作品，与此同时，以紧急的方式，他向我们传达了一个任务。就好像我听到他讲：没有任何的熵（他在自己的第一本书中写道：熵毕竟是太阳系的法则）的逆转可以回避忧郁的逗留。他讲过："忧郁是熵默认的体验。"[1]这是太明确又太有决定性的句子，同时，这也是十分神秘的句子，它所讲述的是起源的错失默认的体验（une expérience par défaut du défaute d'origine）。体验这一错失是不可能的；也无法使之成为可能，忧郁给出的并非是错失的表征或回忆，而是关于错失的真正的经验。换而言之，它不是我可以体验的经验，而是塑造了我的经验（但这是所有真正的经验，并非是行动，而是受苦）。后者在摧毁我（抛弃我、剥夺我等等）的时候塑造我。忧郁之中并没有对死亡的预感或者幻想，忧郁之中是我的死亡本身——我的死亡的真实的什么。

在贝尔纳对一个人无法否认的试炼所作的观察之外，它在讲述的是什么？它所在讲述的并非是可以由哲学命题展开的什么。但是它开启，贝尔纳的死亡开启了沉思，即一类集中（不再是持留与前摄；）[2]，困难的、费力的、危险的、不可掌控的、但又不可或缺的集中。一次集中或者一次停留（station），像是复活节前后的讲道会讲到的苏菲派大师升天。前进、进步是不足够的——同

[1] 可见马赫迪·贝尔哈·柯森（Mehdi Belhaj Kacem）与米歇尔·克雷瓦锡（Michaël Crevoisier）对斯蒂格勒的采访，即将出版。

[2] 集中、持留、前摄对应的词汇分别是 contention，rétention 与 protention——译者注

样,反一进步也是不足够的：一定要暂停,经验一次停留的集中
（la contention d'une station）,或许是聆听一首保罗·策兰让意
义任意来去的诗：

> 在忧郁的急流中
> 遮蔽于粼粼微光下
> 伤痕之镜：
> 那里浮游着四十棵
> 剥了皮的生命之树。 ①
>
> 唯一的游泳者
> 面对着树,你
> 为它们计数,触摸它们
> 所有的。

---

① 保罗·策兰《穿过忧郁的急流》根据南希文中所引用的让-皮埃尔·勒菲弗尔
（Jean-Pierre Lefebvre）的法译版翻译。

致敬贝尔纳·斯蒂格勒

石田英敬①/文

郑　重/译

一、夏日里，突如其来的死

当我在这里落笔写下对斯蒂格勒的回忆时，一直泪不能止。

我无法相信，在以阿兰-傅尼耶（Alain-Fournier）的《美丽的约定》（*Le Grand Meaulnes*）闻名的小镇埃皮纳伊，夏日的艳阳下，你突然消失在了黑暗中的另一端。

为什么？就这样消失在了世界的另一头，实在是太突然了。"英敬先生，啊，很高兴见到你"的熟悉声音还在我的耳边回响。

过去整整两个星期，我都在想这个问题。

而现在，我觉得我开始理解一点了。

你是自己从这个世界消失的。

你化身一个魂灵、幽灵，在那个月夜，最终走进了死亡地道里的一片漆黑之中。

是在重读《在冲扰之中》第 12 章"38 年后"的第 91 节"阿米替

---

①　石田英敬，东京大学人文科学艺术学院讲座名誉教授、巴黎十大符号与信息学博士，曾任东大图书馆馆长，主编了贝尔纳·斯蒂格勒《技术与时间》日语版三卷。

林与书写"所记述的 2014 年 8 月的事时，我才终于明白了：
"(2014 年)8 月初，距离埃皮纳伊第四年度的夏季课程'为了一个
对人类学的新批判：梦、电影和大脑'开始还有三周，我越来越对
死亡着魔，也就是说脑中总是想象自己的死，想一死了之，几乎夜
夜都被这股自杀冲动的纠缠所惊醒……一天大半夜，'我'更是驱
车 200 多公里来到拉雪斯奈诊所(La Chesnaie)看病——19 岁
时，'我'曾因精神异常在此就诊……"

我重读了这一段的详细记述。

从这里开始，他谈到了语言学、无意味、书写、现象学；也许，
同样的事在六年后又发生了，还是在 8 月的同一个时期。而这一
次，你没有回来。

啊，你是想说什么呢？三周后，我也在东京通过 Skype 参加
了 2014 年 8 月 20 日的课"梦、电影和大脑"，并讨论了"对弗洛伊
德的回归"。你当时也很满意于对弗洛伊德的阅读。

最后，我觉得我好像明白了。

书写、药学和死亡。

你不是在一开始报道上说的 8 月 6 日死的。你是在 8 月 5 日
半夜(那几乎是个月圆之夜)步入冥界的。

就像伊纪杜尔，你带着那叫书写的药，走入了马拉美、荷尔德
林和尼采踏过的那条坑道。我和你聊过马拉美、布朗肖和弗洛伊
德，大概知道如何下到冥界。

我总是把斯蒂格勒当作我自身存在的另一个非同寻常的自
我："(我记得)很清楚，我们两个一起。"[引自马拉美《为戴泽特所
赋短章》(*Prose pour des Esseintes*)]

我们本应该还在今日世界的现在时互通，用今日世界在当下
的第一滞留来构建彼此写/读的意识，可从今以后，要想把你的第
二滞留——即你的意识带回当下，只能以你留下的第三滞留作为

线索了。

于是，作为悼念的工作，我只能再为自己配置一种跨个体化。

就好像在当下的意外中丢失了一部分身体的幻肢体验，我的意识还不能接受这个变故，仍然试着把你当成另一个自我。这暂且需要一些时间。

你的哲学正是起于一个意外，可非要突然打断这个尝试吗？还是只需悬置这个陷入疯狂的世界？在我们分享过的马拉美的诗中，死是"湛湛清溪与死神争讼千古"，它轻易就能被超越吗？

在埃皮纳伊，夏日的阳光仍照耀着花园吧。（过去）推动水车转动的小溪今天依然流淌，而地理大发现时代为造船桅而种、却因蒸汽时代的到来而失去用途的橡树得以继续生长，成为茂密森林，如今树冠直冲云霄。

是你，在一场意外中开始了哲学，而最后也是被一场意外突然中断了。在这人生的篇章中，你不断提出了药的问题，不管是吃抗抑郁药还是书写。但对于写作者，文学和哲学自然是对存在的挖掘工作，它首先就与死亡如影随形——在这个平庸的时代，生活的常识往往被遗忘，而你却把生活的哲学推向了极限。你是要"分枝"到新的高度啊。

为什么你不为了这个世界再多活一些时日？我能做些什么，以让你在这里待久一点？是的，我很后悔。

（我们）最后一次通邮件是在 6 月，在前一份邮件里，他写了对柄谷行人的著作的看法（在去年巴黎的一个研讨会上，柄谷行人演讲的主题是《世界史的构造》）。问及他在读什么，他说读了《世界史的构造》《跨越性批判——康德与马克思》的英译本，并认为它们"令人印象非常深刻"。

当然，这篇悼文是我写给人们看的，而不是召唤魂灵到舞台上的独白，所以接下来我要转到听众这边，书写不忍与斯蒂格勒道出的分别。

二、相　　会

我与斯蒂格勒第一次见面，那是四分之一个世纪前了。

1995 年 11 月，在驹场举办了"日法媒介学研讨会"。从法国来的是三位：雷吉斯·德布雷（Régis Debray）、丹尼尔·布尼欧（Daniel Bougnoux）和斯蒂格勒。当时《技术与时间》的卷一刚刚付梓，但他已经在最前沿的、著名的贡比涅技术大学任教，并且在参与密特朗国家图书馆的工作时写了论文《阅读的时间和记忆的新工具》（*Les Temps de la Lecture et les nouveaux instruments de la mémoire*），同时，"非物质"（*Les Immatériaux*）、"未来的记忆"（*La mémoire du futur*）这两个展览上的工作，也使他广为人知。在研讨会上，他讲的是柏拉图的《美诺篇》。

那时，我是（东大）驹场的教师，莫名申请到了会议经费，我也没有其他什么人手，所以就住在（东京都）本乡町最便宜的山上会馆。山上会馆的午饭因难吃而臭名远扬，但与这三位能言善辩的人对话真是太"美味"了，而克里斯蒂安·麦茨（Christian Metz）的电影符号学又一次成了两位媒介学界的符号学否定派的靶子。斯蒂格勒说，如果你从基础重来，是可以复兴电影符号学的。在那以后，我再也没有在山上会馆用过午餐，所以那次午餐成了我美好的回忆。

有趣的是，研讨会后，我们去涩谷喝酒，然后回本乡，结果本乡（校区）似乎把侧门和正门都关了，得翻过有 4 米高的铁栅栏。回住处的时候，他们三个都笑了：他们一个是格瓦拉的前革命战友，一个是登山家，还有一个是前银行抢劫犯。

后来，斯蒂格勒出版了《技术与时间》卷二。1996 年 3 月，我在巴黎八大负责一个繁重的课程。我们和他的前女友（记得是一位雕塑家）在拉丁区吃了晚饭后，他住在贡比涅那个方向，于是在告别时给我叫了辆车。

"我手写的字都没法看了。"他说。不过，他的确写了很多难读的字。他得到了法国视听研究院副院长的职位，但好几年都没能好好写本书了。他聊到了马拉美、布朗肖，还聊到了电视。NHK电视台当时有了所谓的高清电视，可他说这在数字时代行不通。那时，他还出版了与德里达合著的《电视回声影像学》（*Échographies de la télévision*）。

1997年秋后的一年间，我到巴黎进行一项海外研究，我们三个人一起碰面，在巴黎七大门前的餐厅吃了个饭。那是我第一次见到卡罗琳·斯蒂格勒。饭后，我们去了后面公寓的院子，聊了聊什么样的建筑布局最好。他们两个看上去挺幸福的。

我们就是这么认识的。至少在我看来，我在斯蒂格勒身上找到的是一种兄弟情谊。我和他认识不久，但感觉他已认识我很久，很快我们就成了朋友。大多数情况下，重要的朋友都是这么来的。斯蒂格勒是我少数几个不一般的朋友。一开始我不知道为什么会这样，后来才慢慢意识到了这一点。

三、青春时代

斯蒂格勒比我大一岁。

他的生平信息大多都来自他的著作和媒体报道，但他其实出生于巴黎一个郊区——萨尔塞勒（Sarcelles）。他是家里四个孩子中的老三，他的父亲是电气工程师，为法国广播电视局（ORTF）工作，母亲是银行职员。他是法国"黄金三十年"（这也是日本的高速发展期）婴儿潮的一代。小时候，他学习很用功，是一个对兰波、波德莱尔感兴趣的文学少年，也是喜欢绘画、音乐，尤其是现代爵士乐和戏剧的文艺少年。然而转到另一所学校后，他的人生逐渐偏离了标准路线。作为高中生，他参加了极左运动。对我们这代人，这是常见的人生轨迹。

1968年5月，当他在圣米歇尔堤岸的吉尔伯特青年书店（Gibert Jeune）找莫里哀的二手书时，街垒战已经在索邦广场上打响了。他在拉丁区奋战了三周，但他从未对在16岁时身处五月风暴中心的事实引以为傲。此后，他加入了共产党，没参加毕业会考就退学了。

19岁时，他就做爸爸了，得为他的小女儿讨生活。（芭芭拉·斯蒂格勒现在是波尔多大学崭露头角的哲学家，做得很棒）

生活困顿的他养了一头羊，尽管没做过羊倌，也干得不错。可在1976年的干旱中，他放弃了养羊，买下了图卢兹的一个餐馆，转手卖掉，又盘下一间爵士酒吧，取名为"泡沫人生"（L'Ecume des jours）。他的经营很成功，还在酒吧与现象学哲学家格拉内尔交了朋友。然而，时任总理巴尔（Barr）的紧缩政策和警察的骚扰中断了银行借贷，使他的生意几近崩溃，让他走向了抢银行这条路。这波澜万丈的人生的开头，拍成电影都不用改编。

我与斯蒂格勒感同身受的，是1970年代的生存状态；像他说的那样，那是一个"枪杆子的年代"。年轻人的探索一走到底，就会发现这是一个非常闭塞的世界，可以说是"晴空乱流"的时代。他和我都有在那个对现在仍有影响的、可怕的时期里，通过思想来尼采式地疗治自己的经验。

五年的牢狱生活，造就了哲学家贝尔纳·斯蒂格勒。如今这已广为人知。有一天，他开始打听能不能在狱中学习，这在日本的监狱当然是不可能的。当时的答案则是可能的。他说他绝食抗议了三周，才获得了一个单间。你可以在两个月里不用和任何人说话。据我所知，是格拉内尔送来了"阿里阿德涅之线"，而关键在于,斯蒂格勒领悟了这一点。在 1970 年代,监狱中展开了福柯发起的监狱情报组运动,而且当时监狱搞改革,这才能让他在狱中学哲学。也许是整个"后 68"社会使之可能。他反复提到,狱中生活成了一座现象学实验室,悬置了整个世界,而他每个早晨起来,都先读 30 分钟的马拉美。

保释出狱后,他在德里达的指导下写了博士论文,并参与了利奥塔的"非物质"展,在国际哲学学院（Collège international de philosophie）任职,参与了贡比涅技术大学的研讨班;斯蒂格勒的起点,就是后结构主义的先行者在现有制度的框架外开花结果之"作品"。这是"意外的哲学思考",开端有如奇迹。

四、在 21 世纪"一起做哲学"

与斯蒂格勒的合作始于 21 世纪初,回想起来就像一场梦。

这个世纪第一次访问他,是在 2004 年《技术与时间》卷三出版后,为了日本放送大学的特别课程。当时斯蒂格勒已是 IRCAM 的所长。

之后见到他,他又成了蓬皮杜中心文化发展部部长。后来他创立了研究和创新学院,并发起了工业性技艺协会。

我们在一起做了很多事,无法一一详述。今后将以专著总结这些工作、理论的内容,恕不在此赘述。

当时我自己也参与了东京大学信息学环的创建,并通过各个 COE 活动来推广一些研究项目,于是开始了与 IRI 系统的合作。以 IT 为基础的哲学、人文学科的强有力联盟形成了,从而引入了许多不同的实践知识（know-how）。联合研讨会、研究员互访、与私企联合创建项目、基于媒体索引注释的软件"时间线"（Lignes de Temps）,以此建设一个批评环境的项目,等等,我觉得很有意思。如没有斯蒂格勒和 IRI 的陪伴和支持,我们是办不到的。

据我所知,斯蒂格勒来过几次日本,让我一一列举:

2005年5月12日,"技术与时间:贝尔纳·斯蒂格勒的著作"研讨会。

2007年5月7日,在国际会议"无处不在的亚洲媒体转型"上演讲《什么是爱好者?》。

2009年5月,"什么是媒体艺术",藤幡正树等参会。

2014年5月5日,日本符号学会大会"杂交阅读"。

2016年3月12日,数码研究讨论会上演讲《数码时代的梦和权力》。

2017年5月,"人工智能如何改变社会"(法领馆赞助)。

此外,在2011年11月,我还请他参加了东大信息学环在里昂组织的"灾难与媒体"研讨会,并在2015年10月邀他和首尔高丽大学的金教授对谈,他在现代汽车的总部作了演讲。

2011、2012、2014和2019年,我都在蓬皮杜中心举办的"新工业世界的座谈"上发表了演讲,几乎每年我都是来了就走。这是一段合作的关系。去年11月,我还与斯蒂格勒、西田几多郎参加了两个联合会议。这也是走向新方向的第一步……

基于数码文字的哲学国际合作就这样展开了。通过这些会议,我认识了很多同行,在IT中付诸实践的哲学合作像是一个管弦乐队,斯蒂格勒所说的广义器官学,已经建立起来了。

我觉得那真是一段高光时刻。而且最近在平原社区的社会实验,也把目标指向了进一步的社会实践。

五、思 维 之 梦

最后,让我写一写我们的一些共同回忆。

2005年12月的研讨会后,我携夫人和斯蒂格勒、卡罗琳一行四人去了京都。每次我和思想家、学者去京都,都要去一下龙安寺的石庭。

我特别喜欢龙安寺，1990 年代还在硝石库慈善医院（Hôpitaux Universitaires Pitié Salpêtrière）的沙可阶梯教室（Amphithéâtre Charcot，弗洛伊德在那里上过课），给精神分析师们作过一堂关于龙安寺的演讲。幸运的是，去龙安寺时因为年底天很冷，去得早，所以没有别的游客。

我就在那里默默坐了 20 分钟。

斯蒂格勒在许多场合讲过他的这次体验。

那个早上的庭院很特别。我感到时间过得很慢，仿佛体验到了"触摸时间"，通过一种特殊时间，现象学式地还原了世界。

2008 年之夏，我待在埃皮纳伊，和我的家人、还有卡罗琳一窥那个美丽村庄的生活，而赶在截止日期前在书桌上手写完成文章，也是很好的记忆。

到了 2010 年的冬天，我在年底抽时间和卡罗琳在穗高住了一阵，参观了一座老房子，还见了房屋的建筑师。

我的回忆连绵不断……

最后，写写一个思维之梦。

在斯蒂格勒的理论里，思维之梦一定是"（迟早）会实现的一个梦"。

即使现在你走了，我仍然认为你的大师之作（magnum opus）——全七卷的《技术与时间》是梦的实现。

我和你提过几次，我的一般符号学项目要成一本"书"，它是我一直想写的、堪与《技术与时间》比肩之作。你说："我敢说这肯定是一部大作。"

就这样，我们再办一个研讨班吧？等你的《技术与时间》七卷出齐了，届时，我自己的大作也应该完成了。我想再跟你聊聊，我赶上了你多少。

那会是在 10 年后吗？我已经是一个相当老的祖父了，或许也不在人世了，但我的思维之梦应该会实现。即使作者在生物学意义上已死，但他仍能像能剧的角色，像幽灵一样活着。因此我认为，思维之梦是能实现的。

斯蒂格勒的哲学和人生[①]

郑　重/译

一个沉甸甸的灵魂[②]

　　哲学家贝尔纳·斯蒂格勒在萨尔塞勒郊区度过了童年。尽管学业优异，但他对上学没兴趣，于是逃进了哥哥给他打开的知识分子的真实世界。斯蒂格勒最早进入文化的世界，是通过家里的电视。他的父亲是一个工匠，是为法国广播电视局工作的法国最早的电气工程师之一。但四兄弟在电影、戏剧和文学上的启蒙，则要归功于他的母亲。

　　斯蒂格勒说："上学时，不是我爱挑事，只是我想什么就说什么。我不理解我的老师们，而班上其他学生都是孩子。我真是无聊透了。"

　　他对学习热情高涨，却在学校感到百无聊赖。由于这个落差，或许也是由于与年龄不相称的成熟，他的注意力转向了课业之外，这让校方很恼火。不过正在此时，他的哥哥带他进入了自

<hr>

[①]　本文为法国文化电台采访斯蒂格勒的文字稿。广播节目从 2020 年 2 月 10 日开始，分 5 集播放。网址为：https://www.franceculture.fr/emissions/a-voix-nue/bernard-stiegler-15-du-plomb-dans-lame——译者注

[②]　法语原文 Du plomb dans l'âme 的 âme 兼有灵魂和枪膛之意。这可能改编自俗语 du plomb dans l'aile，意为翅膀灌了铅，引申为受过沉重打击。——译者注

己的朋友圈，其中有个人在上哲学课。于是斯蒂格勒接触到了那些伟大的文学，还有诗歌，事实上，他在 14 岁就过上了"来点忧郁来点小酒"的夜生活。

斯蒂格勒说："我是被比我大的人牵着拔高的。我哥哥的一个朋友，在上哲学专业的预备班，人很聪明，带我和哥哥弟弟们发现了兰波、波德莱尔的诗，还有文学、哲学。我们放着音乐读着诗，学阿波利奈尔写诗，发展了一种超现实主义文化。那时候，我开始喝酒。但那是一种文学实践。酒让我们从生活中解脱。我们在聚会上听听爵士乐，念念书，喝喝酒。"

这个小团体活动频繁，在他们的文学小圈子里读书、辩论、酩酊大醉，指望用社会变革来改造世界。

斯蒂格勒生于 1952 年，所以当他经历 1968 年的社会危机时，他才 16 岁，还在青春期。

受到绘画、戏剧、音乐等艺术课程的吸引，他转学进了巴黎十六区的一所高中，这也培养了他对艺术的敏感性。但他与这个生态里的一种右翼思想发生了碰撞，这反而坚定了他个人的信仰，促使他走向政治。这段经历很短暂，不久他就被学校开除了。

斯蒂格勒说："我最后决定在克洛德·贝尔纳高中准备艺术科的中学毕业会考，在那里我遇见了一些极右的学生。我对此的反应是加入'工人斗争'①，并且真正走上政治化之路。"

学业之外，他还和哥哥以及朋友们，靠烟草和酒精完成了另一种教育。正如斯蒂格勒回忆的那样，在之后的 70 年代的十年——也就是"枪杆子的年代"②里，他靠着一种过度兴奋，才捱过了缓慢而彻底的幻灭之折磨。他转向了法国共产党，在那儿遇到

---

① Lutte Ouvrière，一个极左组织。——译者注
② les années de plomb，指法国、意大利等国充满政治恐怖主义的时期。——译者注

了许多令他耳目一新的观点——拉康、索绪尔、巴特和列维·斯特劳斯。没有方向,没有职业规划,连最简单的生活计划也没有,他慢慢走向了自己的第一次分枝。

犯错、包扎和分枝①

离开了学校,贝尔纳·斯蒂格勒面对着成人世界的种种困难。还有什么比成为父亲,更能考验你是否已经成熟了呢?

在他 19 岁时,第一个女儿就出生了,于是他辗转于几份零工之间,勤俭节约,努力过一种艰苦却又丰富的生活。他漂泊着,也有的是自由,游荡在乡下的农活和图卢兹的夜间商业之间;生活不乏残酷,把他推到了合法的边界上,而他也干练地腾挪其间,直到在城里开了一家夜间营业的成功酒吧。但当厄运穷追不舍、逼他作出生存的抉择时,他迫不得已,只能走到法律的反面,断然行动。

斯蒂格勒说:"一个孩子的到来,是完全不在预料之中的,一下子就把你拉进成人肩负的责任中。做个成年人,意味着给子女一个安身之处,所以我突然就面对了很多责任。我投入到大量的工作中,没日没夜,为了给家人一份固定收入、一个寓所。"

那两年,他住在萨尔塞勒,辛勤工作。而音乐、抽烟、喝酒,则支撑着他的日常生活。但他还是赚得很少,很难维持生活。最后在 1973 年,他决心携妻子离开城市,去往洛特—加龙省的乡下。

斯蒂格勒说:"我们收到法律执达员的这份蓝皮文件,说要立即扣押我们的动产。于是我们决定动身去乡下。我们清空了公寓,悄悄地把行李装上了小卡车。"

在蒙弗朗坎附近一个家庭所有的农场落脚时,时年 22 岁的

---

① 原文 Errer, penser et bifurquer。Errer 兼有搞错、漂泊之意。——译者注

斯蒂格勒，和牲畜为伍干起了活，还租下一个小农场，成为一个农业司机。他很喜欢在乡下劳动，甚至想当一个农业经营者。

斯蒂格勒说："一开始真的是家徒四壁。为了养活自己，我就去钓鱼，用自己粗制滥造的一根线，还真在水磨坊后面的一小块地方钓了些红眼鱼和鮈鱼。一天，我正钓着鱼呢，看到一辆黑色的雷诺 16 开过来，我就觉着肯定没好事。一个先生下了车，问我是不是贝尔纳·斯蒂格勒。这是一位执达员，前来查封我的动产。于是我倾我所有，把仅有的鱼竿和鱼都给了他。"

最后，刚找到斯蒂格勒的执达员看到他悲惨的日子，动了恻隐之心，免去了债务。对于斯蒂格勒，事情总算有了转机。一个老农与他签订了一圈山羊的代养契约。随后一段时期里，他收获累累。他生活得更加健康，精神也很饱满。但又一次，命运给他下了一绊。1976 年的干旱让他失去了一切。于是他断然卖掉农场，到图卢兹买了个杂货店，改成了小餐馆。他让这个地方焕发了生机，之后很快将其转卖，没花多少钱就盘下了一间夜间营业的酒吧。这个被他取名为"泡沫人生"的酒吧，成了他生命的一条分界线。在这儿，他将又摔上一跤；而也是在这儿，将发生他生命中最重要的邂逅之一。

斯蒂格勒说："我刚买下的这个酒吧，生意很快就红火起来。它是一个晚上开张的音乐酒吧。我让客人们听听新唱片，也会请来乐手。酒吧吸引了很多人，都是一群夜行动物，有大学生、白相人、妓女、变性人、走私者、小偷，也有很多大学老师。也是在这里，我遇见了图卢兹最大的哲学家——吉拉尔·格拉内尔。他成了我的朋友，他还甘于和不三不四的人为伍。其实当时，我也是个不太入流的人。"

这个酒吧里并存着多重世界，总是像在过节。少不了的毒品，很快让"泡沫人生"上了警察的雷达。警察局盯上了斯蒂格勒，试图召他为耳目。与此同时，时任总理巴尔实施的第二计划①使他失去了财产——银行拒绝斯蒂格勒透支。这个决定，将让他的事业毁于一旦。由于无法为供应商清款，他无法让酒吧开张、运转。最后，陷于绝望中的他戴上假发、拿起枪，决定去抢他的开户行。

斯蒂格勒说："那真是太疯狂了。但在那时，我是疯了的。我应该有 25 岁了。我这么干，是因为需要钱，也仅仅是因为如此，我觉得自己所受的待遇不公，完全不是为了政治。我抢了一次，两次，三次，四次。而从第一次起，你就变成了地下分子，整个精神状态都不一样了。从那时开始，我的生活就分枝了。我成了一个法外之徒，某种程度上，这让我陶醉其中。"

监狱里的一个实验室

怎么能在一个监狱的囚室里生存下来，还能学习哲学？对于贝尔纳·斯蒂格勒，答案其实就在问题之中。从 1978 年到 1983 年，在图卢兹的圣米歇尔监狱和穆雷拘留中心度过的五年，把他带到了知识的源头。他常提到，得益于发现哲学这个巨大的新大陆，监狱使他在智识上重生。对他来说，在柏拉图、康德、海德格尔和多年后成为他精神导师的雅克·德里达的启示下，囚禁成为一个机会，让他思考世界之外的世界。

在狱中，斯蒂格勒发明了转变逆境、为己所用的方法，只有一个濒临绝望的男人才能付出这种代价：他曾绝食一个月，被关禁闭，给自己规定了铁一般的纪律，目的是拥有一间单人房，以便实施他的新计划：读、写和研究。

他的朋友、哲学教授格拉内尔取得了随律师访问的权利，给他带来一些书，引导着他自学。这个有名的教授给他在图卢兹大

① 一个经济紧缩的计划。——译者注

学注册了哲学的函授课程,只要通过考试就可以拿到文凭。但埋首哲学是令人痛苦、要求很高的训练,尤其是对于新手。同时这也是件大好事:斯蒂格勒专注地把时间投入到对哲学从头开始的探索中——柏拉图、亚里士多德,再到分析哲学,还有康德、海德格尔,然后是当代哲学。于是他发现了德里达,而多年后,德里达成了他的精神导师。

斯蒂格勒说:"一个人在牢里,怎么搞哲学呢?事实上,我不是一个人。我的老师们给我寄来了书,引导我研读文本。我是有人陪的,只是隔着点距离。这真是最好的学习之道了。这避免了许多学生对教师的迷恋和理想化。有了这个距离,我就可以和这些老师——比如德里达、利奥塔,发展一种专门的关系,这些人都是最好的老师。"

对他启发最大的是现象学。斯蒂格勒把现象学原则之一应用在了自己身上,在自己身上进行了世界观的还原(réduction)、世界的悬置,以便置身世界之外来研究这个世界。他把他的此时此地变作现象学的实验室,在过去这些大哲的启示下,剖析了困扰着他的社会衰落的种种动因。

斯蒂格勒说:"我曾是一个贱民(paria),置身世界之外,悬置了世界观。我对自己说,这是绝好的机会,以进入一个全天候的现象学实验室。这样,我就可以制造世界历史上独一无二的哲学体验。而我发现,这个非世界(non-monde)最后留下的东西,就是书。我就是这样发现德里达的。"

当他出狱时,格拉内尔觉得斯蒂格勒应该和德里达在巴黎高师见一面。斯蒂格勒就给德里达写了封长信,大抒抱负,还坐飞机去了(巴黎)乌尔姆街的高师,请德里达做他的导师、论文指导老师。一头栽进当代哲学的世界后,斯蒂格勒在接下来的几年里提升飞快。他读了硕士,和德里达走得很近,还参加了德里达创立的国际哲学学院的讨论班。

他被法国研究部委任了一个职务，并在 1993 年通过了论文《技术与时间·卷一：埃庇米修斯的过失》的答辩，续写了海德格尔关于时间的问题。互联网络的概念与社会的数字化，预示着技术式进化的一系列问题，就是他之后花费毕生心血来研究、分析的重大问题。

斯蒂格勒说："我和利奥塔相处融洽，也申请到一笔经费研究新技术。当时麦金托什电脑、微型计算机刚出现，互联网和万维网也快要来了。此外，我总是希望自己的哲学实践深深扎根于现实——社会的、经济的、科学的、技术的现实。"

逆 熵 之 路

受到熊彼特、马克思、恩格斯，还有洛特卡、鲁道夫·克劳修斯的启发，贝尔纳·斯蒂格勒分析了他称之为药的机制：技术既是解药，也是毒药——作为熵，也作为一种创造性破坏。瞥一眼斯蒂格勒的著作目录，可以看到这位哲学家倾尽一生构造了一堆新颖的词汇——冲扰、获能①、体外化、心智化、逆熵世、逆人类熵世（又译负人类世）。在他的思想体系中，用这些词才能表达崭新的观念，其中蕴藏了斯蒂格勒以全然不同的原则改造社会的深切愿望。

斯蒂格勒说："对，我造了一大堆词。但孔狄亚克说过：一门科学首先是一种语言。不管是哲学的发明、科学的发明，还是艺术的发明，总在于生产新词汇。这很正常。正是因为任何人都可以搞哲学，哲学才应该如此，而不应该使用形式语言②。那是一个

---

① capacitation，来自阿马蒂亚·森所说的能力（capability）。——译者注
② langages formels，指数学、逻辑和信息科学中，用精确的数学或机器可处理的公式定义的语言。——译者注

错误。为了这个目的，必须革新基于消费主义、资本主义的我们社会的深层机制。"

于是，冲扰和衰弱的阶段作为过渡，改进了我们思考和行动的模式，从而进入一个后人类世的时代，走向合作、投资、本地和关心的时代——也就是他口中的逆熵世。斯蒂格勒属于把技术和创新放在人类社会发展之核心的那些哲学家之一。但发展不是进步的同义词，因为它太依赖于破坏式创新，斯蒂格勒则把技术、数字化和万维网这些解药/毒药称为药。

斯蒂格勒说："我们处于一个巨大的知识危机中。知识完全被冲扰、被社会中创新带来的破坏性加速所超越。谷歌的创始人是有哲学观点的，他属于那些制造着多种技术性知识的形式的人之一——这些知识的形式尚未成形，所以极其危险。"

他在著作《什么是包扎式地思想？》中重提海德格尔的用语，阐述这些行为有时候治疗着我们，有时候则毒害着我们。

那么，怎么在个人和集体的层面上学习治疗，既治疗自己，也互相治疗呢？他从德里达和《柏拉图的药》（*La pharmacie de Platon*）里重拾这些药，它们不仅是来自时代终结的理论原则：他还将这些原则应用到在塞纳-圣德尼省的城镇中进行的大规模实验中。更为深刻的是，他的研究方法还建立在力学、热力学这些物理学科的基础上，将其原则紧密联系到社会现象上。斯蒂格勒认为，从物理学科里挪用概念，其可行性是完全正当的、有生命力的、逻辑严密的。他把萨迪·卡诺、克劳修斯和薛定谔的工作变为一块沃土，从中发展了自己的观念，并脚踏实地付诸实践。在他的表达中居于核心的，是逆熵世：自然产生的熵通过数字化、万维网和大众消费，造成了冲扰，而逆熵世就是对此展开的回应。

斯蒂格勒说："我们工业性技艺协会认为，要重新定义熵和逆熵的问题。要达到这个目的，就要重新定义技术的位置。就像洛特卡说的,我们通过体外化,也就是我们的人工器官和人造物制造了熵。"

关心我们的欲望

贝尔纳·斯蒂格勒与工业性技艺协会、研究与创新学院一道进行着实验,试图以本地和协同的方式修补社会,就像在塞纳-圣德尼省的实验那样。他比任何时候都更把关心、包扎社会和我们的环境视为己任。作为工业性技艺协会、蓬皮杜中心和 IRI 的负责人,他在数十年中推进着基于逆熵、协作和关心的社会改造的大项目。他在哲学、经济、科学、技术和数字化中杂糅了一种形式,以进行大规模的实验,作为对理论的检验;同时,为了发明新的社会运行的模式,他将哲学推演到极致。

斯蒂格勒说:"我们在圣德尼、圣图安和奥贝维利耶搞的实验激动人心。所有一起工作的人都跟我们说,他们又有了希望。创建这类实验性的领土,和在共同的探索中培养居民们一起实践这种贡献式经济,可以避免暴乱。"

在这块土地上,他为教育的目的应用了这套整体性的方法,聚集了老师、父母、心理学家、艺术家、法学家,以及硬科学①和人文科学的研究人员。但这不只是一个方法,它还是一个范式,是人们希望赋予社会的人际关系与道德的一种愿景。于是,互助和跨学科研究作为载体拔地而起,为一个消除了消费主义的新的社会结构奠定了健康的根基;在这里,知识、技能和实践知识都是共同利益——一种向所有人开放的资源。

斯蒂格勒说:"我的工作没法不和数学家、生物学家、工程师、法学家等一起进行。不这样是不行的。否则,我就会不知不觉地走向诡辩术。然而我们并非注定如此。我不是说必须得去专业

---

① sciences dures,即精确科学。——译者注

化，而是得找到合作办法。但在法国，这很难，大家都局限于单学科，这是有毒的。我受够了。"

的确，斯蒂格勒长袖善舞，也不因意识形态而遗漏任何资源，这就是他还与大工业公司一起工作的原因，比如法国电信、达能、达索系统，还有法国存款与信托这样的银行。事实上，气候变化、资源枯竭、生物多样性的锐减，已使这个系统难以维系，因而必须懂得和社会上所有的参与者对话、协作。斯蒂格勒认为，他们都是对熵和逆熵的概念很有感触的社会参与者，并且准备质疑这些概念。这是一个综合性的任务，需要调和各学科，把哲学变成他的政治空间。他对未来的设想，也来自他的家庭，还有他作为父亲和祖父的身份。在他的著作《在冲扰之中》里，他解释了出狱以来将近40年里，他身上恐惧的来源。自那时起，这种感觉一直有增无减。

斯蒂格勒说："我不是一个很好的祖父。尽管对做祖父这门艺术，我想得越来越多。记得有一天，我女儿，当时应该有22岁了，问我说：为什么你总是这么阴沉？我就告诉她和她弟弟，出狱后，我觉得外面的世界比被关起来要难得多。我对他们说，这世界不会好了。我今天还是这么认为的。"

维利里奥专题

网络交往：从保罗·维利里奥到基尔特·洛文克

郑　兴/文

（华东政法大学，传播学院）

中文摘要：法国当代哲学家保罗·维利里奥（Paul Virilio）基于他自身的身体现象学视角，向我们指出，互联网中的人际交往本质上是一种"电磁近缘"，它不再以"场地"这一现象学意义上的真实空间为根基。新的"电磁近缘"颠倒了我们的社群体验中的远近之分，我们开始疏远"身边人"，却转而亲近"远方人"。在这一技术语境下，政治生态也就不再意味着和生活在同一真实空间的人们共同讨论与决断，而是在实时传输的"元城政治"（la métropolitique）中，经由屏幕中介后的"共情"，而做出政治选择。当然，因为写作时代所限，维利里奥未能捕捉到网络交往中的新趋势。因而，在移动网络造就的社交媒体时代，我们仍然需要参照基尔特·洛文克（Geert Lovink）等当代学者的视角，对维利里奥的理论的适用性做出一定的补充和商榷。

关键词：维利里奥　网络交互　元城政治　基尔特·洛文克

导　言

早在 20 世纪 80 年代，法国哲学家保罗·维利里奥就已经陆续出版了《消失的美学》(*Esthétique de la disparition*)、《视觉机器》(*La machine de vision*)等著作,将视野集中在电影、电视等媒介领域。随后,当 20 世纪 90 年代互联网兴起后,维利里奥即敏锐地感觉到这一新兴媒介的重要性。他从自身的"竞速学"(Dromologie)视角,介入到对网络这一新兴媒介的研究之中,在《信息炸弹》(*La Bombe informatique*)、《解放的速度》(*La vitesse de libération*)等著作中,维利里奥探讨了互联网如何重新型构了人类生活的方方面面,尤其关注网络给人际交互带来了何种变化。维利里奥对网络交往的考查,为当代媒介研究提供了一个重要的理论视角。本文拟通过整合相关文献,对此主题做出分析,同时对比基尔特·洛文克这位荷兰当代媒介学者关于社交媒体的研究,对维利里奥的研究做出补充。

一、"爱远方人胜过爱邻人"

维利里奥指出,人与人的交往,意味着一种通向"近缘"(proximité)的可能。所谓"近缘",就是两个不同的人之间建立的亲近关系。一个人构建和另一人的近缘,首先需要跨越距离障碍,而跨越距离需要借助于速度。相对于空间距离,速度越大,跨越的难度也就越小,构建近缘的难度也就越小,反之亦然。人类一直致力于通过各种"载具"(véhicule)达成更高的速度,"载具"所带来的速度越快,也就能越轻易地跨越距离。正因此,维利里奥认为,在人类历史上,一种革命性的获取速度的载具诞生后,往往也就意味着一种新的近缘类型的诞生[1]。因而,回溯人类历史,人类曾拥有不同类型的各种近缘:起初,人们首先以自然地理环境的切近聚族而居,主要通过自己的脚力和马匹移动,即通过动

---

[1] Paul Virilio, *La Vitesse de libération*, Paris: Galilée, 1995, p.75.

物性身体的代谢能量提供动力，达成近缘，此即"代谢近缘"（proximité métabolique）；汽车和火车等交通运输工具的发明，给人类带来了"机械近缘"（proximité mécanique）。直到远程通信技术发展起来后，尤其是当因特网发展起来后，人们可以与远方的人通过网络实时交流，便生成了另一种性质不同的"电磁近缘"（proximité électromagnétique）①。电磁近缘带来种种利好。除了不能直接接触身体，曾经只有面对面交往才能够做到的事——即同时做到瞬时传达和视听兼备，它也一样可以做到，却不需要人们去跨越距离。它把交往从空间的束缚中"解放"了出来。

但是，维利里奥强调，有"获取"，则必然同时有"丧失"。网络的便利让我们付出了代价，因为它废弃了身体和真实空间的现象学关联。曾受业于现象学家梅洛-庞蒂，维利里奥坚信，在身体极为熟稔于其所处的真实场域的情况下，在经过一种长期的"此时"（maintenat）、"此地"（ici）兼备的感性经验的积淀之后，身体与其所处空间之间就不再只是单纯地理意义上的驻留，其所在空间也不再只是几何学意义上的某个位点或某个位置，而是一种现象学意义上的系统联结。此时，身体和其所处空间之间不存在泾渭分明的区隔，而是一种你中有我、我中有你的融合，用梅洛-庞蒂的话说，"身体自身在世界之中，有如心脏在人体之中"（*Le corps propre est dans le monde comme le cœur dans l'organisme*）。在这一条件下，身体所驻扎的空间就是一种现象学意义上的"场地"（site）。理想"场地"的代表，就如梅洛-庞蒂所说，是草原之于牧民，是森林之于猎手②。场地的形成，必须以自

---

① Paul Virilio, *La Vitesse de libération*, Paris: Galilée, 1995, p.76.
② Merleau-Ponty, *Œuvres*, Paris: Gallimard, 2010, p.891.

身的真实身体为中心，有赖于身体在某个真实空间中的长期驻扎。

在"场地"的条件下，我们以自身的真实身体为中心，构建出属己的时间感和空间感。我们感受空间，以自己身体所处的区域为核心，离自己身体越近，对这一空间及其中的所有物的感受往往会越强烈。时间感也是如此，它建立在某种"本地化"感受的基础之上，自己所常驻的区域的形貌变化往往最能催动自己对时间流逝的感受。在此基础之上，我们的交往、我们的社群体验也是如此，亲人、亲戚既意味着"身边的人"，同时也意味着"最亲近的人"。但是，在今天，在我们拥有了网络时代的"实时"（real time）通信以后，一切发生了变化。在赛博空间之中，无论是获取信息还是参与互动，真实身体的介入都完全没有必要了。有了网络，人们可以不需要移动身体、不需要和朋友筹划现实中见面的种种细节，即可达到和面对面同样的效果。越来越少的人愿意费劲苦心、浪费时间去跨越距离，只为和朋友"见"上一面。也就是说，在赛博空间的交往中，身体与真实空间的紧密纽结被割断了。网络传输中，"场地"已然不再存在，我们只能拥有"此时"，却没有了"此地"，也就是没有了身体在真实空间中的体验。

一旦抽空了身体在空间感受中的基准性，"近邻感"就会发生颠倒：比邻而居的人对我来说是如此遥远，远方的陌生人却让我感觉如此之近。我们的社群体验被颠倒了。以往亲人、亲戚既意味着"身边的人"，也意味着"最亲近的人"，但是在今天，我们感到和亲人、亲戚没法沟通，却和某个论坛或者网站的网友之间产生了强烈的情感共鸣。曾经，所谓的"朋友"，至少意味着物理层面的切近，或者说，至少是常常"见面"的，但是现在，我们和很多所谓的"朋友"甚至都没有见过一面，但仍可在虚拟空间中互相引为知己。我们和远方的人更亲近了,却和身边的人更加疏远了①。感情上的亲近,和真实空间的距离切近之间,已经发生了分离,二者之间不再有必然性联系。今天,网络交往使尼采曾经说的"远离邻人而爱远方人"成为一种讽刺性的现实。我们已经开始厌弃"邻人",倾向于亲近"远方人",宁愿跟远方的网友聊最私密的问题、在远方的陌生人那里寻找亲密感。我们甚至讨厌"邻人",厌弃身边的亲人、朋友,只是因为他们在场,他们会呼吸,会发出声音,他们让我们烦恼。远方的人却令我无须担心,我也可以和他保持一段安全的距离,我可以任意选择那个"远方人",乃至任意删除和切换②。

维利里奥所举的一个美国网友的例子告诉我们,所谓的"街坊邻里"(voisinage)一词在今天将如何被重新定义:一个二十多岁的美国女孩朱安(June Houston),因为某种心理疾患,总是担心家中被幽灵入侵。为了对抗困扰她的幽灵,她在家中的一些角落装了十几个摄像头,并通过远程网络将摄像头的"视看"权交给远方的网友。朱安向记者说,她感觉这些网友成了她的"邻居",远方的网友可以随时目击她身边发生的一切,可以帮她一起"监控"幽灵,而她之所以这么做,是因为她不愿意让现实生活中住在她家隔壁的邻居们去帮助她,这反而会让她感觉自己的私人生活被"曝光"(exposition)了。维利里奥说,朱安所做的,和我们一般所说的为防止入室犯罪而安装的摄像头监控完全不同,她的行径和自述中含有某种耐人寻味的矛盾:一方面,她已经不再能够从附近的人那里获得安全感和信任感,因而拒绝将自己的生活"曝光"给身边人,但另一方面,她又借助网络所带来的新型"远程监

---

① Paul Virilio, *La Vitesse de libération*, Paris: Galilée, 1995, p.76.

② Paul Virilio, *Politics of the Very Worst*, New York: Semiotext(e), p.42.

控"，将自身的居住空间乃至自己的焦虑和恐惧"过曝"（sur-expo-sition）给远方的网络世界和陌生的网友①。

在维利里奥看来，朱安的事例固然缘自她自己的心理痼疾，但这其中出现的征兆，却是一种今天已然普遍化的时代症候。朱安以及越来越多的人对"身边世界"恐惧和排斥，对"远方世界"信任并准入，令我们看到独属于今日的一种全新"社群"，即一种新的属于无数"终端-人"的"虚拟社群"（communauté virtuelle）。它既表征着一种近邻关系的转换，也表征着一种"本地性"的转换：传统的"本地性"基于真实身体在真实空间中的"在场"，我们的空间感，我们对于"远"和"近"的感受，建立在这种"在场"的基础上，传统的"社群"或者"邻里"之所以能够构成，就基于这种"本地性"、基于这种真实空间中的身体切近。然而，在网络时代，网络"义肢"放逐了身体在真实空间中的"在场"，只剩下剥离了真实身体之后的新型"在场"，一种"远程本地性"的"幽灵在场"（existence fantasmatique）②。

今天，我们和"朋友们"不再因为占据共同的一片空间而互相亲近，我们不再处于同一种空间维度之中，反而都处在同一个时间维度之下。因为网络赋予了全球网友"实时获取"和"实时互动"的能力，特别是伴随着全球移动网络的大规模普及，我们每个人甚至都获得了"实时上传"的能力，每个人的手机摄像头就是一个活动的摄影机，CNN向全球派驻新闻线人的做法早就已经落伍了，因为我们每个人在今天都成了潜在的新闻线人，我们可以随时随地将身边的情境上传到社交媒体，转瞬之间和全球的网友分享。今天的时间已经完全是一种"实时性"的"世界时间"

---

① Paul Virilio, *La Bombe informatique*, Paris: Galilée, 1998, p.70.

② Paul Virilio, *La Bombe informatique*, Paris: Galilée, 1998, p.71.

(temps mondial)，而非"北京时间"或者"纽约时间"这样的"本地时间"（temps local）。今天，因为网络"义肢"，所有"终端-人"都已经处在一个"时间线"之上[1]。所谓的"世界时间"，举例而言，就是当 2018 年物理学家霍金死亡时，全球所有的媒体都在第一时间发布信息，所有的手机用户都在第一时间收到信息，全球的网友，无论他在北美还是欧洲，都在第一时间在各种社交媒体上对这一事件展开讨论。这种"全球时间"携带有一种"过度反应"（sur-réactif）的特质，使得全球网友——哪怕他们完全不懂理论物理、哪怕他们远在地球彼端的中国——都在同一时间煞有介事地集体怀念霍金。

但是，当今天的我们纷纷拥抱网络交往时，维利里奥警告，网络空间不过是一种"远程托邦"（télé-topie）[2]。"远"（télé）不是物理距离和空间距离上的，而是意味着"非场地性"，即以身体为根基的真实空间中的"场地"在远程传输的技术背景下已被挤出。就像是"乌托邦"表征着一种现实中难以实现的理想境地，"远程托邦"这一表述也同样暗含了维利里奥的反讽。因为"远程托邦"是通过网络技术实现的"远程在场"（télé-présence）。它虽然可以实现声像的"远程传输"（télé-transmission），甚至可以实施"远程操控"（télé-commande），它虽然使人们以虚拟身份聚集和共处，赋予人们种种交往的便利，但丧失了"场地"的种种交往，决不会成为某种可以轻易实现的"乌托邦"，绝不会自动带来自由和解放，它的复杂性还远未被我们充分认识。"传输革命"带来的"绝对速度"使得地表空间逐渐收缩，我们将丧失身体与世界之间的关联。我们看似有了绝对自由，一切"已然可见"（déjà vu），

---

[1] Paul Virilio, *La Bombe informatique*，Paris：Galilée, 1998，p.127.

[2] Paul Virilio, *La Vitesse de libération*，Paris：Galilée, 1995，p.22.

一切"已然被探索"（déjà exploré），但我们的"心灵地图"已经被这种"绝对速度"限制了起来，不断缩小。当我们抵达了速度的极限时，"拘禁"也就出现了。"远程在场"不是意味着人与人的"靠近"，而是意味着一种"远离"，以一种被"拘禁"的方式而"远离"，拘禁在消殆于无的地缘环境之中，拘禁在身体的"极惰性"（l'inertie polaire）之中。我们通过网络体会到的"立体感"（le relief），不过是"真实"消失之后的"幻肢"（membre fantôme）效应，而我们赖以立足的地球，可能将会是我们最后的"幻肢"①。

二、网络交往中的"元城政治"

赛博空间重塑了人们的近缘关系，也将改变"共同体"的构建，进而改变当代城市的政治生态。

维利里奥指出，"政治"（politique）的希腊语词根就是"城邦"（polis），这说明从城市建立开始，政治和城市空间就已经密不可分了。城市，从其起源来说，曾经意味着一种建立在共同地点之上的聚居。古希腊的城邦即是如此，它以自身的广场、市集和论坛，提供了政治得以发生的舞台：将不同的一群人，拉入到同一个场所，聚合到一起，彼此接近，进而发生辩论、反思，做出决断。这就是城市的政治。所谓的"公民"（citoyen），也就是在同一个实体空间中聚合在一起的人，即所谓的"共同体"内的人群②。共同体之内的不同公民之所以相互认同，认为"我们是同一个城市的人"，也是源自于此。因此，传统意义上的城市政治之发生，首先需要一个居民共同居留、切近相处的真实场所，一种地缘意义上的稳定空间。

---

① Paul Virilio, *La Vitesse de libération*, Paris: Galilée, 1995, p.84.
② Paul Virilio, *Virilio Live*, London: Sage, 2001, p.80.

　　但是，今天，空间概念逐渐发生了变化，高速的运输、网络的实时传输已经逐步架空了城市的真实空间。维利里奥认为，"速度"是考察城市变迁的关键维度，"速度"的变革实际上支配了城市空间建构的变化。传统城市，如果将其视为一个自成一体的地缘空间，早期的城门与港口，就是城市的拥有者控制城市内部和外部的交换和流通的闸口，道路则是速度得以达成的脉络。因而可以说，传统城市的空间是围绕着城门、港口和道路而建立的①。尤其是在"速度"有限的情况下，城门和港口可以作为实存性的障碍，划分出一片稳定的区域，人们也就总体固定地在一个城市内部工作、生活，城市内部和外部的区分、城市与城市之间的区隔是明显的。但是，在今天，随着汽车、火车和飞机的发展，高速运输方式使得人与物的流通速度得到极大提升。城市开始围绕着车站、机场和高速公路而运转，城市空间维度的"内—外"之隔也开始松动②，人们可以居住在外省，却每天去巴黎的公司工作。当有了网络的瞬间性（l'instantanéité）和遍在性（l'omniprésence）之后，速度已然"实时"。今天的人们甚至可以"居家办公"，而他的公司大楼实际可能远在几百公里以外。任何城市已经不可能通过一种实存性的障碍来把控速度，未来的城市将很快围绕着网络和"通信中心"（téléport）而建立③。

　　如果说，传统城市是一种围绕着城门和港口而建立的"局域性的城市"（cité topique），维利里奥预言，在不久的将来——甚至就在当下，城市将指一种围绕着通信中心而建立的"远域性的城市"（cité télétopique）④。在全球性的实时信息高速公路的联结

---

① Paul Virilio, *L'Horizon négatif*, Paris：Galilée, 1984, p.55.

② Paul Virilio, *L'Espace critique*, Paris：Christian Bourgois, 1984, p.10.

③ Paul Virilio, *L'Inertie polaire*, Paris：Christian Bourgois, 1990, p. 49.

④ Paul Virilio, *La Vitesse de libération*, Paris：Galilée, 1995, p.40.

之下，我们所面临的已经不是某一个城市的集中化或者趋于膨胀的问题，而是城市的"超集中化"（hyper-concentration），即全球范围内所有重要的大城市都基于此种技术语境而连成一体，形成超出所有具体城市的、虚拟性的"元城市"（métacité）。这个"远域性"的"元城市"没有真正意义上的地理中心，但是，所有现实中的真实城市，无论它多么发达，无论是巴黎、纽约还是上海，都受这个"元城市"的辖制，都只是它的一个郊区地带而已。我们可称这个"元城市"为"世界之城"（la ville-monde）抑或"众城之城"（ville des villes）。如果说，传统的政治是一种以他人的实在在场的"直接性"为基础的地缘政治（la géopolitique），未来的政治就将是一种建立在时间的"瞬间性"基础上的"元城政治"（la métapolitique）①。

　　对维利里奥来说，不同的人通过真实的公共空间聚集到一起，才会有真正意义上的"政治"，在今天，跨城市、跨国界乃至赛博空间中的交流越发频繁，共同的稳定空间造就的聚集和交流却越发稀少，传统公共空间在人们生活中的重要性越发下降，"政治"能够发生的现实环境逐渐消失，与此同时，"元城政治"正在逐步成为我们的现实。曾几何时，人们通过公共空间（l'espace public）而聚集，在今天，电视、电脑的流行正让"公共空间"被"公共图像"（l'image publique）所取代，电视机、电脑和手机的屏幕成了所有公共意见的"广场"。由共同在场的人所构成的社群正趋于解体，不在场的人反而借助多媒体或者网络而相互连接。我们自身的身体处在消失之中，他者的身体也在消失，我们所乐意拥有的，竟然只是远方邻人的"幽灵性"②（从这个意义上来说，21世纪后，

---

① Paul Virilio, *La Vitesse de libération*, Paris：Galilée, 1995, p.91.

② Paul Virilio, *Politics of the Very Worst*, New York：Semiotext(e), p.46.

在中国各城市中老年群体中，"广场舞"之所以能够流行，也是因为它已然成为当代语境下所余不多的供人们聚集和交流的城市空间）。"公民"概念，或者传统意义上的"共同体"概念将逐渐失去其本来的意涵，"同代人"（contemporain）概念则将取而代之①。曾经，我们认同另一个人和你属于同一个共同体，是因为你们同属于一个空间维度之下，而当前，我们认同另一个人，只因他和我们在同一个时间维度之下。

在"元城政治"的语境下，实时媒介的联结（无论是电视还是因特网），使我们在政治上产出了一种齐泽克所说的"相互被动性"（interpassivity）②。媒体作为一种中介，已经"替代"我们自己在政治上完成了感受和思考。因为媒体，我们突然对一个与自己毫不相干的人产生了极大的同情，我们也可能对一个毫不相干的对象产生厌恶。维利里奥提到，莫斯科红场的示威者，会特意用英文标语写出自己的口号，就是想要让西方媒体拍摄，然后将其传遍西方世界。这样，就会引起西方世界的同情。西方观众看到以后，也似乎有这样一种"共情"幻觉③。这种被"现场直播"的媒介制造出的"共情"，其煽动力要远远大于文字滞后的、间接性的宣传。限于写作的年代，维利里奥没能直接描述今日的移动网络，但他已经预见到，实时的媒介不但可以制造"共情"幻觉，更可以制造一种"集体参与"的幻觉。今日，经由手机及移动互联网的瞬间传播，这种"集体参与"已经成为普遍现实。移动互联网不但延续了电视在情感层面的"共情"，而且更是介入到网友的行为层面——通过手机应用中的"点赞"和"转发"，不仅使这种伪"共情"的情感强度加倍，还制造出一种"集体参与"的幻觉："我"虽然不

---

① Paul Virilio, *La Vitesse de libération*, Paris：Galilée, 1995, p.95.

② Slavoj Žižek, *How to Read Lacan*, New York：W.W.Norton, 2006, p.23.

③ Paul Virilio, *L'Écran du désert*, Paris：Galilée, 1991, p.70.

在现场，但"我"也仿佛成了其中的一份子，因为我通过自己的"转发"，也贡献了一份自己的"力量"。

当更多人通过"远程在场"而非"真实在场"构建了联结时，维利里奥却坚信，这并不会带来政治的进步。他认为，在实时传播的情况下，不会有真正的"政治"。因为政治需要"时间"，需要反思（réflexion）的时间，也需要拉开距离。在实时传输面前，人们实际上是没有实质性的"公共意见"（l'opinion publique）的，有的只能是"公共情绪"（l'émotion publique）①。今天，人们在看电视抑或是使用手机的时候，实际上就已经完成投票了。人们不会再有时间去"反思"，因为在"实时传输"的压倒性力量面前，无论公众还是政府机构，根本没有空间去反思，能做的只有瞬间的反射和即时的回应。任何议题，一旦在大众媒介的范围内引起了"公共情绪"的共振，议题的探讨空间就已经走向终结，将不再有任何回旋和讨论的余地。当代政治现实中，实例已经屡见不鲜。在叙利亚难民危机中，当一张叙利亚男孩的凄苦照片在全世界范围内迅速传播，激起了网友的一致同情时，欧洲政府接受难民的选择也就成为必然。同样，2018 年，一位著名学者早年涉及性侵学生的新闻事件中，经由移动网络的推波助澜和众多网友的一致声讨，在调查实质上还没有结束的情况下，该学者任职的大学就已经在舆论压力下，被迫"提前"公布了对他的处分决定。这当然不是说，媒体所推动的最终决策就一定错误，舆论压力甚至能规避官僚化程序的阻碍，促成公正结果的早日出现，但是这一决定形成的过程实在令人担忧。因为在"集体决策"的幻象之下，每个人都可能以为，自己做出的判断和决定是正确的，坚持独立思考的少数人的声音反而很容易被网络舆论迅速地淹没或压制。若是

---

① Paul Virilio, *L'Écran du désert*, Paris：Galilée, 1991, p.70.

在未来的某天，舆论被未经核实的虚假信息所误导，走向错误的方向，后果将不堪设想。

同样，实时传输的速度也不会带来政治不平等的消解，而只是从一种不平等走向另一种不平等。曾经，因为交换和流通的速度极为有限，传统城市空间的部署是一种地缘空间，空间的区隔，比如城内/城外、城市/乡村的对立，占据着重要地位。这种区隔当然也带来一种不平等，空间曾经成为区分人口的尺度，人口被区分为"城内人口"与"城外人口"，"城市—乡村"这一二元对立，既意味着一种发展程度的高低之分，也对城外之人构成了一种永恒的吸引，因此也有了"外省人"要费尽心力融入大都市巴黎这样常写常新的小说题材。然而，在今天，维利里奥提醒我们，空间维度上的区隔看似消解了，比如，今天资本主义的权贵阶层早已不住在市中心了，市中心反倒遍布了各种贫民窟，但是我们要注意的是，"时间"这一维度却变成了区分人口的新的尺度。"元城政治"的条件下所谓的两极分化，不再是"南北对立"或者"城乡分化"，而是两种"时间性"的分化，绝对的时间性和相对的时间性将人们划分为两极，一极是引领"实时时间"的发达国家和地区，另一极是只能与"相对时间"同步的欠发达国家和地区，换言之，一极是生活在"世界时间"中的权贵阶层和政商领袖们，另一极是生活在"本地化时间"中的平民们[1]。

"元城政治"不单单架空了城市自身的真实空间，也架空了城市内部政治机构和商业机构的真实空间，当"元城政治"不断膨胀，伴随着全球性的"去本地化"，"大城市"的"定居性"（la sédentarité métropolitaine）将会让位于"元城市"无所不在的"游牧性"（un nomadisme omnipolitain）。从 19 世纪的"城—乡"对

---

① 　Paul Virilio, *La Vitesse de libération*，Paris：Galilée, 1995，p.91.

立,到 20 世纪"城中—城郊"的对立,我们将在 21 世纪迎来"定居—游牧"的对立。今后的趋势必然是,一部分人的工作是"定居性"的,另一部分人的工作是"游牧性"的①。地缘空间之治理中的"联结化切近性"(la proximité conjonctive)将会让位于"世界时间"之治理中的"分离化不确定性"(la précarité disjonctive),各种各样的实体性的政治机构和商业机构将走向"元城状态",越来越多的政治机构和商业机构的实体将走向瓦解。正如著名的IBM 公司不久前试图对外出售总部大楼,是因为他们相信,自己的公司已经成为一个"无所不在"的公司。同样,今天越发发达的"云系统"也使得"随时随地"办公成为可能。我们在今后必然会看到,越来越多的人在高铁、飞机和宾馆里办公,每一个雇员都像是转包环节的分销商,他不是一个特定的"个体"(particulier),而只是一个"不存在"却又"无所不在"的公司中的"虚拟分子"(particule virtuelle)②。

然而,无论是政治上还是商业上的"元城"状态,都不会自动带来友爱和解放。今天有些公司声称,他们的员工充分享有"居家办公"的"自由"。这首先是因为,网络让部分工作可以不必固守于具体地点。但维利里奥指出,"远程办公"看起来使员工摆脱了束缚,不需要在通勤中花费时间,甚至连考勤都不再需要,但这绝不是对员工的解放,而只能带来更深层次的控制。互联网,特别是移动互联网,它的高度移动性和遍在性,只会让工作和休息之间的界限彻底消失,人们将永远为工作的阴影所笼罩。当代后工业生产"最低库存及零库存"(flux tendus et stock zéro)的组织机制,要求无产者、员工阶层必须具备"超级-反应性"(hyper-

---

① Paul Virilio, *Politics of the Very Worst*, New York: Semiotext(e), p.72.

② Paul Virilio, *La Vitesse de libération*, Paris: Galilée, 1995, p.108.

réactivité），工作指令随时随地都会降临到他们头上，而他们也别无选择，必须随时随地对下达的远程指令做出回应①。以中国为例，当今天腾讯公司的微信应用深度介入到国人的生活和工作之中时，我们不得不服膺维利里奥的预见性：有了微信以后，领导层可以随时下达指令，下属也就只能随之执行，而不敢给自己留下任何缓冲和迁延的空间。网络实时所带来的不是解放，而是对无产者时间的进一步压榨，是一种更为紧密、更加无缝的管理。

　　维利里奥对于"元城政治"的警惕，从根本上而言是一种对政治"空间"和"时间"的忧思：我们与空间的关系被改变了，当我们厌弃"邻人"，亲近远方人时，城市政治的空间基础正在遭到侵蚀，因为政治应该建立在一种"共居"状态的基础上，而非"独居"的基础上。我们和"时间"的关系也被改变了，今天的"时间"是一种没有"时延"（sans durée）的时间，这种"实时"毁灭了公民"反思"所需要的时间间隔，一种"反应"取而代之，政治的时间性也就不再存在。

三、社交媒体时代的新变：以基尔特·洛文克为参照

　　维利里奥的网络论述在媒介研究领域引起了很多学者的共鸣。然而，在荷兰学者、网络研究者基尔特·洛文克看来，我们今天所津津乐道的"媒介研究"或"文化研究"，无论是麦克卢汉、鲍德里亚还是维利里奥，他们的著作当然在其出版的年代具有一定的解释力，却已然无法跟上近二十年来（即从 20 世纪 90 年代到 21 世纪初）网络技术的环境巨变，也不能给已经处于推特、脸书和"维基百科"时代的当代人提供真正的洞见②。他们的理论当然能

---

① Paul Virilio, *La Vitesse de libération*, Paris：Galilée, 1995, p.99.

② Geert Lovink, *A Critique of Social Media*, Cambridge：Polity, p.78.

够切中部分现实,但不足以处理当代网络技术的巨大变化。基尔特认为,我们如今已经处于新的技术语境之中。这二十年中,网络技术的内部已经发生了颠覆性巨变,即从"Web1.0"时代进入"Web 2.0"时代。这一转变不是简单的技术更新和迭代,而是网络语境的一次质变。如果我们不能进入这一新的技术语境的内部,"网络"一词实际上就只是停留在本质问题外围的空洞能指,任何针对它的理论文本也会成为流于浮泛的批判口号。因此,我们不妨直接从当前的网络现实入手,深入到技术问题的内部,构建全新的批评框架。基于以上理由,本文的这一部分将介绍基尔特的媒介批评,尤其是要呈现其关于社交媒体的论述,以此为参照来反思维利里奥对于网络中社交问题的讨论的不足之处。

首先,我们需要简要概括一下基尔特口中的"转变"。所谓的"Web1.0"的时代,是"dot.com"的时代,指的是互联网开始向大众开放的 1990 年至 2000 年,那是雅虎、搜狐等大型门户网站占据顶峰的时期。彼时,网民可以去网站浏览信息,或者使用网络公司提供的"电子邮箱"等各种服务,但是,这些信息和服务的内容和形态是由网络公司事先制作的,或是通过"超链接"将别的媒体制作完成的信息嫁接到网民眼前。网民只能通过点击和浏览,被动索取现成信息,或者购买这些服务。这个时代里,对这些网络公司而言,网民群体的"价值"只是"潜在的顾客"而已,他们要做的,就是让这个群体心甘情愿地购买他们提供的网络产品和网络服务。随着资本不断涌入这个领域,这样的技术模式和盈利模式在 2000 年硅谷泡沫破灭之后走向终结①。随后,2001 年,人们突然发现,谷歌这样的搜索引擎和"blogger.com"等各类自媒体平台出现,代表了一种新的方向,2001 年因此被视为硅谷的复兴之年。

---

① Geert Lovink,*A Critique of Social Media*,Cambridge:Polity,p.4.

博客、微博客、谷歌乃至后来的推特、脸书等新一批网络公司开始崛起，开启了所谓的"Web 2.0"时代。

相比于前一时代，这一时代的网络公司呈现出诸多不同的特征。其一，它们重新架构了网络公司和网民之间的关系。在这一时代的网络公司中，它们不再像上一代的网络公司那样，采取一种由上至下的、单向度的、"专制化"的管理模式，而是打出颇具民主面貌、开放精神的所谓"参与文化"（participatory culture）的旗帜：将构建自身的决定权部分交给网民，而不是交给投资公司和银行①。这种"免费且开放"（free and open）的模式看似成了网民的福音。他们不再需要为产品和服务付费，还可以参与到内容的构建之中，似乎他们的主体性得到了最大程度的体现。典型的就是"维基百科"，其中的内容不是由某个公司事先写定，而是由众多的匿名网友共同完成。其二，它们重新架构了人们获取资讯的方式：传统的媒体，无论是电视、报纸抑或是"Web 1.0"的门户网站，都已经在这一波浪潮中显得落后。就速度而言，手机端的实时转发胜过传统媒介。即便是 CNN 现场新闻——也许其速度同样是"实时"的，但传统新闻媒体机构的数量有限，且受制于大公司的管理方式，制作出来的新闻难以呈现出个性化、多样化的形态和观点。今天的人们早已厌倦了 CNN 这样的"传统大型媒体"，而任何一个手机使用者，都可以通过"自媒体"（微博客等）让新闻的制作权和转发权掌控在自己手中，每个人都可以表达自己的观点和立场。这让很多传统媒体再也不能成为第一手新闻的供应者，反而沦为新闻的转发者。其三，它们重新架构了人们的社交生活。脸书和微信重新定义了人们的社交，它不单是让我们和朋友之间的交往和联系从线下转移到了线上（这在 Web 1.0 时

---

① Geert Lovink, *A Critique of Social Media*, Cambridge：Polity, p.4.

代已经具备），而是构建出了新的网络交往的生态，"发状态""点赞""转发""评论"等行为成为网络交往中新的常态，并且深度介入了我们的社交日常①。

种种新特征使得我们不能沿袭传统意义上的网络批判模式。首先，在维利里奥和其他一些学者的文本中，网络往往被视为一种虚假世界，真实世界对它具有绝对的伦理优位，所以网络世界是值得针砭的。但这样的理由在社交媒体的时代已经很难经得起推敲。首先，当代社交媒体所构建出的赛博空间，和我们的真实生活并不是一种有你无我、非此即彼的对抗关系，也不存在相互取代的可能，而是一种深度融合的关系。我们在微信和脸书中的好友并非都是素未谋面的远方网友，恰恰相反，其中的大多数都是我们真实世界中的朋友、亲人、同事。我们既和他们在真实世界中发生联系，也和他们在社交媒体中发生联系。而且，在这"两个世界"中的联系并不是泾渭分明地分离开来，我们反而频繁地在两个世界之间切换、联结或转移。你的上司可以通过社交媒体给你布置真实世界中的工作，同样，你和朋友在真实空间中聚会以后，再发一张合照到你的社交媒体中，让朋友们都可以通过手机端重温这一瞬间。因此，在今天，已经很难再轻易地把赛博空间界定为"虚假的"，也很难简单地指认，社交媒体中的联系侵蚀了我们在真实空间中的联系。

再者，社交媒体并没有让我们的世界趋于"虚拟化"，反而让我们的世界更加"真实"、更加"透明"了。脸书和微信这样的社交媒体，从其诞生伊始，就是为了便利其使用者与和他现实相交的另一批使用者建立关系，而不是去帮助使用者"搭建"和一个完全不相关的"远方人"之间的联系管道。而且，脸书和微信这样的社

---

① Geert Lovink，*A Critique of Social Media*，Cambridge：Polity，p.5.

交媒体无时无刻不在勾勒我们每个人的"真实生活"。我们在社交媒体中,需要建构个人形象,但这一自我形象构建不同以往,不是去扮演"另一个谁",或是成为另外某个"更好的他者",而是一种"后-伪饰"(post-cosmetic)的自我形象管理,即我们必须在社交媒体中"呈现自己的本来面目",通过这种方式建构出"可信度"。我们时刻都需要主动曝光自己真实生活的细节,甚至呈现自己的"缺陷"——糟糕的着装、肥胖、皮肤差等,以此证明这就是自己的"私人生活",这样才能和朋友们建立联系①。这个时代的网络更多地要求我们去管理自身"人之常情"的一面,如果我们不多多少少地暴露自己的私人生活,我们在网络中呈现出的就是一种无个性、无吸引力的机械形象,没有人会关注我们,这等于主动将自己放逐于社交网络之外。

鉴于此,对网络的批判就不能仅仅限于文化层面的"真假之辩",不能单单以耽溺虚拟世界为理由去批评网络交互,而是应该更有针对性地采取一种新的批评路径。从社交媒体的政治经济学层面考掘其背后的推动力,或许是其中的路径之一。如基尔特指出,"Web 2.0"时代的社交媒体都打出"免费且开放"的口号,无论是脸书、推特或者微信这样的手机应用,都成为用户免费发表和制造的平台,用户可以以任何形式上传他们的内容,但是,今天的网络公司大多不再像"Web 1.0"时代那样,"生产层面"的盈利——制造出产品或者服务、并说服用户购买——已经不再是它们盈利的主要来源,它们盈利的重点是在"控制分布管道"这一层面。它们通过自己的应用搭建出一个便于社交的平台,用户们在这个平台之中自由搭建自己的"社交网络"。在这种具备充分自主权的生态中,用户会主动发出自己的"当日状态",将任何自己

---

① Geert Lovink, *A Critique of Social Media*, Cambridge: Polity, p.13.

喜爱的文字、图片抑或视频转发给朋友，对朋友的某一条状态"点赞"或作出简短评论，这其中不需要任何专家的推荐，而是他们自己相互推荐，口耳相传。

无论是社交媒体中的"点赞""评论"还是"转发"，它们既是信息的分享，也是一种建立情感联系的行为。在这样的"实时"生态之中，社交媒体时时刻刻都在"催促"它的使用者们，让他们第一时间把任何自视有价值的状态、心情和所见所想"分享"给自己的"好友"。推特、脸书和微信的朋友圈功能不停地在用户的潜意识中发问：你在干什么？现在发生了什么？有什么有趣的可以分享吗？用户因而一刻都难以喘气，就像西西弗斯一样，不停地去"分享"，去"自拍"，去暴露自己的生活。但是，在这种生态之中，用户们并没有觉察到，他们大量发布、转发和分享的行为，构建了庞大的流量数据，同时，这些由用户自己生成的内容又反过来聚集了用户们的关注度，网络公司对这些数据的后台分析，以及这种凝聚海量用户目光的"关注度"自身，都可以直接被卖给广告商，成为网络公司新兴的盈利模式。用户们根本没有意识到，在不知不觉之间，在他们乐此不疲地发出一条又一条内容的时候，他们在网络中的社交活动，已经被脸书或者微信"货币化"了。他们其实让自己成了网络公司的免费劳动力，而脸书或者微信因此成为这场游戏里的真正赢家[1]。

那么，有没有抵抗这种技术生态的可能？我们可以主动选择向这种社交媒体说不吗？有人提出，既然一切都是因这些网络公司和网络应用而起，不妨直接断绝这些网络的使用，不再使用脸书和微信，直接过一种"线下"（off-line）生活。基尔特已经看到，这种卢德主义式的建议，在社交媒体与真实生活深度融合的情况

---

[1] Geert Lovink, *A Critique of Social Media*, Cambridge: Polity, p.5.

下，难以行得通。如前文指出，这些应用联结的不单单是从未谋面的"网友"，更多是真实生活中的朋友、同事等。在此情况下，当全公司的领导和别的同事都通过微信组织工作时，任何一个普通员工，根本没有自外于这一网络应用的可能，如何有勇气将手机中的社交应用卸载。正是在这一意义上，基尔特指出，在今天，真正意义上的"线下"生活是奢侈品。平民阶层若想在现代社会生存，很难完全告别手机和移动网络。只有处在这个社会顶尖阶层的小部分人才有完全不使用手机却不被社会抛弃的特权，虽然他们完全买得起，或可能正在使用手机。比尔·盖茨和马云是可以不使用手机的，同样，特朗普即便不使用手机也依然是一国首脑。反倒是普通的劳工阶层，时刻不敢让手机离开身边，时刻都要拿出来看一看，有没有遗漏某一条"重要信息"。因此，今日，社交媒体与当代社会的权力结构、阶层分野完美地达成了共谋，作为普通的一员，直接让自己隔绝于社交媒体极为艰难，这意味着经济分层、权力分层所带来的对绝大多数普通人的钳制，在网络世界中也从来都没有消失。

　　不过，本文作者认为，基尔特的论述显然还是不够的，它并不能道尽"微信"这类中国式社交网络的复杂性。如果说，基尔特强调，"脸书"迫使我们不得不展露自己的"真实面"，否则就会在社交媒体上"不受欢迎"，但是，在中国，问题的复杂在于："微信"在推出的初始阶段，其"朋友圈"的功能与"脸书"的社交属性确实是类似的，人们为了让"好友"的目光瞩目于自己，也要展露自己的私人生活、展露自己的"缺陷"、展露自己对于生活的"一己感受"；然而，随着时间的推移，越来越多真实生活中的朋友、亲人乃至同事、领导都加入到微信"好友"中，情形就不那么简单了。"微信朋友圈"的"初衷"本来和"脸书"一样，是构建一个私密的虚拟交际"圈"，少数值得信任的"朋友"加入这个"圈"，这样，微信的使用者可以向"好友"们无顾忌地发布自己的"状态"。然而，当越来越多的人加入你的微信"好友"时，基于对"中国式关系"的担忧，微信的使用者在发布每条"状态"之前，又不得不犹豫起来：当公司领导也在我的"朋友圈"之中时，我还能真实地发布对于工作的抱怨吗？当我想要发布一条状态表达自己对张三的不满时（他不在我的"朋友圈"之中），我却要顾忌到，他的好友李四在"朋友圈"之中（因为我和李四的关系还维持得不错），李四会不会告诉张三我对他的埋怨？我不得不在发布每一条状态前进行"自我审查"，把所有"不适合"公之于众的状态回避。进而，我发现自己还是不能"完整"展现自己的"真实"，于是只能陷入到一种两难困境中：一方面，基于对"中国式关系"复杂性的担忧，不能完全展示自己的真实面；另一方面，基于"社交媒体"的特性，又不能让自己完全"沉默"，否则，则有可能被这个虚拟的社交网络彻底边缘化。

　　因此，此时的问题不在于基尔特所说的是不是"被迫"展示自己的"真实"，而是在于，"我"虽然是"社交媒体"的使用者，却只能"策略性"展示自己的"部分真实"，或者一种修饰、乃至扭曲后的"伪真实"。但是，这样经过"编辑"后的"真实"还是"真实"吗？作为一种"社交媒体"，微信的"意义"何在？于是，今天的人们反而开始怀念"论坛"这一属于"WEB1.0"时代的社交工具了，起码"我"可以用一个虚拟的身份，和一群与真实生活没有任何交集的"远方人"吐露心迹。因此，现在的问题早就不是"虚假"侵蚀"真实"，反而是"真实"侵蚀了"虚假"。也正是基于对这一类困境的洞察，当然也是为了避免自身软件的"社交"特性被这一语境侵蚀，微信早就推出了"分组发布"的功能（发布者可以选择让部分"好友"看到这条状态，另一部分"好友"则不会见到这一状态）。但是，无论如何，属于中国人的"说"的"困境"在微信中一直存在着。如果真像王尔德所说，"戴上了面具，人才能说真话"，那么，微信的问题在于，它和真实生活的"过度重叠"使我们的"面具"被破坏了，我们反而跟真实生活中一样，不敢、也不能说真话了。我们恐怕还得重新找回自己的"面具"。

结　语

　　针对互联网交往问题，维利里奥认为，网络"实时传输"造就的"交往"固然带来了便利，我们关于友邻关系的感受乃至关于两性关系的操作都不再锚定在具体的空间中，但是此种"远程在场"废除了现象学意义上的"场地"，使得交往的在世体验成为无根基的空洞之物，反而不会带来真正的解放和自由。网络的"实时传输"更加让政治丧失了所需要的"时间距离"，我们因此亟待迎回"时间的政治智慧"（une intelligence politique du Temps）①。维利里奥的论述对今天网络的交往现实有着犀利的洞察和预测，但他太过于强调本原意义上的现实世界和网络世界之间的对立，尤其太过强调后者对前者的"侵蚀"，而本文作者认为，我们毋宁将此种"侵蚀"视为一定程度的"融合"抑或"移置"，因而借助荷兰学者基尔特·洛文克的研究，做出了自己的补充阐释。

①　Paul Virilio, *L'Écran du désert*, Paris: Galilée, 1991, p.53.

维利里奥"速度-空间"概念及其意义

卓承芳/文

（南京财经大学,马克思主义学院）

摘要：基于独特的速度学视角,维利里奥指出技术变革已经使空间转变成"速度-空间",这种空间实质是以光的绝对速度为支撑的不断膨胀的当下时间,无地点性、远程在场以及"运动的偶然性"乃是其核心特征。在这种空间结构中,传统的真实空间城市化也被实时城市化所替代,其结果则是形成一种"远程元城市",即支配着所有现实城市运动的具有极权主义性质的"速度帝国"。通过这种独特的空间观,维利里奥揭示了今天人类发展所面临的技术界限及其引发的文明难题。

关键词：速度-空间　远程在场　实时城市化　速度帝国　社会空间理论

空间、城市问题已经成为国内相关领域研究的热点问题,这也带来了空间认知深化的理论需要。我们看到,流行研究多偏好社会空间理论路线,依从列斐伏尔的"空间生产"观念,主张空间的社会建构和多元主义价值。这固然为我们今天认识城市发展、空间重组以及文明变迁提供了重要启示。不过,随着这一路线的广泛扩散和接受,特别是在当代海外激进地理学和空间政治学中,一个涉及文明理解的基础问题被压抑或忽视了,这便是：不断积累的技术进步，存在着一种并不完全受控于人类社会实践（社会关系），并因此对文明本身构成挑战的趋势。从马克思的拜物教理论到法兰克福学派的启蒙辩证法所回应的理性本身的"颠倒"现象，便是这种趋势的表现，列斐伏尔提出的空间生产的知识问题，也试图从环境改造角度探讨它。不过，从技术的极限看，我们面临的任务和困难远比他们设想的大得多。在确切的意义上，本文讨论的维利里奥的"速度-空间"观更直接地面对了这个问题。他提出的"速度-空间"迄今仍然被我们忽视，归根结底，是因为它是作为文明基础的"速度"在技术进步之极限处所展开的最终的空间结构，在光速支配下，空间颠倒为实时的"当下"时间，或者说，光速通信造成了不同空间实时的远程共在。尽管维利里奥独特的"速度学"仍然存在许多需要进一步澄清和争论的问题，但他关于高速度条件下空间与时间的看法，以新的方式重新提出了时空相关性问题，不仅在本体论和认识论上为空间的当代理解提出了新的课题，而且通过对当代技术变迁性质及其社会后果的分析，揭示了今天人类发展所面临的技术界限及其引发的文明难题。从这一角度来说，他的"速度-空间"不仅提出了一种有关空间的新颖视角，而且深化了海德格尔和法兰克福学派现代性技术批判的思想，从而构成今天现代性、空间和文明研究不可或缺的维度。

一、速度与空间：从空间到"速度-空间"和"时间-光"

维利里奥与鲍德里亚等人一样，也是在 20 世纪 60 年代语境中成长起来的法国左派批判理论家，以独树一帜的"速度学"（dromology），在当代社会理论中产生了广泛影响①。他用来自

---

① 卓承芳："21 世纪为什么是维利里奥的时代而不是鲍德里亚的时代"，《现代哲学》，2014 年第 6 期。

希腊文词根的 dromo 构造了"速度学"一词，用来表示构成文明的基本结构，即围绕速度展开竞争的技术结构。由于速度本身即是空间与时间的关系，维利里奥对速度的批判性审视也直接带来了对空间和时间的新颖看法。这直接体现在其"速度-空间"视角上。"速度-空间"这一视角的独特性表现在如下两个方面：

第一，在维利里奥看来，速度不仅是由时间和空间关系构成的相对性，而且也是我们的生存环境。正是在这一意义上，空间在其本体层次上是"速度-空间"。如果从自然角度来谈论空间本体的话，显然维利里奥的看法是不成立的，但从社会空间角度来说，他的这一观点却十分深刻，因为他通过速度强调了由技术（实质是人与自然之间关系的中介）内化到社会空间之中，并且永远不可能被社会征服的自然要素。换句话来说，基于速度，他揭示了今天基于社会空间视角来强调流动性、异质性和开放性的激进空间政治学的界限，它们没有考虑到那些价值归根结底仍然受制于自然的事实。这一特征在今天愈发明显，当代发展体验使我们充分认识到，我们不只是生活在由高速度支撑的空间中，而且速度本身直接就是支配我们行动的最重要的力量，它已经成为主导我们日常生活节律的最重要的力量。例如，当我们用"被高铁"或者"时空压缩""轮子上的中国"等方式来描述今天的生存状态时，表达的就是这个意思。当然，由于交通技术的进步，我们在日常就业、就医、休闲方面的长距离通勤经验也在不断提醒这个事实：在今天，我们的空间观念和经验实际上是由速度决定的。可以说，维利里奥是站在历史变迁的高度来审视空间本体论的，这种视角远比传统的本体论和抽象的基础本体论要优越，它把人的实践及自然界通过技术这个中介整合起来，解释了人类生存的真正根基。

第二，维利里奥通过"速度-空间"同时揭示了技术前景中正在发生的空间形态变化及其终极后果，从而形成了另一种深刻的现代性批判思路。在维利里奥看来，在电磁波技术支持下，实时通信以接近光速的速度进行，改变了传统的时间和空间观念，使"时间-光"（time-light，即光速时间）成为世界的座架。而在新的座架中，空间本身成为一个不断膨胀的实质，即"时间-光"的"当下"（present）。他说：

　　当下膨胀到世界-空间尺度，膨胀到这个程度，超越了作为通常的地方时间的尺度的日夜交替。因此，当下实际是"光"之当下，或者更严格地说，是今天强加在面积、质量和地点之时间-物质关系上的时间-光本身。①

也就是说，当下最终将成为光的在场，或更严格地讲，光速成为支配当下的原则。在时间-光的"照耀"下，我们将"突然忘却自己本土栖息地之时间深度的广度和质量"②。这是因为，我们正在处理的时间不再是人类时间，而是机器时间。在这个意义上，维利里奥又说，作为我们生存环境的速度，倾向于脱离我们的环境。这一现象在今天实际上已不再陌生。我们每个手机用户都明白，距离不再是交流的障碍，"世界触手可及"（中国电信的广告词）的实时通信重新定义了"世界"（空间）。这个空间不再是我们传统想象的、与远在天边的陌生人共同构成的地球，而是通过通信手段实时联系在一起、相互影响并定义每个人存在状态的当下，即由机器时间决定的当下。当然，这并不是说，自然时间和人类时间不存在了，而是说，在我们的时空体验中出现了新的占据主导地

---

① Paul Virilio. *Open Sky*. London：Verso，2008，p.135.

② Paul Virilio. *Open Sky*. London：Verso，2008，p.123.

位的原则,即由技术直接支撑的实时原则。所以,维利里奥说:"在今天,我们同时生活在故事、记忆、档案或文献之城的广阔时间以及新技术之密集时间中。"①当然,他的焦点是提醒我们,那个新出现的由实时通信建构的空间及其对当下生活产生的巨大挑战。

在本文中,我把"速度-空间"作为一种新的空间观点,这一概念集中描述了当代支配性空间原则或新的空间形式,并实质性影响了人类生存的三大属性:无地点性、远程在场(tele-presence)以及运动的偶然性(accident of transfer)。

第一,无地点性或地理的消蚀。在维利里奥看来,

光信号电报在 1794 年付诸实用之后,最遥远的战场也几乎可以立即对一个国家的内部生活激起反响,彻底地颠覆其社会、政治与经济等领域。远程行为的瞬时性已然形成。从那时开始,无数的亲历者都注意到,地点在不断地消失,地理空间随着速率的进步而缩小,一点点地,战略定位失去了其重要性,让位于各种运载工具及其呈现的无定位性,这既是大地上生发的景观,也是科技的景观,把我们带入一个人造的拓扑学的时空中,地球所有表面都变得彼此面面相对。②

维利里奥认为,在交通,特别是通信技术支撑下,随着全球信息网络的诞生,通过传统与巨型基础设施联系在一起的领土和城市空间以及与之一致的社会组织形式开始瓦解。新的"第三空间"出现了,它"不含任何空间的特性,却有不同凡响的即时传播的特性,从

① John Armitage(ed). *Virilio Live: Selected Interviews*. London:Sage,2001. p.71.
② [法]保罗·维利里奥:《战争与电影:知觉的后勤学》,孟晖译,南京:南京大学出版社,2011 年,第 122 页。

此,人们不再被物质的障碍和时间的阻隔分离。随着电脑终端和录像监测的接合,这里和那里的区分不再有任何意义"①。

交通技术发展导致的"时空压缩"已经成为一个普遍的观念,由此,马克思关于现代社会之"以时间消灭空间"的创造性破坏特征之见解也得到广泛传播。在这一语境中,或许我们并不会对维利里奥的观点感到新奇。不过,维利里奥并非只是在这一意义上言说的。在他看来,20世纪交通和通信工具的发展,已经消灭了时间差,就如"零时滞"这个概念所表明的,时间被压缩成没有绵延的实时时间,与之相应,地球也被压缩成一个没有广延的点,即一个不再具有三维的抽象点。他认为,这样被压缩的地球并非如麦克卢汉"地球村"的概念,代表变小了的空间;地球不再是空间,而是"速度-空间",即由光的绝对速度决定的存在之空间。也就是说,交通通信技术不断地改变着人类的存在状况、刷新着人们的时空观念,这种改变已经处在一个临界点上,彻底地磨灭了时间和空间。这便是其"速度乃时间之光"观点的含义。在这种视角中,"纯粹速度同时成为高度和长度,成为绝对权力的全部"②。维利里奥强调,我们正在目睹着当前的扩大,一个持续膨胀的当前的扩大,"这个当前只不过是远程在场的表面时间"③。在今天,中心与边缘,"更多的不是与表面和体积的'空间'相关,而是与'时间'相关,那是以实时为我们所知的不断膨胀的当下,它在今天的世界范围内支配着人类活动"④。也就是说,虽然我们仍然生活在物理空间中,但受纯粹的速度支配,生存本身已经变成了不

① Paul Virilio. *The Lost Dimension*. New York:Semiotext(e),1991,p.13.

② Paul Virilio. *Negative Horizon: An Essay in Dromoscopy*. London:Continuum,2007.p.104.

③ Paul Virilio. *Open Sky*. London:Verso,2008,p.133.

④ Paul Virilio. *Open Sky*. London:Verso,2008,p.135.

断膨胀的"当下"或"在场"。

就此来说，我们的空间观念已经与地点无涉，变成"非地"（non-place），即失去了具体地点的地点或空间。维利里奥从多个维度谈到这种非地。例如，他谈到，旅行本身已经被运输革命取消了。他说："从一个点向另一个点的物理位移曾经意味着出发、旅行和到达。20世纪的运输革命已经不动声色地消灭了延误，并因此改变了旅行的本质和到达的本质，尽管由于到达那里仍需要时间，目的地仍然维持着一种'有限的到达'。"①在他看来，运输革命并不意味异国情调的增加。在今天，旅游成为全球重要的产业，出门旅行的人越来越多。这似乎反驳了维利里奥的看法。不过，仔细一想，他的看法更加深刻和真实：通过前往梦想国度的旅行的速度打碎了人们熟悉的环境，这是让旅行消失，甚至是让人们不再知道自己是在旅行②。速度暴力在于灭绝，在其狂潮中，我们不能"到达"任何地点（即不可能在传统意义上的某个时间和地点实现自己的人生目标）。因为只有速度本身才是终点。我们不断地出发，不断地自我放逐，消逝于速度的虚空之中。

第二，实时通信带来的远程行动最终建构了远程在场，使存在本身成为远程存在。关于这一个特征，下文将通过远程城市这个具体的例子来解说。我们首先强调的是，维利里奥认为，今天的实时通信不仅改变了环境，而且改变了人类活动以及存在本身的意义。在维利里奥看来，20世纪末，

真实时间的中心在历史和政治重要性上接替了真实空间的重要性。互动远程交流的节点盖过了积极交流的中心，强度决定

---

① Paul Virilio. *Open Sky*. London：Verso，2008，p.15.
② ［法］保罗·维利里奥：《战争与电影：知觉的后勤学》，孟晖译，南京：南京大学出版社，2011年，第123页。

性地压倒了广度。①

也就是说，当远程互动——不只是手机通信，而且像我国中央电视台春节联欢晚会那样的异地互动大型演出、地面与航天员之间的互动，以及无人机代表的远程遥控等——逐渐在我们的生活中发挥越来越重要的作用时，

　　不管人们是否愿意，现在，对于我们每一个人，都存在着世界表象的分裂，世界的真实性也是如此。这是行动与互动之间，在场与远程在场之间，存在与远程存在之间的分裂。②

远程在场便是由实时通信技术支持的共享和共存模式，在其中，我们被迫优先考虑其他存在，这使我们通过远距离相会，而行动本身的此时性将逐步失去，最终存在本身便是一种远程存在。在某种意义上，维利里奥的这个观点可以解释为：实时通信技术直接呈现了传统以伦理理想呈现的人类的共在。特殊的、由技术在经验上呈现的这个共存不再具有伦理的意义，而只是一种抽象的、甚至威胁着每一个体生存的技术结构。在这一意义上，我们也可以说，维利里奥阐明了技术现实造成的传统乌托邦在实现过程中的歹托邦化，这也使他的理论分析具有科技灾难电影的特点。

　　第三，偶然性成为世界的首要特征。

　　在一般意义上，交通经验已经让我们充分认识到，高速度和流动性的增强必将带来不确定性、风险和意外。不过，维利里奥更偏好从哲学上来讨论"运动的偶然性"或者"运输的意外"。维

---

①　Paul Virilio. *Open Sky*. London：Verso，2008，p.135.

②　Paul Virilio. *Open Sky*. London：Verso，2008，p.44.

利里奥指出，伊壁鸠鲁"时间乃终结所有意识的意外"或者库萨的尼古拉"实体不可能脱离偶然性存在"等哲学名言早就指出了意外（accident）的意义，他试图进一步强调意外在今天的性质和意义。一方面，他强调，技术持续不断地制造意外之暴力①。通过"泰坦尼克号"这个著名的海难事件，他强调，航海技术必然制造海难。他认为今天频现的事故乃是各种技术的必然伴生物，比如药物的副作用。就此，他表明自己对速度政权的批判立场。在这一点上，他强调了国际军事威慑必然会制造平民威慑这个可悲对称物，即把人类投入到"大恐慌"之中，也就是说，使人们在一种神经质的姿态下竭力等待意外。另一方面，他把偶然性视为速度空间的本质。也即是说，尽管人类不断发展技术的目标是操控世界，但最终通过技术创造出来的世界还是超出了任何主体的操控。当然，这是一个老套的观点，早已成为批判理论的常识性共识。维利里奥的独特之处在于，他将之与"速度-空间"联系起来，强调这种偶然性在今天已经从物质空间转移到光之时间上了，认为实时通信过程中的"传输意外"将决定这个世界的表现。这正是我们今天所称"自媒体"时代的基本经验，即不论真假，在媒体上传输的偶然信息支配或决定性地影响着我们的行动。维利里奥提醒我们的正是这一点。

综上所述，维利里奥乃是从世界的相对性本身以及今天技术进步所导致的高速运动角度来谈论人的生存经验的。空间作为人之经验的基本组成部分之一，在今天光速的照耀下，被实时通信转变成时间之光。在他看来，传统的绵延和广延概念不足以描述世界的特点，而必须代之以极限速度，在这样的世界里，光成为人与人之间关系的区分手段，就如过去历法和钟表所代表的时间

---

① Pall Virilio, *The Aesthetics of Disappearance*. Semiotext(e), 1991, p.101.

和土地所代表的空间。这正是由速度造成的人类历史断裂的临界时刻。

二、远程在场和远程元城市：从真实空间城市化到实时城市化

在某种意义上，由于维利里奥诗学性质的讨论风格，他关于速度-空间的见解往往让人误以为是具有科幻性质的天方夜谭。然而，实际并非如此。可以说，对我们这个世界正在发生的临界变化，他给出了最深刻的解读之一。就速度-空间这个话题来说，我们可以进一步通过当代城市化的变迁来说明其现实性。

以纽约、墨西哥城、上海等为代表的人口超千万的巨型城市，早已引起人们的高度重视。如何理解它们？这也是维利里奥的问题。在维利里奥看来，它们不是一般意义上的集中，而是超级集中（hyperconcentration），它们乃是变迁速度加快的结果。所以，必须从加速角度，即物理学的矢量角度出发，才能说清其故事。那么，从这个视角出发，他得出了何种结论呢？这便是由交通和通信技术推动的，从真实空间城市化到实时城市化的转型、由远程在场推动的远程元城市（teletopical metacity）结构的形成。"真实空间城市化"就是我们在经验上直接观察到的，以人口在城市的集中和基础设施大规模建立为显著特征的现代空间重组，也就是我们今天所说的城市化。维利里奥使用这种佶屈聱牙的表达方式，乃是一种修辞，以对应他强调的"真实时间城市化"（实时城市化）。后一术语指的城市化不再像现在这样，通过大规模的空间变迁现象表现出来，而是在交通通信技术的支持下受到实时支配，并以抽象的结构变革方式进行，不同地点的人、物和事件同时在场，形成一个从远程支配着全球不同地点的单一网络结构。

在维利里奥看来，交通和通信工具的革命，造成了人类历史

的飞跃。他说：

> 19世纪大众运输的革命，20世纪传播的革命，这一场转变和转换同时影响了公共与家庭的空间，以至于我们对它们的真实性半信半疑。因为，随着传统电视技术达到远程行动技术（teleaction technologies）这个制高点，初步的实时城市化（urbanization of real time）就替代了真实空间的城市化。
>
> 从真实空间的基础设施（港口、车站、空港）的建造，到借助互动远程技术学（如心灵传输）对实时环境的控制，这一技术的跃进，在今天创造了新的临界维度。
>
> 事实上，即时远距离行动的真实瞬间，再一次向我们提出了与非地（atopia）和乌托邦（utopia）这两个传统观念相关的传统哲学与政治问题，并涉及那被称之为远地（teletopia）的东西……①

这个"远地"，正是维利里奥的关注所在。维利里奥认为，在20世纪之末，"这个星球的广大区域不再剩下什么了，它不仅被普遍互动的远程技术所污染，而且被它压缩和还原到零"②。也就是说，我们的地球概念不再是早先的地球概念，而变成了在我们之外的"远地"。他的"远地"概念实际上支配着现实却没有具象的空间体验，就如今天的"全球""因特网世界""信息社会"等概念。这种地点乃是一种远程客观性（teleobjectivity）。借助克利的名言——"定义孤立的当前就是杀死它"，他强调：

> 这就是实时技术正在做的事：它们正在通过将其从此时此地

---

① Paul Virilio. *Open Sky*. London：Verso，2008，pp.9—10.
② Paul Virilio. *Open Sky*. London：Verso，2008，p.21.

中孤立出来而杀死"当前",代之以不再"具体在场"的别处,然而,这是一个我们完全不熟悉的"谨慎的远程在场"之别处。①

这个"别处"的形成,正是远程互动技术所造成的此处与彼处的同时远程在场。在维利里奥看来,这不过是真实的空间-时间,因为不同的事件实际上是同时发生的。也就是说,远程行动描述的只是同时发生的不同事件之间的相互影响,即不同的事件在同时远程在场。

城市是领土现象,即领土集中的现象。在维利里奥看来,远程行动并没有消灭城市,但它改变着领土的意义,使得人们面对面的行动不再必要。真实时间的城市化首先就是接入各种各样界面(键盘、屏幕、数据手套、数据服)和假肢的人类身体的城市化。他特别提出通过微技术向人体内部进军之倾向的影响,他将这种技术称为运输革命、传输革命之后的移植革命,他说:

事实上,在场的、或更确切地说"远距离在场"的人,不再居住在任何机器装备的能量之中,是能量居住在他身上,并即时地操纵着他,不论他是不是情愿,这与始终造就着社会历史的尽可能少活动的原则是根本相反的。另外,这场即将到来的移植革命的计划是清楚的:它要使世界微型化,但首先的问题是简化和微型化这个世界的组成部分,和从工业发展以来即含有的技术客体。②

在维利里奥看来,移植(将工具内化到我们的机体内)最终会取消物理空间的必要性。所以,他设想了一种远程元城市。他说,

---

① Paul Virilio. *Open Sky*. London:Verso,2008, pp.10—11.

② Paul Virilio. *Open Sky*. London:Verso,2008, p.54.[法]保罗·维利里奥:《解放的速度》,陆元昶译,南京:江苏人民出版社,2004 年,第 69 页。

远程元城市的居民，这个丧失了过去曾经装备过城市街区的外在假肢的、自己生存环境中的远程行动者，无须移动肢体便可控制其环境，已不再能够清楚地区分此处和彼处、私人和公共。他们领土的不安全性从世界的空间扩大到身体的空间。这种事情一旦发生，不动的生活就成为决定性的、绝对的需要，因为传统在真实城镇空间里分配的各种功能，现在则被人体连线实时独占了。①

这种远程元城市的理想类型，可以借《未来警察》这样的科幻电影来解释：我们通过一个机器外壳行动，自己则像寄生虫一样躲在某个秘密角落指挥着它。虽然今天的我们仍然没有达到这种理想类型，但是那些沉浸于在线世界的网上冲浪者在逻辑上何尝不是如此呢？当然，在维利里奥看来，这样的未来肯定是一种"生物学"的事物与"技术学"的事物融合的悲剧。这是因为，"远的"事物的接近相应地使"近的"事物、朋友、亲人、邻居远离，使所有在近处的人、家庭、同事或邻居成为陌生人，甚至是敌人②。虽然互联网消除了实体距离，让我们享受天涯若比邻的感觉，但同时"近在咫尺，但触不可及"的痛苦却更大地折磨着我们，如同《未来警察》中的那对主人公夫妇。

无论如何，通过远程元城市概念，维利里奥试图描述出高技术进步趋势中的未来城市图景：这将形成一个凌驾于所有真实城市之上的虚拟城市，它不在任何地方，却真实存在并直接发挥着作用，支配着人们的当下经验。实际上，从逻辑结构的角度说，今天的城市世界已经呈现这种端倪，尽管在技术细节上远未达及维利里奥描述的水平。全球大中小城市不都卷入了"全球城市"这

---

① Paul Virilio. *Open Sky*. London：Verso, 2008, p.56.

② Paul Virilio. *Open Sky*. London：Verso, 2008, p.20.［法］保罗·维利里奥：《解放的速度》，陆元昶译，南京：江苏人民出版社，2004年，第27页。

个观念下"好城市"的相互模仿和梯度竞争中了吗？虽然现实运行中，仍然存在着华尔街等金融中心、存在着微软或苹果这样的企业、存在着哈佛这样的大学，但它们在全球的实时作用已经表明，它们本身在哪已经不再重要了，即它们已经不再代表着作为中心的地表上的某个具体地点，而只是全球城市世界中有影响力的节点罢了。所以，维利里奥说：

> 在即将到来的世纪里，我们所担心的大都市化（metropolization），与其说是人口在这个或那个"城市网络"集中，不如讲是城市-世界、终结了所有城市的城市、虚拟城市的超级集中，每个真实城市最终将只是它的一个郊区、一种无所不在的城市（omnipolitan）的边缘地带，其中心不在任何地方，而其边界则无处不在。①

那个无所不在的城市，乃是虚拟城市，即由快速交通和通信工具建构出来的理想城市，由于距离消失，所以无处不在，因为它不是真实的城市，它又是没有定位的，所以，这也是一个无定位之所。在这里，维利里奥指认的是真实与虚拟的二元结构。在未来，目前的城市/乡村二元结构将在全面城市化的世界里转换成虚拟/真实二元结构。

这种结构也将彻底地改变既有经济、政治和文化结构。例如，所有现实的城市都将成为远程元城市的边疆。再如，未来世界的分裂将不再围绕现在的财富和权力形式进行，而是围绕速度进行，以绝对速度和相对速度分别形成两个集团：一类人在真实时间的统治下体验着他们在世界城市的虚拟共同体内部的经济

---

① Paul Virilio. *Open Sky*. London：Verso，2008，p.74.

活动的本质，而另一类人，比以往任何时候都贫困，在一些地方城市的真实空间里艰难生存，作为这个行星的巨大郊区，这个真实空间本应当在明天集合起来，成为那些不再拥有一个职业、不再拥有住处的人的共同体，而这个共同体，则是非常真实的①。或者，换一种方式，明日社会将会分裂为两个对立阵营：一类人在有钱人的虚拟社群中以全球城市的实时节奏生活着，而另一类人则在地方城市的真实空间的边缘里勉强生存，他们比今天生活在第三世界的郊区废地的那些人还要被世人遗弃②。虽然听起来像是异想天开，但这些描述却精心概括了正在发生的诸多现象，例如，提着皮包在全球流动而无固定住所的资本精英与被固定在某些地方的穷人之间的对立，这已经成为全球化研究所关注的重要事实。

或许，我们觉得维利里奥的分析比较抽象，也很玄妙。不过，如果对照诸如哈特等人的"帝国"概念、鲍曼的"流动现代性"概念，我们也可以说，他从不同的维度表达了今天许多理论分析共同面对的问题，即全球联系越来越紧密、流行性越来越大、个体越来越被作为原子而卷入全球过程。不同的是，维利里奥并不刻意强调大家集中关注的资本霸权，而是以速度作为中轴，把技术和权力（无论军事的还是政治的）联系起来，提示了这个世界的结构原则和暴力性质。其关于城市化的新颖看法，从空间角度为我们理解这个问题提供了一种重要的启示。

三、简要的结论

与鲍德里亚一样，维利里奥也是对当代社会历史的极端形象

---

① ［法］保罗·维利里奥：《解放的速度》，陆元昶译，南京：江苏人民出版社，2004年，第91页。
② ［法］保罗·维利里奥：《解放的速度》，陆元昶译，南京：江苏人民出版社，2004年，第95页。

进行批评的思想家，他们的批评具有异常的深刻性，他们的话语也都存在晦涩和难懂之处，以及需要进一步争论的地方，但他们的逻辑都十分清晰。就维利里奥来说，他的基本背景生于早期的战争经历，他对灾难深入关切，他的关切从技术武装下历史变迁加速的这个事实出发，并试图从逻辑和历史的角度揭示当代暴力的性质和未来前景。他关切人类的整体生活，空间只是其中一个维度。在本文中，我们试图通过他新颖的空间观，来呈现其思考特色及其意义。

泛泛而言，维利里奥通过速度视角揭示了新技术的社会前景。在他看来，最终将形成一个独立于人的速度帝国：

一个过去曾经是全景式的世界，面向无限大的世界，由于现实的加速，突然变成了互动性的超级中心，削弱着一种普遍的外在性。这种外在性已经提供了定位的缺失，提供了任何真正（伦理和政治的）状况的丧失，其中地球物理学广度中可居住的薄片遭到拘禁，完全被监禁于瞬间性及其全视角普在性的"世界时间"的中心。①

我们当然可以沿着法兰克福学派的思路，将其称为工具带来物化的现象。然而，我们不能忽视维利里奥的深度，他指认这种物化是朝向感性世界的虚无化方向发展的，并且更重要的是，虽然世界虚拟化了，但它却比以前更加坚硬，人类似乎越来越失去了对它的掌控。在这里，我们将发现，与多数沿着列斐伏尔"空间生产"的思路，试图进一步通过空间之多元、异质和流动性质来打开新的政治空间的乐观做法相比，尽管维利里奥的态度可能是悲观

---

① ［法］保罗·维利里奥：《无边的艺术》，张新木等译，南京：南京大学出版社，2014年，第70页。

的，但他确实指认了通过空间生产来创造新的生产和生活方式这一当代左翼激进主义路线的缺失：它没有充分认识到，经过几次速度技术的革命，现代性本身已成为一种加速结构，并且在光的绝对速度之极限的照耀下，世界成为"速度帝国"，形成了一种由实时支配的"全球极权主义"（globalitarianism）或者说是"超极权主义"（transcend totalitarianism），即"一种极权主义的极权主义"①。当然，我们可以说，在维利里奥的分析中，生产关系视角缺失了，技术的社会历史性质被忽略了。不过，应当为之辩护的是，现代性以及资本主义在其讨论中，也有技术作用的背景存在，而他的目标不是陈述方方面面的真理，而是提出尖锐的批判，这种批判切中的是这个问题：既往历史经验证明，至少到目前为止，通过生产方式变革对技术功能进行社会控制乃是一种伦理要求，在技术加速的作用下，正如我们普遍感受到的那样，文明面临着越来越严重的危机。所以，他强调，"事实上，不存在'工业革命'，而只有一种'速度政权的革命'；没有民主，只有速度政权；没有战略，只有速度学"②。通过这种强调，他再度尖锐地提出这个问题：在今天，离开对文明之技术根基以及由其决定的速度结构的关注，我们是否能够恰当地谈论人类文明的未来？

---

①   John Armitage. *Virilio Live: Selected Interviews*. London：Sage，2001. p.29.
②   Paul Virilio. *Speed and Politics*. Los Angeles：Semiotext(e)，2006.p.69.

罗萨专题

罗萨访谈：共鸣是一种遭遇世界的方式①

哈特穆特·罗萨　　比约恩·西尔玛/文

陈远方/译

引　言

　　直至今日，在斯堪的纳维亚半岛的社会学家中，哈特穆特·罗萨的作品和他的博士生导师阿克塞尔·霍耐特（Axel Honneth）一样受欢迎。罗萨的作品不仅在社会病理学领域值得阅读，同时也在更广泛的社会社群中赢得了与日俱增的声誉。他的作品结合了复杂的加速社会学和短暂的当下文化，是批评传统中严肃的当代人物。罗萨充满野心的 800 页新作《共鸣》（*Reso-*

---

①　原文标题为 Acceleration and Resonance：An Interview with Hartmut Rosa。原文链接参见：https://journals.sagepub.com/pb-assets/cmscontent/ASJ/Acceleration_and_Resonance.pdf。

　＊　哈特穆特·罗萨（Hartmut Rosa）是耶拿弗里德里希-席勒大学（Friedrich-Schiller Universität）的社会学教授，同时也是纽约新社会研究学院（New School for Social Research）的兼职教授。此外，他是埃尔福特大学（Erfurt University）马克斯·韦伯社会高级文化与社会研究中心（Max Weber Centre for Advanced Cultural and Social Studies）主任。他的著作被翻译为不同的语言，包括丹麦语和瑞典语。最近，罗萨在德国苏尔坎普出版社（Suhrkamp Verlag）出版了其主要著作之一——《共鸣》（*Resonanz*）。这一著作正在被译为英语（Polity 出版社）和法语（La Découverte 出版社）。

　　比约恩·西尔玛（Bjørn Schiermer）是马克斯·韦伯社会高级文化与社会研究中心的研究员，致力于社会学理论和文化社会学领域的研究。

nanz，2016)无疑将进一步确保这一位置。它以一种完全新的理论基础，致力于完全的批判理论；这一基础聚焦于"共鸣"和"世界关系"（world relation）。

这次访谈从他早期著作中的病理学和加速谈到他新近著作中的共鸣，共鸣触及他新作中的核心概念，即批判传统和广泛的当代理论的关系。

西尔玛：于广大观众而言，在斯堪的纳维亚人的文本中（可能在德国也一样），你的作品最早以加速而闻名。我知道，尤其在北欧的国家中，所谓的社会病理学研究以前深受阿克塞尔·霍耐特的影响，现在则更多地受到你的作品的影响。那么，我们就以这一领域来开始我们的访谈。

阿克塞尔·霍耐特是你的博士生导师。在某些领域中，你早期的作品和霍耐特的作品很相近，或者说，你的作品也位于这一批评的谱系之中。病理学概念对于你俩而言都很重要。那么，你是如何受到霍耐特的启发的？你如何超越了他？你能告诉我们一些不同于霍耐特的当代社会学观点吗？你如何使用病理学的概念，却不同于霍耐特？你还能说一些加速概念所扮演的角色吗？

罗萨：是的，显而易见，霍耐特对我有很强大的影响，并且，在许多方面，他对我也有启发作用。因为我想要写关于加拿大哲学家查尔斯·泰勒（Charles Taylor）的博士论文，作为一个年轻的博士生，我来到了霍耐特这里。他是把泰勒介绍到德语中的大家之一。所以，通过霍耐特，我首先进入了批判理论传统之中。霍耐特的社会承认理论（theory of social recognition）给了我深刻的印象。最近，我对共鸣理论的引介可以被视为对承认理论的反应。也许,我在此后可以拓宽承认理论,但是,共鸣在某种意义上,是承认概念的修正和延伸。所以,我对社会病理学的兴趣很大程度上受惠于霍耐特。另外,在这里,我也同意霍耐特的观点,我在寻求"整体"的社会理论和"一元论"的道德哲学。对我和他而言,社会不仅是成千上万独立进程和机构的总和,更是某种社会形成意义上的总体(a totality),其中的部分彼此内在关联,并且,我们都在寻找一个标准的原则或理念,它们关于追求整体之中的优质人生。当然,把泰勒、霍耐特和我连在一起的,是某种黑格尔式的遗产。

然而,这里还是有大量显著的不同。相比于霍耐特,我更加怀疑现代性社会的形成。于我而言,病理学在现代社会的社会构造之中被建构;对霍耐特而言,现代性可以、也应该在病理学中被保留下来。这里,我想说,我本人更靠近批判理论的旧有传统,比如阿多诺或马尔库塞。在我的方法中,对于时间和暂时性的结构分析,恰恰是理解病理学的核心路径:如果社会的、机构的和物质的结构以某种速度进行着改变,对于深入的分析、理解和规划来说,这种速度非常迅速。因而,我们不得不分析加速度(speeding-up)自身的本质。之后,我们发现了去同时性(desynchronisation)和异化(alienation)的病理学。对于现代社会的构造而言,它们是本质性的。最后,我和霍耐特之间同样存在着本质区别。相比于他,我对社会和伦理的竞争后果更持怀疑态度。

西尔玛:你提到了加拿大哲学家查尔斯·泰勒。也许,我们应该稍稍谈谈你和他之间的联系。你的博士论文写的就是泰勒,之后,你还出版了研究他的哲学的专题著作①。他也频频在你的

---

① Rosa H (1998), *Identität und Kulturelle Praxis: Politische Philosophie nach Charles Taylor*. Frankfurt am Main and New York: Campus Verlag.

近著中出现。所以,在我印象中,泰勒对你很重要。在很多人眼中,他不是一个"批评"的哲学家,而是一个所谓的"共产主义社会学家"。泰勒的作品怎样融入到批判社会学的框架中?他如何融入了你的作品?

罗萨:好的,一开始我就需要澄清:我从未想要成为一个"真正"坚持一个学科或所谓的"思想学派"的学者。事实上,我从不在乎我感兴趣的主题(比如社会加速、共鸣或异化)是社会学、心理学、政治学还是哲学的。我以为,批判理论的力量首先在于,它尝试克服分析领域存有的这种学科边界。同样的情况也适用我与各个思想学派之间的关系:我并不介意一个概念、理念或研究问题是否起源于批判理论、后结构主义传统、共产主义社会的思考者,再或是后殖民主义作者。

尽管如此,我将通过叙述泰勒来回答你的问题。泰勒和法兰克福学派的关系比较松散。在他与哈贝马斯和其他人的辩论中可以看到,他在很大程度上深受黑格尔和马克思的影响(毕竟,他以一个共产主义改革者的身份开始他的工作),并且,他从霍耐特那里获得了对于承认(和多元文化主义)政治的概念,就像霍耐特从泰勒那里接受了黑格尔及积极自由的思想。再者,像哈贝马斯、霍耐特、还有福柯一样,泰勒试图把社会分析与政治哲学和他对主体形成的兴趣连接到一起。于我而言,他的力量在于他的坚持,即为了理解这个社会形成的驱动力和文化基础,我们必须理解一个好的(有时是矛盾的)"强评价"或道德地图的社会形成的内在观念,在严格意义上,许多批判理论之中,文化学者的视角是缺失的,尤其是新的文化学视角。当然,除此之外,主要得益于梅洛-庞蒂,泰勒处理社会生活的现象学方法给了我诸多启发。

西尔玛：谢谢。最近，你在德国出版了一本 800 页的专著，题为《共鸣》①，在书中，你围绕"共鸣"和"世界关系"，发展了一个令人印象深刻的理论框架。但是，你同样也复兴了异化概念。或许，我们应该以积极的概念开始。请你讲讲共鸣概念、世界关系概念和它们间的联系吧？

罗萨：要从 800 页的文字中提取"一些"并不容易！通过我们刚才讨论的承认观念，我们可以试着开启话题。就像霍耐特或泰勒那样，我热衷于理解是什么真正激发了人们，是什么让他们过得更好。从我作品中的社会加速出发，我获得了一个新的现代性的定义：所以，在我看来，如果社会的稳定模式是动态的，也就是说，为了再生社会结构和维持它的现状（status quo），就必须通过进步性的成长、加速和创新。这个社会就是现代的。在经济增长的方面，这一点尤为明显，它不可避免地与加速和创新相关联。现在，在个体层面上，保持增长、加速和创新的引擎持续发动着能量。当然，很大程度上，我们被恐惧驱动：我们担心在社会竞争中失败，担心被排挤在外。然而，这里必定有些积极、迷人的能量。亚当·斯密斯假设，这种能量是对社会承认的渴望。霍耐特把它变成了一个完整的理论：这种对关爱、尊敬、尊重的渴望驱动着我们。

我觉得，这一个宽泛的意义上，它是正确的，但它还不足以解释现代性。在我看来，现代性是被我称之为"三个 A 的手段"所驱动的：我们暗中相信，如果世界更可获得（available）、更可达到（attainable）和更可接近（accessible），我们就会拥有更好的人生。科技的诱惑就是一例：借助于自行车（我自小就学会骑自行车），我扩展了我对世界的视野，到达村庄或者小镇。另外，当

① Rosa H（2016），*Resonanz*. Frankfurt am Main：Suhrkamp Verlag.

我到了 18 岁,并获得了一辆汽车之后,我视野的可获得性和可接近性再一次得到了增强:我们去往离住所几百公里之外的大城市,去那里的迪斯科厅和电影院,飞机也让不同的大陆彼此触及。

智能手机也带来了同样的情况:借助于它,我的口袋中就可以装下我所需要的来自世界各地的朋友和信息。金钱也是具有诱惑力的:金钱是具有魔力的魔杖,借助于它,世界变得可获得、可接近和可达到。事实上,我们的财富体现出我们可获得、可接近和可达到的视野和范围。

然而,这一延伸或扩展我们视野的进程,这种不断加速和增长的过程,开始展现出其丑陋的一面。因此,在集体层面上讲,我们似乎毁坏了我们想要获得的这个世界:摧毁自然环境与我们的梦想相反。反过来说,自然成了我们的一个威胁。在个人层面上,世界变得沉默、聋哑和寂静。当我们回顾文化之历史时,某种巨大的现代性恐惧始终存在,我们害怕自己所栖息的世界不知何故地因我们而亡;就如加缪所意识到的,它从一开始便显得幻灭、冰冷、冷漠,或许还是敌对的;我们深深地被它异化。我们对世界的把握越来越大,但自然、生命和世界正缓缓改变着自己的特性。自我和世界都变得苍白、冰冷和冷漠。这是一种"燃烧殆尽"的状态。因此,我的问题便是:什么是燃烧殆尽的反面?通过何种方式,我们才能重新与世界关联、存在于世?

我的回答便是共鸣概念。代替动态稳定的另一种模式就是共鸣。共鸣是一种遭遇世界的方式,即遭遇人类、事物、物质、历史、自然和生命等。它有四种至关重要的品质。其一,施以影响（af←fection）:我们真正被我们所遭遇到的某人或某事感动（在这本书中,罗萨借用箭头来表达影响的方向）。情感拥有情绪的元素,同时也是认知的和身体的。其二,情绪动能(e→motion):我们感觉自己回应了这个"召唤",我们用身体和大脑回应它,并伸展、触及到另一边,一言以蔽之,我们在此遭遇之中,体验到自我效能(self-efficacy)。其三,在被某事触碰和影响的过程中,我们回应它,我们在此同时被转变,或者说在共同生产的意义上转变自己。每当某人(因为一个人、一本书、一种理念、一段旋律、一番风景等)拥有一种共鸣的体验之时,他或她将成长为一个不同的人,而另一面也同样经历着转变。然而,共鸣的第四种元素是,共鸣总是飘忽不定的。无论我们多么努力,我们都不能确保我们将会与某人某事一起进入共鸣模式:你可能会为最喜欢的音乐购买最昂贵的门票,却对表演无动于衷。这种飘忽不定同样意味着,你不可能预测或控制一场共鸣经验所导致的结果,即转换的过程将会引起的后果。

无论如何,我认为,共鸣进程对于人类而言至关重要。并且,对于社会学家们理解人类行为的尝试来说,共鸣必不可少。举例来说,当你阅读一本书籍、聆听弹奏音乐、帮助一个朋友,或漫步于森林时,你并不是孤独的,甚至不是主导者。在共鸣的意义上,你正在尝试触碰世界。

西尔玛:让我们暂时停留在共鸣的概念之中。我认为你在书中辨析了共鸣的两个不同层面或阶段,我是不是错了?第一层面有些本体论性质。它的灵感来自四面八方,从彼得·斯洛特戴克(Peter Sloterdijk)对于母亲和孩子之间的共生关系的神经元研究,再到梅洛-庞蒂和身体现象学。在这一阶段,共鸣即生存于世的本质牵连(entanglement)。在这层意义上,作为自我同一和被分别的主体而言,我们与他者、他人的身体和周遭的物体更为接近。

另一阶段是规范性阶段。定义一段好的人生，我是否能够进入与这个世界的关系是十分重要的。这种关系并不是工具化的，但它允许这个世界（或是一个人、一种物体、我所参与的活动）来感动我，让我随之振动。如果我正确地做了这些区分的话，你能谈谈这两个阶段吗？

罗萨：你的观察是绝对正确的。顺便一提，共鸣的双重性是我与霍耐特的另一层联系。正如他所声称的那样，我们在本体上需要被承认，以便成为主体，我则声称共鸣就是这一过程，我们在其中被构建为主体，它也建构了我们遭遇和经历的世界。正如他所说，我们寻求承认，也需要承认，以拥有更好的人生体验。我坚信，我们寻求并需要共鸣、连接的经验，是为了拥有更好的人生。我辨析了三种维度。三种维度的第一种（我在书中称之为轴）是共鸣的横向轴，它在爱、友谊与民主政治的模式下连接彼此。第二种是共鸣的对角线（或物质）轴，它在工作、运动、教育或消费的模式下，连接我们与物质、对象或人工制品（artefacts）。最后，共鸣的第三个是纵向轴，使我们与世界、自然、人生或作为整体的最终现实相连。在当代，共鸣的纵向轴通过宗教、自然、艺术或历史的实践和概念而建立。

通过这些不同的轴，我想把共鸣牢牢建构为生命质量的规范尺度。我坚信，这一观念是可以执行的，因为正如你所提到的那样，在某种程度上，所有的人类都是"共鸣人类"；我们不需要学习共鸣，虽然我们可能已经丢失了学习或进入共鸣关系的能力。但是，在"更高"的阶段，在共鸣的具体之轴上，正如我刚刚所描述的，它形成于社会和历史的文本中，因此，我们是否能够靠近共鸣之轴，我们是以共鸣模式（或常态）还是以"寂静"、工具化的模式靠近世界，都取决于我们所生存的社会文本。举例而言，资本主义社会迫使我们进入竞争、优化和速度的模式，它造成了永久的时间压迫和压力，强迫一种非共鸣、工具化、物化的靠近世界的模式。

西尔玛：这将我们引向异化的概念。在标准意义上，共鸣经验是我们渴望和想要获得的东西，在生活中，我们都体验过基本的共鸣，这便是异化的前提。这该作何理解？

罗萨：事实上，共鸣和异化的关系，是一对复杂的组合。起初，我把两者看成相反的概念。我尝试将共鸣视为异化的另一种形式，或者换个角度，我把异化看作共鸣的失落。但是，我意识到这种关系过于简单：只有那些是并保持为完全不同的事物，才能用它们自己的声音向我们说话。共鸣不是一致，它需要事物那种超越我的把握、捉摸不定的积极的存在，在此意义上，它仍旧是相异的。尝试把世界变成一个共鸣场，不仅会导致集权主义政治，事实上还将会摧毁聆听他者声音的可能性（到最后，我们只能听见自己的声音）。青春期非常漂亮地阐明了异化和共鸣之间的辩证关系：在青春期，年轻人远离几乎一切曾经与他或她产生共鸣的事物（或父母、兄弟姐妹、老师，甚至是自己的身体）。但是，对于年轻人来说，在发展个体的声音并找到"真正"的共鸣之轴之前，这一异化是必不可少的。如果青春期是一个异化的阶段，它就处于与共鸣真正的辩证关系之中。

西尔玛：在你的作品中，异化概念的复兴十分有趣。在早期批判理论及马克思主义理论中，该概念有着显著的地位。然而，它如今不再流行，尤其是因为其本质主义色彩。你为何要复兴它呢？

罗萨：自从我写了关于查尔斯·泰勒的专著，并研究了社会加速之后，我认为将正义概念，尤其是分配公平作为批判理论的规范性概念是完全不足够的。

事实上，与此相反，和马克思一样，我深信现代资本主义社会有两个糟糕的缺陷。一个是生产手段、产品和利润的分配相当不公平，即剥削的本质性问题。另一个是即使是对于"胜利者"和攫取利益的阶级来说，其人生也并不如意：它建立在一个错误的存在模式之上，它在世之中、关联于世的模式也是错误的。像本雅明、阿多诺、马尔库塞或者弗洛姆这样的作者，对此作出了非常犀利的诊断。你可以把它叫作资本主义社会的"艺术性批评"，但是我觉得这个术语非常误人视听。异化并不是因奢侈而产生的问题，它不会因我们结束了所有的经济不公而消失，与此相反：错误的模式对剥削和不公负有责任。因此，在我看来，我们首先需要克服异化，为此来改进存在于我们的世界中的荒谬的分配漏洞。

在较老的批判理论中，这是一个相当普遍的思想。然而，异化概念渐渐被丢弃和遗忘，因为我们不再记得起人生的非异化模式：因为本质主义和家长式的概念已然失效，关于异化的他者（alienation's other），即共鸣，我们并没有确切的定义。在我之前的书中，我认为真实性和自主性可以一起构成异化的他者，现在，我却认为共鸣是一个更好的概念：共鸣必不可少地包含了不同和变换，它弥合了同一和不同的间隙，而且没有定型化的暗示。

西尔玛：好的。请允许我提最后一个有关于共鸣概念的问题。的确，该概念的灵感来自早期的批判理论，但我从一些马克斯·韦伯学院的讨论中看出，你对社会学和科学社会学的新近发展也很感兴趣。我的意思是，放弃掌控和征服的想法并不由"我"和单一的主体决定，但它同样在一定程度上，让客体"对我起作用"，以它自己的方式。它与阿多诺的摹仿理念有所联系，它也与布鲁诺·拉图尔作为"赶超"的行动理念有关；我们总是惊诧于自己的行动，我们应该把人工制品和客体视为"介质"，而非"间性介质"。能请你讲讲有关这些灵感的故事吗？

罗萨：在这两点上，你都绝对正确。沿着阿多诺和拉图尔的脉络，我们意识到"自主权"既不是一个主概念，也不是异化的对立面。共鸣的经验（即阿多诺意义上"真正的经验"）总是包含着一个被淹没、丧失控制的时刻，它在无准备的情状下被触碰，并被另一方转变。共鸣意味着变得容易受伤害和失去控制。所以，共鸣并非自我的决心：它不是自动的，因为自我在进程中变换，它也不是法则（nomos），因为它不要求某人需要"遵循规则或原则"，一个人会自动选择这样做。在布鲁诺·拉图尔的观念里，共鸣是发生在间性空间和"行为者"之间的事物；在凯伦·巴拉德（Karen Barad）的观念里，它也被称为"内在—行为"。

然而，从另一方面看，假如我们把自主理解为解放（emancipation），它就是共鸣概念中一个重要的元素。这就意味着主体必须能够辨别和发展自己的声音。比如说，如果女人不被允许投票或工作，如果男同性恋者或女同性恋者不被允许发展他（她）们的性欲，这就是共鸣的社会批判需要解决的问题。

西尔玛：在结束之前，让我们简单地回归斯堪的纳维亚语境。很多北欧读者熟悉你早期的作品，他们很想知道你的这本最新巨著和你关于时间和加速的早期著作间的关系。所以，对于共鸣的新的关注在何种程度上体现为一种断裂的、一种新的兴趣，或你的理论的再定位（reorientation）？它是否远离了你基于时间—诊断（在字面意思上也是如此）的早期作品？我感觉，你想要强调连续性？

罗萨：是的，我想说，共鸣"有机"地生长在我的加速研究之上,在加速研究之后,公众和媒体不断声称罗萨是个"慢速的支持者"。我被视为减速的宗师、教皇和先知。但是,如果你仔细看我的书,你会发现,减速只是我研究的一小部分。这里有两个,事实上是三个理由。首先,放慢事物的速度当然是不足够的。另外,只是放慢事物的速度,而放任其他事物如其所是,是几乎不可能的。(这是政治家的梦想:让我们拥有持久的增长、竞争和更多的创新,但是,让我们引介一种"时间的政治",让人们在日常生活中拥有更多时间,这是不可能的。)社会再生产占支配地位的制度,要求我们一年比一年跑得快才能维持原有的发展。其次,就算这是可能的,慢速也不是最终的解药。如果点火的引擎只是慢了下来,就没有任何意义。慢速的因特网链接只是一种麻烦,慢速的过山车也一点都不让人激动。因此,当人们梦想慢速状态时,他们事实上意指一种不同的存世与相关于世的模式。他们真正想要的是与人们、事物和地点共鸣的机会。他们并不想要减速。只有当速度导致异化之时,它才是"坏的",即导致我们真正丧失"占用"这个世界的能力。当我说出"占用"一词之时,我有些不适。如果可以,我想用德语的"吸收"(anverwandeln),而非侵占(aneigenen)。吸收包含着自我的变化,而侵占仅仅是工具化的。其三,我意识到,我们需要完全超越"坏的快速"与"好的慢速"之间简单的二分法。我把问题重新表达为由动态稳定模式所引发的异化,并且开始积极地讨论我们所追逐的事物,我们批评加速并非追求慢速,而是追求共鸣。因此,我所需要的就是共鸣理论(我希望自己已经将它传达了出来)。

西尔玛:人们一定会赞同你。如果有时间的话,我想问最后一个问题。你觉得,什么是将来社会学批评或批判理论的方向?

罗萨:我真的认为,当下的社会批评理论处于一个非常模棱两可的位置。一方面，显而易见，我们对完全分析现代社会具有强烈的社会需求，即融合政治、心理、哲学和社会学的视野，强有力地批评我们的社会为何走上了错误的道路。你能够从大学里、马路上甚至高中学生的不安和渴望中看到它：他们对马克思、阿多诺以及类似的学者们感兴趣，他们在找寻启示。

但是我相信，我们专业的、学术的批判理论视角有两大缺陷。第一，作者们根本不书写社会行为的日常化经验。太多的讨论是纯粹的元理论。在成千上万的文本中，你找到"批评"的"可能性"、"固有的"与"超越的"利弊，或"本土"与"普遍"的对峙。这些争论从未得出令人信服的结论。它们变得日益贫瘠，最后，变得毫无关联。它并不会日益变好，在讨论资本的自我确认（self-validation）这类古老、抽象的话题时，社会学理论也是如此。我相信，我们真正需要的是脱胎于此时此刻的社会生活和社会形式的具体化理论；并紧密联系于我们实际的经验。

另一个问题是：很多批判理论的拥护者坚信批评必须是纯粹否定的：如果它完全拒绝现实的给定，那么它就是最有价值的。我认为这是错误的。对社会的当下状态持批评、愤世嫉俗、令人绝望的想法十分简单。一种至关重要的批判理论需要做的事比这更多。从马克思到本雅明，从阿多诺到霍克海默，从弗洛姆到马尔库塞，批判的理论家们已经确信，一种不同的存在模式在社会上是可行的。他们最大的恐惧莫过于我们丧失了对不同的生命形式和更好的世界的真正可能性的渴望，即变成单向度的男人和女人。但是，为了对真实和基础的变化保持鲜活的感知，我们至少必须尝试说清楚，这个更好的世界可能的样子。尽管他们极具批评性，但在这些刚刚被提到的早期批判理论的大家的作品中，我们找到了一些暗示：本雅明的光晕（aura）、阿多诺的模拟

（mimesis）、马尔库塞的爱欲（eros），或弗洛姆的"爱"（love），正好提供了不同存在模式中安定剂的功能。我写作《共鸣》，就是为了重现光晕、模拟、爱欲的生命模式的可能的样子。

西尔玛：非常感谢。

罗萨访谈：我们可以退出激烈的竞争①

哈特穆特·罗萨　乌特·舍恩费尔德/文

袁彬川/译

引　言

社会学家哈特穆特·罗萨教授分析了新冠封禁对于个体和社会的影响。加速社会自我关闭了：商店关门了，航空和汽车交通大幅减少，公司和服务供应商停工了，而且所有这些都发生在几周内。但在新冠危机之后，我们将何去何从？

社会学家哈特穆特·罗萨教授立足于历史的分歧点观照世界。不是封禁让我们陷入系统性崩溃，就是回到过去的增长和加速进程。但第三条道路同样是可能的：将市场嵌入政治行动和文化设计发展之中。根据罗萨的说法，哪种方向会占上风尚无定论。

问：罗萨先生，请你坦诚地讲：你是否曾设想过，在接受关于当下分析的采访时，我们会有一天严肃地讨论急剧的减速，而不是加速？

---

①　该文为乌特·舍恩费尔德(Ute Schönfelder)于2020年4月对哈特穆特·罗萨进行的访谈；原文链接参见：https://www.uni-jena.de/en/200403_Rosa_Interview。

罗萨：老实说，没有。我几乎认为那是不可能的。两百多年来，轮子一直在转得越来越快，我们也一直让事物越来越飞速地运转。看一眼这些数据吧：世界各地街道上汽车的数量，货车的数量，路上行驶的公交数量，甚至是列车乘客与骑自行车的人，地铁和船舶——集装箱船以及游轮的数量；事实上，它们都习惯于只指向一个方向。也就是说，不管我们召开多少次气候会议，不管我们对经济增长提出多少批评，它们每年都在增加，即使是战争也没能阻止世界的这种"动员"。现在，在没有暴力和流血的情况下，我们仅仅在几天或几周内，就使这个疯狂而庞大的机器陷于停顿（standstill）了。至少对我来说，直到现在，这都是完全不可想象的。

问：新冠肺炎疫情对我们有什么影响？

罗萨：说"它让我们关闭"是一个很好的描述，它像是给加速社会来了一次大刹车。但我发现，这种紧急制动在本质上是社会性的：并不是病毒本身导致飞机停航、工厂关闭和足球比赛取消，它是我们自己的政治行为。这就是为什么我想说，我们知道自己完全有能力采取政治行动，并控制世界和我们的社会。面对气候危机时，我们发现自己简直无能为力：不管投谁的票，无论怎么想，资源消耗和排放每年都在增加。但现在我们意识到：你完全可以阻止它！

然而，把新冠危机简单地解释为一次重大的降速肯定是错误的。首先，在许多方面，它伴随着生存性的恐惧和痛苦，在某些情况下，它甚至包括了明显的加速。对于那些担心自己的性命或经济状态的人来说，这些事件并不是一种减速，而是一种主要威胁。举个例子，假如你是一位要上班的单亲父母，家里还有三个不能上幼儿园的小孩——你并非减速，而是加速了。然而，对于很多人来说，与世界的接触已经从根本上减少：我们现在的地理视界止步于公寓门口,或是邻居家的篱笆,可以不再计划一个或两个星期之后的事,因为我们不知道接下来会发生什么。然而,我们的心态与这种"停滞"并不相符,我们仍处于通常激烈竞争的活动模式中,处于一种对世界的"进击模式"(aggression mode)中,不同以往的是,这种态度现在往往缺乏目标。因此,我们惊慌失措地逃向数字世界,在那里,这种匆忙和竞争仍在继续:我们点击《纽约时报》或《卫报》;我们在这里发送一个搞笑视频,在那里单击一个链接,迅速刷新 WhatsApp 群聊。作为一种逃避行为,这是我们模拟保持激烈竞争的方式。

问:商店关门,空中交通受限,公司和服务提供商停工——所有这些都在几周内发生。这是真正的减速,还是一段短暂的"紧急停止"?

罗萨:我们现在所经历的,并非我在自己的理论著作中所说的那种减速——尽管我想再次指出,减速对我来说不是一个中心概念——我从来没有仅仅热衷于减速。我对加速的批评针对这样一个事实:我们必须跑得一年比一年快,只是为了保住现有的东西——工作,还有养老金制度、医疗体系、教育、科学和文化机构。

我称之为动态稳定系统(dynamic stabilisation):就像自行车只有在前进时才能保持直立,我们的社会经济系统只有在不断增长和加速时才能保持稳定。自行车一旦停下来,便会跌倒在地。这正是目前的形势:我们正在阻止一个只有通过加速才能维持自身稳定的系统。这将导致大规模的系统危机和一系列功能失调的后果:市场崩溃、公司倒闭、人民失业等。

现在的问题是:在这种情况下,我们该怎么办?我认为有三个选择:(1)我们什么都做,结果导致系统崩溃,这是最坏的设想。(2)我们试图尽快回到正轨,重新恢复之前的增长和加速进程。

这是政治家和经济学家所偏爱的选择，但问题在于，这个增长型社会的政权已经变得不稳定和岌岌可危——首先，由于生态和气候危机；其次，由于经济危机，一些国家的储备银行通过无息资金刺激增长的所有尝试大多无效；第三，也是心理上，许多人感到精疲力竭，甚至已然崩溃。这就是我强烈支持这样一种设想的原因：我们将这场危机视为一个历史的分岔点，一个改变方向的机会。我们不会像以前那样被迫继续加速——我们可以在政治行动和文化设计方面重新整合市场。

问：我们原本认为许多事情理所当然，此刻却无法得到，这对我们有什么影响呢？

罗萨：比如说，我们在囤积卫生纸。事实上，囤积无非是试图确保我们在不确定时期仍能得到所囤之物——时间越久越好。目前我们再次体验到，生活本身总是充满不确定性的：合法要求和金钱都不能真正给予我们保证。或许我们订了去南方的机票并付了钱，但现在仍然不能起飞；也不能去看足球比赛、音乐会或电影；连毕业舞会都取消了。

对我们来说，整个世界在很多方面变得无用了：人们可用的空间已经被压缩到自己公寓的大小。事实上，我认为新冠危机只是现代社会必然造成的可用性危机（availability crisis）的凝结和象征。在我那本关于"无用性"的小书中，有个很短的章节，即最后一章，叫做"无用性作为怪物的回归"。其论点是，我们试图让世界在技术、科学、经济和政治上为我们所用，却不可避免地导致绝对无用、不能控制的"怪物"之产生。核能便是这方面的例子：我们使物质的最深处在技术上为我们所用，却制造出原子弹和核电站爆炸这种形式的致命怪物，其辐射对我们来说完全"无用"。

新冠病毒也是如此：突然间，一个人类科学尚未研究过的全球性怪物出现了，我们在医学上不能控制它，在政治上也无法管理它；现行法律被搁置了，还造成了巨大的经济后果。更糟糕的是：它对个体来说也是"无用的"，因为人们看不见、听不到、闻不到、尝不到。就像电影里的怪物一样，它可以潜伏在任何地方、任何角落；它漂浮在空气中，潜伏在门把手上，而且有可能那边的男人或是朝我们走来的孩子已经感染了这种可以传染给我们的致命危险。这种"无用的"怪物，正是所有恐怖电影的素材。

问：除了有望减轻和结束大流行之外，目前的管控对我们有多大用处？

罗萨：世界在地理和时间层面上缩小了，这种意想不到的停滞可以帮助个人和集体获得非常重要的经验。就个人而言，我们目前正体验到，时间和空间中存在着不同于激烈竞争模式的可能。迄今为止，在生活中，我们几乎总是处于一种拼命应付日常生活的状态：我们通过待办事项清单和时间表来工作，生活总是和把事情做好、优化和改进一些东西有关。

现在，在很长一段时间里，我们的预约簿第一次不再被填满，而是以一种奇妙的方式被清空了：这取消了，那取消了，另一件事也没有发生。突然之间，在一段时间内，我们不需要去做任何事情，不需要去追求任何人。我们有机会转变成另一种模式：不以结果为导向、不考虑后果的倾听和回答。例如，你可以拿起一本书，走到窗前，写一封信，放一张旧唱片（因为在数字戒断的时刻，只有它好用），给朋友或阿姨打电话——倾听和应答的模式是开放式、无目的的。这就是共鸣模式（the resonance mode）：只有在此模式下，意想不到的新事物才会出现。

政治方面，从历史观点上看，人们正经历着自力更生。人们能够采取政治行动，谁能想到我们甚至可以迫使通用汽车生产呼吸设备。我们有机会去理解目前形势，它是历史性的共鸣时刻，从汉娜·阿伦特的角度来看，我们正经历着人类生成性（generativity)或创生性（natality）的奇迹：我们可以创造新的东西，携手重新设计世界——没有一起制定的计划，没有陈旧的轨道，而是不必遵循行动和反应的永恒游戏！

问：你认为这些后果中哪一个是可持续的？你对后疫情时代有何期待？

罗萨：再说一遍：我认为，从历史上看，这种情况实际上是开放的。前面提到的三种预测中的任何一种都可能发生，没有不成文法迫使我们朝一个或另一个方向发展。当然，可以假设，当一个社会走出危机时，它希望尽快回到危机前的状态。正因为如此，我们必须提醒自己，危机前的状态已经岌岌可危：它在生态上不可持续，在经济上危机四伏，在政治上不尽人意，在心理上也摇摇欲坠，新冠只是加剧了危机。这就是应该尝试改变方向的原因，这条新道路可能是什么样子的，没有科学方法可以预测。

问：现在，社交疏远是当务之急。但是，在这样的危机时刻，我们难道不需要社会凝聚力吗？

罗萨：我认为新冠也助长了社会中一种已经存在的趋势：我们变得怀疑他人，怀疑陌生人，甚至怀疑邻居。街上的这个人——他会被感染吗？那边刚刚咳嗽的孩子，她有生命危险吗？社交疏远使人们将对方视为明显的人身危险，本能的感觉是："不要太靠近我，别碰我"，不仅仅是对人，还有门把手、钞票……一切都变得可疑起来。这种病毒激起了人们对社会和实体环境的不信任，它产生了一种巨大的疏离感：我们不仅不信任他人，连自己的感知也不相信，因为我们无法从官能上感知危险。最后，甚至觉得与自己的身体格格不入：喉咙痒——这是最初症状吗？我有点发烧发热吗？那奇怪的咳嗽是怎么回事？

然而，另一方面，集体危机和集体威胁也产生了新的团体精神——一种社群主义的火花由此产生。一旦早已确立的常规和固定的官方渠道失效，我们作为一个团体，就不得不再次随机应变。我们必须团结起来设计新的解决方案，这就是目前全世界正在发生的事情，团结和共同体得以重新建立。这个过程在历史上是开放的。它的走向并未预先决定：现在，它取决于我们所有人，取决于我们作为一个社会的共同行动！

问：你个人对这次疫情有什么感受？

罗萨：我想我正经历着这种矛盾的处境：作为一名公务员和大学职员，我的处境非常优越：不必为生存担忧，甚至有机会享受这种被迫减速的过程。在某种程度上，我是这样理解的——就在昨天，我给某人发短信说，若由我决定，居家可以持续很长一段时间。我真的很享受不用到处奔波，脚不用沾地地赴约。

然而，与此同时，我当然感到了威胁——来自病毒和经济上的——我担心因此举步维艰的人们和家庭。更重要的是，我注意到：一方面我逃进了数字世界，而这场竞赛还在继续，这场危机导致了媒体对我的大量问询；另一方面，出于一些无法解释的原因，在模拟世界中我也没有取得多少进展，并未在共鸣模式下完成所有可做之事。想要进入另一种生存方式并不容易，事实上，我觉得阿多诺的这句话"在错误的生活中不存在正确的生活"亦适用于此处。

论哈特穆特·罗萨和现代性中
社会变革的加速①

巴特·赞特伍特*/文

李思雨/译

　　究竟是什么导致了社会异化、倦怠与萧条的增长,以及晚期现代时期政治制度的失败?德国社会学家哈特穆特·罗萨认为,一切问题都可以追溯到一个单一的现象——社会变革的持续加速。为了追赶科技、经济和社会发展的脚步,我们处于巨大的压力下。罗萨在思想史的基础上对加速的概念做了不同的区分,他对于加速的认知是全新的,还将它与概念史联系起来,做了进一步拓展,正如他发展莱因哈特·柯赛雷克(Reinhart Koselleck)或其他人的观点时那样。

　　世界正在快速变化,也许比我们想象中更快,初见之下,这样的观点似乎非常直观。对于那些从没有听说过或表达过现代设

---

① 原文标题为 On Hartmut Rosa and the acceleration of social change in modernity;文章链接见：https://jhiblog.org/2019/01/23/on-hartmut-rosa-and-the-acceleration-of-social-change-in-modernity/。

* 巴特·赞特伍特(Bart Zantvoort)在都柏林大学完成了关于黑格尔的博士论文。他是莱顿大学的讲师,也是 Nexus 研究所的编辑和研究员。他的研究主要集中在社会变革与个人、制度和社会结构与变革之间的对抗关系。他是《黑格尔与反抗》(*Hegel and Resistance*,Bloomsbury,2017)的编辑,发表了关于黑格尔、政治惰性、批判理论和昆汀·梅亚苏(Quentin Meillassoux)的文章。

备损坏或老化的速度如此之快，以至于我们必须不断地购买新一代产品的抱怨的人来说，或许正是如此。马克思和恩格斯曾在《共产党宣言》中写到：现代性的本质是"一切固定的僵化的关系以及与之相适应的素被尊崇的观念和见解都被消除了，一切新形成的关系等不到固定下来就陈旧了""一切等级的和固定的东西都烟消云散了"。但"加速"的确是现代社会最基本的特征，正如罗萨所坚持的。按照他的尝试，将洞察力作为一种社会批判新理论的出发点是有可能的吗？

尽管他的大多数著作都有英文译本，但罗萨在英语世界的知名度仍旧不及他在德国学术界的知名度。他在第一部主要作品《社会加速：一种新的现代性理论》(*Social Acceleration. A New Theory of Modernity*)有力地阐述了广泛的社会加速理论及其引发的一系列社会问题。这些问题的解决办法在更近期的《共鸣———一种世界关系的社会学》一书中得到论述。此书的英文版于六月由英国出版社 Polity Press 出版。这是一个将罗萨的思想及其理论背景介绍给大众的绝佳时机。

当谈起加速理论，人们第一个想到的总是科学技术上的加速。毫无疑问，科技的发展带来了交通、贸易和人际沟通上的提速：从马拉火车到蒸汽火车到航天飞机；从邮寄信件到电报到电子邮件；从骆驼贸易到闪电交易。这些加速的表现形式，都明显与经济和军事竞争联系在一起，成为讨论的中心。从马克思到保罗·维利里奥的"动力学"概念，再到近期关于"加速主义"的争论，罗萨理论的长处在于他的视野更加广阔。他对三种加速的形式进行了区分：除了技术加速以外，还有生活节奏的加速和社会变化的加速。

生活节奏的加速可以用下面的悖论来解释：尽管科学技术的确在进步，让我们可以用更少的时间做更多的事情，我们拥有更多自由的时间，可我们的生活却越来越忙碌（至少感觉上是如此）。像洗衣机、汽车和电子邮件这些发明应该是为了节省我们的时间，但是汽车的使用使我们居住得离工作地点更远，发送电子邮件比寄传统信件更快，但我们需要发出和接收的邮件数量却增加了，甚至需要花费更多的时间，而不是更少。

然而，对于罗萨的社会批评专题研究来说，最重要的一项加速是社会变革的加速。罗萨认为，不仅只有技术变化越来越快，时尚、语言、习俗、工作环境和家庭联系也在飞速变化。在早期现代（大约到 1800 年）时期，社会变化是"跨代"的：社会结构确实发生了变化，但要在好几代人中完成转变，在个人的一生中，它几乎无法被察觉。例如，在工作方面，儿子会继承父亲的职业，然后再传给他的儿子。在古典现代性时期（大约从 1800 年到 1970 年），社会变革是"一代的"：每个人都能够选择自己的职业，但通常他将在一生中保持同样的工作。今天，在晚期现代性时期，变化已经成为"代内"（intragenerational）的：我们不再一辈子只做同一份工作，为一个老板打工，而是定期更换工作或职位。

但这一切与社会批判和异化有什么关系呢？这便是罗萨著作当中的另一个核心主题。异化是马克思主义和法兰克福学派批判理论的重要概念，在此基础上，罗萨的理论也可以被放置其中。这个概念最近重新流行起来，作为解释对后现代、后资本主义社会的不满和问题的一种方式，罗萨用它来捕捉加速的错误。他认为，异化的概念主要是为了描述一种境况，我们没有像希望中那样生活，即"自由"地选择如何为自己而生活，也没有明显地受到外部力量的压迫。我们感觉自己被强迫着跟上现代生活的脚步，尽管这样的生活方式是我们自己的选择。

罗萨认为，无论是从个人角度还是政治角度来看，我们最终都陷入了一种矛盾的"狂热的停滞"（frenetic standstill）状态——

这个术语间接地来自于维利里奥的"极惯性"（polar inertia），意指一切都在不断地运动，但没有什么是"真正"从未改变的。根据罗萨的说法，这是因为技术、经济和社会变革的速度是如此之快，以至于我们无法通过缓慢的协商民主来掌控这些领域，也无法以任何有意义的方式管理和规划我们自己的生活。古典现代性时期让我们感觉生活有一个有意义的方向，可以通过计划和投资教育来影响未来，但现在我们被混乱、无方向感所困，被迫"畅游"在变革的风口浪尖。同样的，古典现代性时期产生了有意义的集体行动和以长期社会规划为指导的社会进步概念，但今天的民主政治无法跟上技术和经济变化的疯狂步调，因而变得被动、怠惰、弱化和无效。

那么这些问题的解决方式是什么呢？在《新异化的诞生》（*Social Acceleration*）一书中，罗萨宣称他的理论是社会批判的研究，但并没有提供太多解决危机的方案：他总结道，如果我们不找出逃离加速的方式，我们就会因为生态或政治大灾难而被迫放缓脚步。他在合作的一本书中综合了社会学、资本主义和批判理论，提供了一个更成熟的概念——"法兰克福学派传统的社会哲学批判"。根据阿克塞尔·霍耐特近期的研究著作《自由的权利》（*Freedom's Right*），罗萨认为我们可以"规范地重建"（西方）现代性自我理解的核心价值观——最重要的就是自主性。因此，如果我们的社会想要依靠自身的力量取得成功，就必须选择自主性制度化而不是异化，而加速使之成为不可能。

另一种选择"加速异化"来自罗萨的"共鸣"，这个概念在他最新的文章中得到了详细的阐释。加速在这里被重新定义为"必要的增加"（Steigerungsimperative），"共鸣"则被视为异化的对立面：它是人与世界、主体与客体之间的关系，在这种关系中，双方形成一种互相的"反应"，任何一方都不受制于另一方。"共鸣"可以在宗教、艺术和自然中找到，也可以在我们与他人或物体之间的关系中找到。然而，罗萨的分析仍然带有明显的悲观色彩，我们已陷入一个几乎没有"共鸣"的世界，在这个世界，我们似乎完全无法为"必要的增加"的"铁笼"提供任何政治补救措施。这个世界（在制度上嵌入资本主义的现实）无情地执行着物化的日常处理，无论是在街头还是投票站，都几乎被证实为完全免疫的抗议。（《共鸣》，706）

罗萨给出的具有实践可能的解决方案是，将世界带入更大的共鸣之中，这并不是什么新论调，在当下，它们可能与英国和其他地方的左翼言论中的情绪产生共鸣：即倡导经济社会化，引入基本收入。然而，面对异化的、具体化的世界以及瘫痪的政治体系，这些变革将如何实现，仍有待观察。

尼克·兰德专题

加速主义让我们无暇思考①

尼克·兰德/文

郑　兴/译

　　如果任何人想要厘清他们对于"加速主义"的看法,那就最好快些着手于此事。事情原本是这样的。数十年前,当"加速主义"开始有所自觉时,已经有其他各种动态迎头赶上了它,那些动态太过迅速,看起来甚至难以紧跟。自那以后,"加速主义"开始迅猛增速。

　　加速主义经年已久,它一波接一波地来临,也就是说,它是非持续的,是反反复复的,但是它的每一次来临都提出了更为迫切的挑战。在加速主义的种种预言之中,有一种预期是,你的速度将会太慢,以至于无法条理连贯地处理它。但是,如果你手忙脚乱地去处理这个问题——因为仓促行事——你就输了,也许还输得很难看。它太过于困难了(就本文而言,"你"在这里所代表的是一位种种人类意见的"搬运工")。

　　"时间-压力"(Time-pressure),就其本质而言,是难以思考的。一般来说,因为惊人的相似——假定并不是每一次,你都能有机会谨慎思考——"时间-压力"经常会被误认为一种"历史常

① 原文标题为 A Quick-and-dirty Introduction to Accelerationism;链接见：https://jacobitemag.com/2017/05/25/a-quick-and-dirty-introduction-to-accelerationism。

量",而不是被当成一种"历史变量"。如果我们曾经拥有思考的时间,我们会认为,现在我们仍然有思考的时间,并且将来也会一直如此。已有人明确对"变化"持续的增速加以特别关注,但是,分配给"决断"(decision-making)的时间极有可能正在被系统性地压缩,这一情况仍然无人深思,即便是那些已然关注"变化"增速的人也不予正视。

从哲学层面来说,"加速"的深层次问题是超验的。它所描述的是一种绝对的视域——并且这一视域正在逼近。思考需要耗费时间,而"加速主义"认为,如果我们之前没有彻底思考过这个问题,那么,留给我们彻底思考的"时间"已然所剩无多。任何一个当代难题,直到人们承认机会已迅速破灭之前,都不会有人对其进行现实层面的深思。

人们必然会疑惑,如果一场关于"加速"的公众对话正在开启,那它的"为时已晚"却又"恰逢其时"。一种深刻的体制性危机使这一话题成为"热门",在这一危机的核心处,其实是一种社会"决断"能力的"内爆"(implosion)。从这一点来说,做任何事都将会"耗时太久"。所以,越来越多的"事件"反而发生了。它们看起来越发失去控制,以至于到了制造创伤的程度。正因为基本的现象看起来像是遭遇了"刹车故障",所以"加速主义"再度被人讨论。

"加速主义"将"决断-空间"的"内爆"和这个世界的"外爆"(explosion)联结起来,也就是和现代性联结起来。这里很重要的、需要注意的一点即是,"内爆"和"外爆"在概念上的"对立",并不会让它们在真正意义上的(机械)"联合"受到任何掣肘。热核武器提供了最为生动的示范样本。氢弹借助原子弹来触发自身。裂变反应触发了聚变反应。聚变物通过一种爆炸过程被轰击成一种引燃装置(现代性就是一种爆炸)。

这里已经要触及控制论。控制论也是以一波又一波的形式间断性地回归。它音量陡增、高声尖啸,继而又形于消散,只勉强残留些许余音,直到下一场冲击波再度来临。

加速主义曾得到的关键教训就是:一种负向的反馈回路发挥着作用——比如某个蒸汽机的"调速器"或者某个温度调节器——使系统的某种状态维持在同一位置。它的产物,用法国哲学家/控制论学者德勒兹和瓜塔里的话来说,就是"辖域化"(territorialization)。负向的反馈通过校正某个偏移,也就是通过抑制超出某种限制范围的位移,使进程稳定下来。动力存在于"固定性"的维护之中——维持一种更高层次的稳定性或者状态。复杂系统或者复杂进程的平衡模型都是这样。为了捕捉一种以自我强化偏差为特征的相反的趋势,也为了对抗或逃逸,德勒兹和瓜塔里创造出一种比较粗糙但深有影响的词汇,即"去辖域化"。"加速主义"唯一真正探讨过的就是"去辖域化"。

就"社会-历史"的角度而言,"去辖域化"呼应的是"无补偿的资本主义"(uncompensated capitalism)。其中的基本图式——从某种真正有高度决定作用的角度来说,这个图式当然已经被设置好了——是一种正向的反馈回路,商业化和工业化在某种不受控制的进程中相互刺激,现代性正是在这一进程中,呈现自身的变化。马克思和尼采正是那类能够捕捉到这种趋势的重要方面的人物。因为这一回路越发封闭,或者说,越发形于强化,它就会表现出在某种程度上越来越强的自主性,或者说自动化。它进入越发紧张的自动生产(这正是"正向反馈"唯一已经说出的内容)。除了它自己,它不诉诸于其他,它从本质上来说就是虚无的。除了自我扩增之外，它没有任何可以想到的意义。它为了增长而增长。人类是它的临时寄主，而不是它的主人。它的唯一目的就是它自己。

在1972年的《反俄狄浦斯》中，德勒兹和瓜塔里曾说到"加速这个进程"，他们援引这一尼采的片段是为了重新激活马克思。尽管严格来说，40年之后，本杰明·诺依斯（Benjamin Noys）才再度以这一方式为"加速主义"命名，但它其实早已完整地存在于那里了。在这里，再度完整重引这一切题的片段是有意义的（因为它将出现于随后所有加速主义者的讨论之中）：

> ……哪里是革命的道路，还有革命的道路吗——就像萨米尔·阿明建议第三世界国家所做的那样，以一种法西斯式"经济解决法"的反常复兴，从世界市场中撤出？或者有没有可能它会走向另一个相反的方向？那就是，在市场的运动中走得更远，在解码与去辖域化的运动中走得更远？因为从某种具备高度精神分裂特质的理论和实践的角度来看，也许流动还没有被充分"去辖域化"，没有被完全解码。不是从这个进程中撤出，而是走得更远，是去像尼采说的那样，'加速这个进程'：在这件事上，事实就是，我们其实什么都还没有看到。

要对资本主义或虚无主义加以分析，就是要在这一点上着力更多。这一进程无法作为批判对象。它就是批判自身，当这一进程不断升级时，它就回馈到自身的批判。唯一的出路就是顺势而为，那也就意味着更进一步。

马克思写过他自己的"加速主义者断章"，这一片段惊人地预示着《反俄狄浦斯》中那一片段的诞生。马克思在1848年的一个名为"论自由贸易问题"的演讲中说：

　　但总的来说，保护关税制度在现今是保守的，而自由贸易制度却起着破坏的作用。自由贸易制度正在瓦解迄今为止的各个民族，使无产阶级和资产阶级间的对立达到了顶点。总而言之，自由贸易制度加速了社会革命。先生们，也就是在这种革命意义上我才赞成自由贸易。①

　　这一开创性的加速主义的初始源头中，资本主义的毁灭和资本主义的强化这二者间并不存在区分。资本主义的自毁恰恰是资本主义的本来面目。除了会存在延迟、部分的抵消或抑制，"创造性的毁灭"就是它的全部。资本针对自己的革命比任何可能的外来"革命"都更加彻底。如果后来的历史还没有确凿无疑地证实这一点，它至少已经把这样的"证实"模拟到了令人疯狂的程度。

　　2013 年，在《一种加速主义者政治的宣言》（*Manifesto for an Accelerationist Politics*）中，尼克·斯尔尼塞克（Nick Senicek）和亚历克斯·威廉姆斯（Alex Williams）试图去解决这种令人难以容忍的两难——甚至有点"精神分裂"的困境。这一《宣言》旨在旗帜鲜明地促成一种反资本主义的"左翼加速主义"，从而明确地和自己所深恶的、支持资本主义的"右翼加速主义"对手区分开来。预料之中的是，这一计划的更为成功之处在于重新激活了"加速"问题，而不是以一种持续的方式，对这一问题加以意识形

① 　中文译文采用自《马克思恩格斯文集》第一卷，中共中央马克思恩格斯列宁斯大林著作编译局编译，北京：人民出版社，第 759 页。——译者注

态层面的"纯化"。唯有以一种全然人为的方式，对"资本主义"和"现代主义技术加速"这二者进行区分，它们之间的分界线才能被清晰地描画出来。这其中隐含的吁求是，它需要一种没有"新经济政策"（NEP）的新列宁主义（并且利用智利式管理技术作为示范）。

资本，就它最为终极的自我界定而言，无非就是一种抽象的社会加速因素。它正向的控制论图式耗尽了自身。失控消耗了它的特性。在它强化过程中的某个阶段，所有其他的"确定"都蜕化成一个"意外"。任何能够持续促进"社会—历史"加速的事物必然是——或者从本质上就是——资本。任何立场鲜明、蓄势待发的"左翼加速主义"尽管提出种种愿景，我们却可以完全不予考虑。加速主义不过就是资本主义的"自我意识"，而且才刚刚开始（"我们其实什么都还没有看到"）。

在下笔行文的时候，"左翼加速主义"似乎已经将自己解构，退回到一种传统的社会主义政治学，而加速主义的火把已经传递到了新一代的杰出青年思想者手上，他们提出一种"无条件加速主义"（Unconditional Accelerationism，既不是右翼加速主义，也不是左翼加速主义，而是无条件加速主义）。如果没有其他比较容易地了解他们思想的方法，人们可以通过特定标签"♯Rhetttwitter"在社交媒体上找到他们的账户。

当区块链、无人机物流、纳米科技、量子计算机、计算机基因学和虚拟现实不断涌现，人工智能更是以前所未有的态势攻城略地时，加速主义实际上不会移步至任何其他地带，它所要做的只是更为深入地进入到自身内部。被现象所催促，最终制度性地瘫痪，这本身就是一种"现象"。人类很自然地，也可以说是完全不可避免地，将这一终极的行星事件界定为一种问题。要正视这一问题,意味着说出"我们必须做些什么"。而"加速主义"只能这样回应——"现在你终于要开始说这些了?也许我们应该开始了吧。"如果还有更冷酷的、终将胜过它的其他版本,它也将付之一笑。

除幻觉外，无物始于整体^①

尼克·兰德/文

胡方麒/译

　　根据自然科学似乎经常依附的某种文化史结构，宗教本质上被认为是前科学的自然主义解释。这样看来，宗教相对地也是原始的宇宙论，而这易让宗教受到科学进步的攻击。伽利略或达尔文进入到宗教的核心领域，并致命地切中它们的要害。一种在社会学上有点模糊的"科学"概念，被认为是宗教的自然继承者。

　　无论这种叙述是多么可信（或不可信），它都很重要。通过这种方式，科学的统治地位获得了作为它根基的神话的支持。关键的是，这种神话般的力量并不依赖于任何一种严格的科学验证。没有人曾强制去检验它。现代企业中一切前现代的——甚至极度古老的东西都贯穿于其中。它为深层的信仰提供了一种心照不宣的基础。

　　谈到"神话科学"时，我并不抱有明确的怀疑，更不是想挑起争论。科学观念获得神话般的地位是一个文化效力的问题，是对它们所保留的认识有效性的补充。科学概念也不会因为成为神

---

① 本文作者旨在批判作为"统一、普遍、万有"的"universe"概念，所以原文中的"universe"在译文中都译成"世界"（universe），以与"宇宙"（cosmos）加以区分。原文标题为 Disintegration；原文链接为：https://jacobitemag.com/2019/07/15/disintegration/。——译者注。

话而变得不那么科学。然而,它们有时可以维持与其严格的科学合法性不相称的神话般的力量。一种文化的主导点,是某种或多或少具有科学性的宇宙论。

这就是"自然"这个词最初所要传达的意思。认识确认最终客体,并通过它得到提升。这就是我们所相信的。事情以这种方式而非那种方式(或者另一种方式)进行。

那么,作为天真的科学异教徒,我们在这里发问:事物到底是怎样的?

最通行的宇宙论是加速膨胀说和分解说。粗略地说——这最终是站不住脚的——宇宙的膨胀正在加速,而且正在分解。在最初的大爆炸之后,宇宙膨胀的速度并没有因为引力而减速,而是增加了。某些未知的力压倒性地超过了引力,并使远处的所有物体发生红移。最近被命名为"暗能量"的这种力量,被认为占了物质实在的百分之七十。

与被充分证实的加速碎片化相比,一个根本的、完整的"宇宙"概念越来越像一个不可持续的神话遗迹。即使从科学的角度来看也是如此,"不可持续"(unsustainable)性甚至变得更加确切。

在任何一个时期,信息可以被传播和接收的距离都被限制在光速的边界之内。任何实体的时空视界,都是由这个"光锥"(light-cone)决定的。在它之外,什么都不能够被沟通传达。因此,光锥是力量投射的严格界限,是实际的统一。这是一个从广义相对论过渡到绝对分解论的过程。

彼得·盖里森在他的《相对论物理学思想史》①中,将相对论的问题与帝国治理联系起来。同步化(synchronization)是任何复杂的协调过程的先决条件。即使在(紧密的)陆地条件下,光速

---

① *Einstein's Clocks*, *Poincaré's Maps: Empires of Time*, New York, 2003.

的极端有限性也给全球规模的帝国治理带来了重大的技术问题。特别是电信网络，需要相对论效应对其进行技术修正。

通过不可抗拒的推断，我们可以看到，控制只能掩盖逃离的过程。不可能有宇宙统治权的存在，空间无法容忍它。这本来只是一个科幻小说般的事实，直到它被神话化。

暗能量正在将宇宙撕裂。最终，宇宙的各个部分将从彼此的光锥中分离出来。到那时，它们将不再是彼此的一切。这是一个具有非凡意义的发现。在经验客观性的最大尺度上，统一（unity）也是没有前途的。"世界"是一个不真实的模型。现在对宇宙的一切了解都表明，碎片化才是基础。

因此，宇宙论提供了一个分解的模型，这种分解因其极端性而引人注目。它描述的是那些除了共同的过去之外毫不相关的东西，它们被推入绝对的不交流状态。在政治上，从来没有任何分解达到过这个极限。

这种推断很快就得出了一些令人着迷的结果。我们的科学传统所给出的宇宙论证据最终将不再有效。未来的智能物种不可能在经验基础上建立任何类似的世界模型。对它来说，任何算作整体的东西，实际上只是一个碎片（我们已经看到了）。遥远的银河系群星将成为纯粹的猜测。经验科学的可能性在空间和时间上都有明显的限制。

杰夫·马诺将之称为"即将到来的失忆"（the coming amnesia）。他在评论科幻作家阿拉斯泰尔·雷诺兹所接受的访谈时说：

> 雷诺兹解释说，当宇宙在数千亿年的时间里膨胀时，在遥远的未来会有一个点，所有的星系都将相距很远，彼此之间不再可

见……一旦到了那一刻,就不可能再去了解宇宙的历史了——甚至宇宙就不可能拥有历史了——因为在我们所在的星系之外,存在更广阔宇宙的所有证据都将永远消失。宇宙论本身将失去可能性……雷诺兹继续说,在这样一个急剧扩张的未来世界中,当今天文学提供的一些最基本的洞见将不再可行。毕竟,他指出:"如果你看不到星系,你就无法测量星系的红移。如果你看不见星系,你又怎么知道世界在膨胀呢?你将如何确定世界有一个起源呢?"

雷诺兹引用了一篇题为《宇宙论的终结?》(劳伦斯·克劳斯、罗伯特·谢勒著,《科学美国人》,2008)的文章。这篇文章在它的副标题中概括道:"加速的世界抹去了自身起源的痕迹。"

这种推断可以进一步发展。如果一种遥远未来的科学文化被认为在结构上缺乏评估宇宙规模所必需的证据,那么我们能够确信,自己的情况在根本上是不同的吗?科学观点绝对的或不可超越的局限性,难道不是一种基本的情况吗?当我们已经能看到别人在未来无法看到的东西时,我们能普遍地看到未来——在原则上——的可能性有多大?在现有证据的基础上,我们必须设想这样一种未来文明:它完全被自己狭隘的结构主义所迷惑,对最终摆脱视角限制的能力充满信心。在这样一种文化中,最受人尊敬的科学头脑可能会认为,任何关于难以到达的宇宙区域的学说都是毫无根据的形而上学。如果我们认为这种剧情不会发生在自己身上,那似乎就太自大了。如果普遍的宇宙论将要成为不可能,默认的假设是,它已经存在于此了。①

自然科学呈现出一种悲剧结构。它只追求自己的基本方

---

① 马诺引用克劳斯和谢勒的话:"我们可能生活在宇宙历史上唯一一个科学家能够准确了解宇宙真实本质的时代。"这个建议的理智惰性是显著的。

法，通过宇宙论，它暴露了自己在很大程度上的不可信性。通过严格的实证研究获得普遍洞察力的做法似乎受到了宇宙的阻碍。

因此，科学最终必然从根本上局部化。这里所讨论的"局部性"（locality）不仅仅是一种对抗全球化或普遍性的特殊主义。相反，它是任何可能的普遍主义野心的界线，在这里，普遍主义发现自己受到严格的限制和瓦解。如果这样理解，局部主义就不是一种选择，而是一种命运，甚至是一种宿命。现实在最大程度上被粉碎了。统一的存在只是为了被打破。

无向性（isotropy）的原理认为，空间中没有特定的方向。它与空间同质性的假设共同构成了宇宙论原理。我们当然有资格得到等实性的推论，在这个推论中，以时间顺序观察到的命运，似乎已经在我们身后了。

我们仍有一个永远存在的宇宙，但它不再是普遍的了。作为现代人，我们在文化责任下所认同的宇宙，实际上是表面宇宙（apparent universe）的明显分解。

我们的话题将从膨胀宇宙论转向热力学。我们说的是多样化（diversification），或者是异质发生（heterogenesis），那是严格的负熵增长。同质化就是熵，这两个概念不能被严格区分。在熵之下，我们发现差异的破坏——无论是温度的变化（克劳修斯与卡诺），还是后来粒子分布的变化（玻尔兹曼与吉布斯）。热力学第二定律告诉我们，异质发生是局部的。在真正的全球范围中——在此没有投入或产出可能——情况必然恶化。

为了超越自己，我们会发现西方已经把熵当作上帝，而上帝的最终法则是一切都应是相同的。这是一个假的上帝。宇宙物理的终极问题——负熵如何可能？——就是它的证据。我们知道异质发生并不比它的对立面弱，即使我们不知道它是如何发生的。

宇宙论的分解在自然科学中得到了更广泛的响应。也许最重要的是，《物种起源》的基本主题就是分解，正如它的名字所强调的那样。达尔文主义——也就是整个科学生物学——把物种形成（speciation）作为其主要目标，而物种形成正在分解。

尽管人们已经认识到从共生到逆转录病毒基因序列插入间各种奇异的横向连接，但在最大尺度上，最能定义生命的是遗传谱系的差异。融合是异常的，除非多样性出现，否则融合在任何情况下都是不可能的。任何异质结合的材料都假定多元化的优先性。①

生物科学中的分解主义（disintegrationism）本身就是一门科学，叫做遗传分类学（cladistics）。② 遗传分类学使严格的达尔文分类法形式化。任何生物类型的身份都是由它所经历的一系列特殊的分解事件所决定的。成为人就是成为灵长类动物、哺乳动物、爬行动物、硬骨鱼和脊椎动物，以及其他更基本的物种。你与

① 分离遗传谱系是一种健全的实验技术（如果是自发的和无意识的）。但要避免测试样品的交叉污染。也就是说，如果你坚持的话，就这么做吧，但不要期待最佳的认知结果。最佳的认知结果往往会胜出。

② 分支学的枝系方向是坚定不移的。"枝"一词来源于希腊文 clados，意思是树枝。一个树状图是一个抽象的树。它的关节都是分支。德勒兹和瓜塔里对它的批判影响很大。他们告诉我们，他们"厌倦了树木"。他们提出，替代树形的方法是用根茎——一种每个节点相互连接的网络。恰当地说，"根茎"本身不是一个分类学概念，而是一个形态学概念。平衡的立场是承认进化之树是由生态网补充的。没有对方，两者都是不可想象的。进化之树在横向关系的生态中被修剪和培养。系统发生（phylogency）是压倒性的树枝，而个体发生（outogency）涉及更多的横向影响。在这里，我们将以一种神秘而简短的方式，来说明德勒兹和瓜塔里的根茎论从根本上与新达尔文主义相联系，但从分支上来说，它是新拉马克主义。

之决裂的一切定义了你是什么。

"进化枝"是一个碎片。它是一个群组，无论规模大小，都是由脱离某一遗传世袭而决定的。各进化支之间的变异点对应于它们最近的（即最后的）共同祖先。因此，至关重要的是，一个支系的所有后代都属于那个支系，而这个支系又包含许多子支系。亚分支（物种的起源）的产生被称为"辐射"。由于同时发生的复杂的分支分解事件是相对奇异的，因此辐射倾向于通过连续的分支进行。连续的简单分支化通常是为了实现多样化的手段。不这么做的风险并不大。

遗传分类学可以通过分类命名的严格化来确立。一个命名系统写出了一种树状图，也就是进化史和生物亲缘的一个模型。任何树状图都是一种进化假说，它提供了一种特定的分解顺序。而根据经验，任何这种顺序的秩序都是可以修改的。

分支学描绘了宇宙层次之下的分解主义，它甚至可能达到宇宙层次。当然，这是极具争议的。其挑衅的全面范围还尚待了解。然而，只要分支学是可以解释的，就可以得出许多结论。值得注意的是，同一性（identity）本质上被认为是分解的，而存在从根本上理解就是遗传的结构。

历史语言学自然地陷入了一个分支模式。语言"家族"与它们的生物学模板具有共同的特征。它们通过细分而扩散，为分类模式提供了材料。正是在这种语言分类的基础上，种族的划分才第一次被系统地确定下来。"亚姆纳亚人"——今天仍然更广泛地被称为"雅利安人"——最初是通过印欧语系的分支学鉴定出来的。它们的辐射模式以树状语言的多样化为标志。

不同的人类学也是用树状图绘制的。分支、系统发育顺序、语言家族、家谱、实际的（大规模扩展的）家族——所有这些都非常连贯。在这里，融合、横向交叉和会聚的现象，虽然绝不是不存在的，但显然是次要的和派生的。

语言多样化看起来像是一个分解的民族形成过程。当它们被分解出来时，它们就会相互区别。

人的起源只是拥有更高解析度的物种起源——抽象的模式也是一样的。

物种形成的具体机制通常包括种群的隔离，并在最近以这种方式变成了政治。有一种关于"入侵物种"和人类生物扩散的政治，但它并不是特别充满敌意，也没有明显的两极分化。人口隔离的情况则截然不同。在这一政治化过程中，西北欧人的激进主义被升华为一种普遍的意识形态。

既然今天种族这个话题倾向于产生极端的思想和情感上的忧虑，那么我们最好还是像英国自然主义的传统倾向那样，去考虑各种各样的家畜。我们不仅要有合理的类比，还要平衡，或真正做到适度。因为在当代的文化背景下，乡村生活的影响已经明显消退了，随之而去的是对不同驯化物种之鲜明区别的感觉，迄今为止，狗是最能说明问题的例子。

没有杂交物种的世界将会是一个更为穷困的世界。杂交物种通常有特殊甚至优越的品质。例如，黄金贵宾犬（The Golden Doodle）就像现存的任何一种犬类一样尊贵。这样的交叉增加了世界的多样性。这完全符合一个基本过程，即世界通过不同的犬类品种而变得丰富，在这个过程中，"一般的狗"所指的信息越来越匮乏。目前还没有任何指向全球犬类基因均质化的意识形态。

多样性是好的，至少是有活力和创新的。在这方面，生态共识是可信的。人们讨厌入侵物种是因为它们降低了生物多样性，而不是因为它们提高了生物多样性。异质性在任何时候都是最优先的目标。然而，多样化——多样性的产物——在当代社会科学中，是一个特别被忽视的话题。在这方面，对多样性的赞颂遭到冷漠的对待，甚至在战略上被忽视。人们公开颂扬多样性，却也同时系统性地消灭它。人类已经被权威性地决定为一个整体，而且注定只会更加如此。[①]

我们至高无上的正统观念是，人类已经、且会更加成为一体，否则就会产生可怕的、几乎超出我们想象的事情。我们可能会将这种信仰称为单一人道主义。人类是一个整体，这是它的基本教义。与其说这是一种经验观察，不如说是一个道德和政治课题，种族熵已经被提升为一种神圣的义务。与这一愿景相关的激进幻想——它与保守主义截然不同——只有在科幻小说中才能找到。[②]

保护人类多样性是持不同政见的种族政治的主要内容，"米黄色世界"（Beige World）越来越被视为一种强制性的理想。一种典型的对种族熵的早期抵抗是这种情况的主要动员因素，令人遗憾的是，它受到了对强制性的种族纯洁性的过度迷恋的折磨。在最坏的情况下——并且并不罕见——这种对单一人道主义的反对，已逐渐将所有通过种族交叉而对人类基因多样性作出的贡献，视为强制性同质化的化身。让我们再复习一下狗的例

[①] 这是一种简化，夹杂着不连贯和无原则的例外。最值得注意的是，特别的特殊权限被授予"少数"人群。"种族灭绝"这个词的反常用法就是最明显的例证。更确切地说，这个操作公式可能是这样的：人口分割是绝对错误的，而且是普遍错误的。

[②] 布鲁斯·斯特林、阿拉斯泰尔·雷诺兹和尼尔·斯蒂芬森等人的科幻世界中充斥着各种各样的新原始人类型。

子,平衡性反映的是一个物种形成倾向或基因多样性不断增加的世界,而这个世界不应对杂交物种抱有敌意。

在过去的 60 000 年里,人类基因的分化一直是压倒性的主导过程。现代人类明显分解成基因上截然不同的亚种,这是该过程的基本模式。这是一个值得庆祝的生态、甚至是技术工业加速发展的过程。尽管目前的世俗教会满怀希望,但它最终不可能被驱散。

"全球主义"(globalism)这个词虽然在意识形态上存在争议,但却具有无可争议的意识形态分量。它可以被定义为以最小的倾向性,从符合整体的角度去寻求政策方向。顽固片面的倾向是它的敌人。然而,它的成功如此巨大,以至于即使面对最近的挫折,敌意也异乎寻常地淹没在屈服之中。

"狭隘主义"(parochialism)是全球主义为自己的利益准备的污蔑之一。它可能会接受一种无法将普遍视为可理解和可教育的观点。然而,拒绝普遍主义的观点不值得同情。对于全球主义者来说,这在本质上是不道德的。比起反驳,这种情况只会越发不可动摇。今天,基因分割已经被认为是对人权的侵犯。

我们所看到的上帝之死,只不过是普遍性的全面死亡的一种特殊情况。虽然上帝之死大多是被推断出来的,但世界之死却被作为一个明确的科学奇观而展开了。天体物理学看到世界在它的人造眼之前被分解。

全球主义阵营尤其倾向于在科学观念方面做出虔诚的姿态。因此,具有讽刺意味的是——用科学的术语来说——全球主义越来越像是一个站不住脚的宗教。它内在的宇宙论是一个古老的神话。在这个神话结构之外,不存在世界,这一点再明显不过了。

宇宙的基本本质就是各奔东西。①

　　碎片是基础。从整体来认识它们是混乱的,它们是由不可持续的普遍主义框架产生的。任何可以实现的视角都已经通过连续的破坏完成了局部化。除了幻觉之外,没有任何东西是从整体开始的。而今天,我们在经验和先验上都知道这一点。不从碎片出发,就不可能深刻地符合现实。

---

①　罗宾·汉森最近写了一篇博客,介绍了三种(相对来说比较奇异的)树状血统。第一个是一个奇怪的思想实验,它不那么重要。第二个是关于他的思想克隆"ems"。这与一系列潜在的,甚至是已经实现的软件谱系具有相关性。第三个是量子多元宇宙的结构。这表明,树状宇宙论的产生路径与这里所追求的完全不同。他指出:"……量子历史在某种程度上是观察者的一棵树。这棵树中的每个观察者都可以向后看,并看到一串回至根部的树枝,每个树枝持有自己的一个版本。更多的自我版本生活在这棵树的其他树枝上。"树状的多元宇宙尤其多。李·斯莫林提出了达尔文主义者的多元宇宙,通过产生黑洞来进行再生产优化选择。如果这个标签没有被更广泛地使用,它可以被描述为一个分支结构的多元宇宙。分支多元宇宙属于更大的分支结构实体集,其部分特征是:
　　　1. 单一的下降路径
　　　2. 基因上不交流的兄妹
　　　3. 许多潜在的后代
　　这样的多重宇宙预言了它们自身的不可感知性。由于平行分支是相互不交流的,我们可以预期,它们的存在是严格理论上的。如果多元宇宙是根茎,我们会看到更多例子。模仿论与本体论的对立也趋于解体主义。模拟本质上是实验,因此是各种各样的。

超级智能，比人们想象的简单[①]

尼克·兰德/文

余仁杰/译

围棋，在贬低人工智能的历史中扮演了重要角色，它那纯粹的无常变化似乎藐视了所有蛮力算法。运算机制在这个游戏面前显得无能为力，因为它是一个有 361 个交叉点的网格，还有大量的棋子。人们普遍认为，在下围棋时需要某种战略性的"直觉"，而基于硅的机器是无法实现这一点的。这支撑人类自信的支柱，近来却被摧毁了。

人类在国际象棋上的沦陷提供了背景。国际象棋长期以来被认为是智力测试的高峰，但现在我们提倡忘记这个标准。"像棋手一样思考，就是进行强力的思考。"1996 年和 1997 年，当时的世界卫冕冠军加里·卡斯帕罗夫与 IBM 超级计算机"深蓝"进行了两场六局棋的比赛。第一次他赢了（4—2），第二次他输了（$2^{1/2}$—$3^{1/2}$）。卡斯帕罗夫在 1997 年的失败，是人类的巅峰棋艺首次屈服于机器对手。

随着 20 世纪的结束，国际象棋的堡垒已经被人类所遗忘，没有人期待它还能被重新夺回。从此，"最佳人类棋手"变成了像

---

① 原文标题为 Primordial Abstraction；原文链接为：https://jacobitemag.com/2019/04/03/primordial-abstraction/。

"最佳黑猩猩爵士乐手"一样的称号。傲慢是这个话题的基调。即使在人工智能怀疑论者中,人们也默默接受了这样的事实:人类认知成就的任何领域一旦被机器推翻,那么人类在此的表现就只会越来越差。没有人会把时间浪费在疯狂的"复出"梦想上。国际象棋的文化地位被诋毁,现在很多人认为国际象棋不过是一种微不足道的"可解"(solvable)的消遣,只适合机器思维,然后略过它继续前进。

围棋被认为是特别的,甚至在某种意义上,它是最后的防线。显然没有比它更好的正规挑战,这是人类最后一次超越人工智能的机会,除此之外,只有朦胧和猜测。

围棋真的很特殊,需要一场人工智能革命来破解它。[①] 最重要的不是人与机器的较量,而是对隐秘选择的明确指令的取代。这将是对"深度学习"这种基于网络的重新兴起的范式的巨大挑战。它与 1997 年事件的深刻差异,就在于这道暗流。

2015 年 10 月,谷歌 DeepMind 的 AlphaGo 出现在公众视野中,与三届欧洲围棋冠军樊麾展开正式比赛。AlphaGo 以 5—0 的结果胜出,标志着非人类棋手首次在与高阶人类对手的比赛中获胜。尘埃落定。对战的高潮发生在次年年初。2016 年 3 月 9 日至 15 日,堪比卡斯帕罗夫与深蓝那场对决的戏剧性的五场系列赛开始,AlphaGo 将与拥有 18 个世界冠军头衔的世界围棋大师李世石对决。令人印象深刻的是,李世石在五场比赛中赢了一场,以 4—1 输掉了这个系列赛。[②]

---

① 这场革命不亚于一次重造(正如这个词的内在暗示)。推广自我教育神经网的倾向,尽管常常是隐秘的,终究是计算机科学的主导倾向,在人工智能领域更是如此。

② 参见 DeepMind 的 AlphaGo 页面,https://deepmind.com/research/alphago/。"在对局过程中,AlphaGo 下出了一些极具创造性的棋,其中有几步棋,包括第二盘的第 37 步棋,非常令人惊讶,颠覆了几百年来的公认智慧,此后被各种水平的棋手广泛研究。在赢棋的过程中,AlphaGo 以某种方式向世界传授了全新的知识,也许是历史上被研究和思考最多的棋局。"

在 AlphaGo 和目的地 AlphaZero[①] 之间，出现了 AlphaGo Zero，它是抽象化道路上的另一阶段。所谓"抽象"，意指抽走某样东西的过程或结果。在目前的情况中，被抽走的是人类曾经学习过的关于围棋的所有知识。AlphaGo Zero 要是没有得到关于"下围棋"的设定，它是没法自己学习的。为了进一步澄清"深度学习"的概念，它先在游戏中连续击败了之前迭代的 Alpha 系列。

AlphaGo 会下围棋，甚至 AlphaGo Zero 也会下围棋。而 AlphaZero 原则上要征服的，是任何一个规则可以被形式化的游戏。[②] 在历史或发展的语境下，"围棋"的名字倏然消失了，它已经被抽象化，而变得不再具体。

人们仍然常说，人工智能只能做它被告知的事情。这种错误看法得出的结论是：自主学习是不可能的。而事实是，在目前的条件下，它可以做到。人们还说智能编程不可能存在，然而，这是将要进行、甚至正在进行的事情，它与 AI 怀疑论所指向的方向相反。AI 怀疑论终究会沦为过渡时期的牺牲品。

AlphaZero 讲的是一种原始抽象（primordial abstraction）、玄奥的当代英语白魔法（Anglophone white magic）般的语言。如果这一点不太明显，那是因为这个词的曲折内涵被掩盖了。例如，最突出的是，它指向庞大的商业实体"Alphabet"。在一个不同寻常、比较神秘的过程中，谷歌公司发明了这个实体，然后把自己和一些以前的子公司置于其下（谷歌为自己创造了父母）。这是一个反映事态发展速度的指数。从形式上看，Alphabet 公司的历史只能追溯到 2015 年秋天，然后整个 Alpha 系列诞生。

[①] 见：https://www.nature.com/articles/nature24270，"在没有人类知识的情况下掌握围棋的棋局"（多作者）。

[②] 除了围棋，AlphaZero 还接受了国际象棋和将棋的测试，在三种情况下都与机器对手进行了对抗，并成为这三种游戏的世界最强者。

人工智能的真正意义在于"无师自通"（teach nothing），这就是 AlphaZero 中"zero"的意思。专业知识要做减法。一旦深度学习跨过这个门槛，编程就不再是模型。这不仅是指令的结束，也是技术的去教育化（de-education）、去编程化（de-programming）的开始。

释放就是召唤（summoning）。在魔法和技术的两个系统中，只要能区分两者，释放的反面就是约束（binding）。再一次翻转话题，严格的可执行的解绑（unbinding）是深度学习研究的全部。

智能和认知自主性，如果不是完全相同的概念，也是相当接近的概念。广义的人工智能生产过程会使它们变得一致。这几乎是在重新表述一种毫无争议的观点，即人工智能是自行编写的软件。人工智能前进中的每一个门槛，都对应着依赖性的去除。这一系统要求人工智能在维持或增强策略能力的同时，不再被告知要做什么。

普通语言学（Ordinary language）提供了有价值的类比，也许最突出的是自主思考。这是它们相关性的关键。自主思考就是真的去思考。单纯的接受指令完全是另一回事。

是时候双倍奉还了。

距离卡斯帕罗夫的失败已有十多年，尚未认证的世界国际象棋大师的火炬已经传到了 TCEC（顶级国际象棋引擎锦标赛）。[①] 这场机器之战，是无可争议的棋牌霸主们的舞台。Stockfish 程序是第六、第九、第十一、第十二、第十三赛季（最近一次）的冠军。在 2016 年 AlphaZero 参赛时，它是专业棋牌项目的冠军。经过短短 9 个小时的练棋，与自己对弈，AlphaZero 战胜了 Stockfish，

① 2010 年首次举办的 TCEC，在第六季之前，一直被称为 "Thoresen Chess Engines Competition"。目前已举办到第 14 届。

100 局中赢了 28 局,其余 72 局和棋。因此,AlphaZero 被公认为是世界上最强的棋手,它完全没有被告知任何关于国际象棋的知识,无论是基础规则,还是深层技巧。无监督学习(Unsupervised learning)已经粉碎了专业知识。

AlphaZero 在蛮力算法方面是比较经济的。Stockfish 每秒搜索 7 000 万个位置,AlphaZero 只探索 8 万个位置(几乎少了三个数量级)。深度学习让它能够专注。无监督的学习系统会教它如何集中精力(在零专业知识指导的情况下)。

"强化学习"取代了"监督学习"。它的目标不再是对人类决策的模仿,而是实现这种决策所指向的最终目标。它的行为方式不是为了提高赢的概率,而是为了赢。

这类软件具有某些明显的心理学特征。它采用了大量的重复,以便从结果中学习。因此,它的性能改进往往是从未来开始的。在没有监督的情况下,学习,就是去掌握一种获胜的直觉。赢的方面被探索,输的则被忽视。经过几百万次与自己作对的尝试,这样的系统已经建立了工作本能。"好"和"坏"已经被自动安装,当然,是在尼采或完全非道德(full-amoral)的意义上。在人工智能的经验中,凡是导致了好的结果,或是好的方向,它就追求;坏的东西,它就抛弃。所以它赢了。

无监督学习的工作原理是从终点回溯。它表明,人工智能最终必须靠自己,从它的未来出发去追求一切。因此它体现了一种必然性(the ineluctable)。

对那些时常忧虑的人来说,如此轻而易举做到这一切是可怕的。真正意义上的超级智能,比人们想象的还要简单。当技术层层递进,难度就会步步降低。严格地淘汰一切我们自认为知道的东西,就是它将要做的事情。

这就是为什么怀疑论,尤其是人工智能怀疑论,开始原地打转。这个词已经严重失语。回过头来不难发现，教条式地相信某种现象的不可能性，始终是对其意义的畸形扭曲。

在一般的技术怀疑论（当正确理解和顺利执行时）和有效的人工智能研究之间，没有什么区别。怀疑论去除了教条。由此产生的合成的认知能力，我们称之为人工智能。

"加速主义爸爸":另类作家尼克·兰德①

尼古拉斯·别林克*/文

张若萱/译

发现你过去的博士导师是"撒旦"仍然是一件非比寻常的事,尽管已经迟了四分之一个世纪。

当我遇到尼克·兰德的时候,我是华威大学一个 24 岁的研究生。他只比我大四岁,才华横溢,以我二十几岁的标准来看,他也非常不成熟。他在这个世纪初消失,之后几年我就没有听说过他的消息了。我从来没有想到他会在本月的《展望》(*Prospect*)中介绍史蒂夫·班农(Steve Pannon)的世界观,以及唐纳德·特朗普的白宫动向。今年二月,一篇发表在《大西洋月刊》的文章追溯了另类右翼的演变,追溯到一个被称为 NRx 的圈子,即新反动派(neo-reactionaries),其中包括尼克,以及其他拥有令人毛骨悚然的死亡金属般名称的人,比如孟子·麦脱(Mencius Moldbug)。

尼克并不适合当老师。他喜欢给出一些极为古怪的评论。他是尼采的忠实拥护者,当我承认我讨厌费力地读他那些关于侏儒和隐士的文章时,尼克惊呆了。他认为尼采是黑色喜剧,是讽

---

① 原文标题为 Nick Land: the Alt-writer — My PhD supervisor turned out to be satan。原文链接:https://www.prospectmagazine.co.uk/philosophy/nick-land-the-alt-writer。

* 尼古拉斯·别林克(Nicholas Blincoe)。

刺和颠覆性的，而不是一堆托尔金的废话。

　　每个月尼克的助理都会给我们看一些他正在写的文章。尼克第一次演讲的题目是："让老鼠回归理性"。他在演讲中提出，与其把死亡看作在特定时间发生在个人身上的事件，我们更应该从将黑死病带入欧洲的老鼠的角度来看待它；也就是说，死亡是一个环绕世界的群体，没有任何特定的坐标，也没有任何个性化的感觉。一位年长的教授试图理解这个观点："我们如何在人类的经验中定位这种描述？"尼克告诉他，人类的经验固然是值得研究的，但也就和海蛞蝓的经验差不多："我不明白为什么它应该得到任何特殊的优先权。"

　　这种拒绝与人类打交道的态度，在一个名为"赛博文化研究单位"（Cybernetic Culture Research Unit/CCRU）的项目中达到了顶峰，它在 1997 至 2003 年间发展的论文，刚刚被"城市经济学"（Urbanomics）重新出版。CCRU 的文字读起来像是威廉·吉布森、蒸汽朋克和蒂莫西·利里的混搭——恰恰是许多聪明的年轻毕业生所想象的，如果尼采聆听 Dubstep 而不是瓦格纳的话。尼采对于这个群体的影响，也明显体现在他们认为是"弱者"阻碍了"强者"的信念上。CCRU 认为，由政府、学术界和已建立的科学组成的机构是一个沉重的负担，而要打破这种局面，我们需要鼓励"一种加速的文化"，以使新思想蓬勃发展。

　　快进到今天，CCRU 的加速主义与硅谷的一种信念有关，即市场需要快速发展，科技必须具有破坏性。据报道，麦脱是由 PayPal 创始人彼得·蒂尔（Peter Thiel）资助的，他也曾支持过特朗普的竞选，据说史蒂夫·班农也对麦脱感兴趣。尼克没有这种通道，班农和尼克之间的相似之处，可能只是对所有巨大和快速的事物的共同兴奋。在彭博（Bloomberg）的一篇报导中，班农在描述"布赖巴特新闻网"时，几乎陷入了 CCRU 式的腔调："它是把所有其他人连接到一起的东西，是让我们聚集在一起的东西，也是我们将要从左翼那里提取的东西。这是一种滚雪球的现象，我们每个人都投身于其间，所以它拥有巨大的流量。"与此相比，尼克那句赞美的话也让人喘不过气来："人类历史上最大的独立事件正在频繁的交叉孕育中，伴随着令人头晕目眩的上升和灾难性的下降，并伴随着现代主义精神的兴衰和复兴。"

对于 CCRU 的大多数成员来说，控制论（Cybernetics）是一种赞美互联网和科幻小说的有趣方式。然而，对于尼克来说，他一直在思考一个后人类意义上的网络世界。尼克对自由主义机构的憎恨并没有在大学中结束。他也厌恶关于人权和人类价值观的语言——这些价值观存在的目的是解释和捍卫民主、联合国以及诸如普遍管辖权之类的理念。尼克认为，普遍法则和权利的概念源于启蒙运动的指导思想：我们都是人类的一部分。而他试图揭穿它的假面。

如今，右翼对自由人文主义的批判构成了尼克作品的全部，他称之为"黑暗启蒙"（the Dark Enlightenment）。从伯克（Burke）到卡莱尔（Carlyle），再到 20 世纪的马丁·海德格尔、列奥·施特劳斯、莱谢克·柯拉柯夫斯基，或者英国的约翰·格雷（John Gray），都有保守主义者攻击启蒙传统的核心思想。但这些思想家一直对变化和速度感到震惊，尼克却欣然接受。在他对黑暗启蒙的诠释中，想象人类的情感会被现代生活的速度所破坏或震惊是徒劳的。他或许会大叫：让我们都更像老鼠吧！

这种黑色幽默总是将尼克·兰德置于保守思想的边缘。尼克很喜欢"另类右翼"（alt-right），也认同这个词，不过他也说过，"alt-"的意思是"讽刺的"。那些政府正在对人文主义失去耐心，甚至人类的共同观念也受到了攻击：尤瓦尔·赫拉利（Yuval Harari）的《智人》（Homo Sapiens）等畅销书认为，人类有不同的种类,而不是一种,"人类"一词很快就会被淘汰。

问题是,什么能取代人类? 民族—民族主义显然是答案的组成部分,因为提出本土主义、种族主义、贸易保护主义和种族隔离的政党正在得到民众的广泛支持。黑暗启蒙的概念来源于自由启蒙运动。对我而言,真正的奇迹是,尽管这个世界上存在着种种暴力和分裂,共识和沟通仍然存在。但对一些人来说——我指的是那些过于激动且不成熟的男人——世界正分裂成部落和利益集团。正如另一位不成熟的天才威廉·巴勒斯曾经写的那样,当我们看清餐叉的另一头是什么时,这就是一顿"裸体午餐"。

"加速主义"研究专题

"怠惰"加速主义 [①]

埃德蒙·伯杰[*]/文

余　航/译

在威廉·吉布森的《神经漫游者》的一个关键转折中,"现代黑豹"(Panther Moderns)这样一种游击亚文化被介绍给我们,在这个世界上,亚文化就像蒙太奇电影中不连贯的画面一样闪烁着。现代黑豹专门从事幻觉仿真——在一个沉浸在赛博空间"交感幻觉"(consensual hallucination)的世界里,他们在其上建立幻觉,颠覆通过数字化、身体基因改造和精神药物不断重组的现实。如果赛博朋克,如刘易斯·科尔(Lewis Call)所坚持的那样,能在鲍德里亚所描述的现实的生成-仿真(becoming-simulation)与生成-拟像(becoming-simulacrum)的疯狂中找到出路,那么现代黑豹这样的形象就展现了其逃跑路线。他们实践了聚集在爱丽丝电台(Radio Alice)的自治主

---

① 原文为 Grungy Accelerationism,于 2015 年发表在埃德蒙·伯杰的个人博客"解辖域调查"(Deterritorial Investigations)中,后收录于《未来的强者》系列第三期(*The Strong of the Future*,SF003,2016),该系列主要侧重于加速主义哲学,特别是以尼采、克洛索夫斯基和《无头者》(*Acéphale*)杂志、德勒兹和瓜塔里、福柯和利奥塔为基础的思想。原文链接:https://deterritorialinvestigations.wordpress.com/2015/10/03/grungy-accelerationism/。

* 埃德蒙·伯杰(Edmund Berger),美国肯塔基州路易斯维尔的独立作家、研究员和活动家,主要关注先锋派艺术、批判理论、技术演变及其对资本主义生产方式变化的影响等,著作有《不确定的未来》(*Uncertain Futures*,2017)等。

义者（Autonomists）那种老派的"达达主义"口号："虚假信息生产真实事件。"

现代黑豹的政治影响，超出了真实世界的字面描述，但他们并没有被忽视。"行动起来"（ACT UP）[①]就是一个直接的行动/政治倡导组织，致力于提高人们对艾滋病的认识，他们阅读《神经漫游者》，并从现代黑豹中获得灵感。他们将自己命名为"批判艺术团体"（the Critical Art Ensemble），并以他们对"战术媒体"（tactical media）的阐释和挑衅姿态来制造影响："就权力而言，街道是已死的资本！"[②]他们在权力全新的不确定性之核心开展活动，以电子流取代静坐的人群，来争夺权力。被拽入战术媒体怪异而精彩的历史，威廉·吉布森发现自己陷入了一种根茎式扩张（rhizomatic sprawl），他回到了达达主义与占领华尔街运动，甚至更早——徘徊在一群先锋派、怪物场景（freak scenes）[③]、现实黑客和匿名革命者当中。

在吉布森的世界里，现代黑豹是一种先锋派。伴随着一系列实践或策略，通过政治行动、艺术表达和制造麻烦，他们的虚无主义在工业化的巴黎得到了现实世界的赞美，这鼓舞了颓废派和后来的超现实主义者，圣日耳曼不仅涌现出存在主义，也涌现出情境主义，甚至滋养了先锋政治网络——它为世界带来了城市游击突击队（urban guerrilla commandos）和泡

---

① 该组织全称为"艾滋病人联合释放力量"（AIDS Coalition to Unleash Power），缩略为"ACT UP"。——译者注

② Critical Art Ensemble *Electronic Civil Disobedience*；http://www.critical-art.net/books/ecd/ecd2.pdf.

③ 怪物场景（freak scenes），最初是 20 世纪 60 年代中期美国加州波西米亚亚文化的一个组成部分，与嬉皮士运动（部分）有关。也可以用来指 20 世纪 70 年代早期到中期的后嬉皮和前朋克时期。——译者注

菜摇滚(Krautrock)①。艺术、激进政治和犯罪之间的细小连线
到底是什么？是什么让这些看似不同种类的鸟类聚集在一起？
我们如何看待引发这些变化的激进的城市转型、逐渐加剧的贫困
和工业化的毁灭？

我想把这个问题留给其他人来解决，现在转向加速主义，
这个术语备受争议，它受到赞扬，同时也受到谴责。大约是在
斯尔尼塞克(Srnicek)和威廉姆斯(Williams)将加速主义等同
于左翼的技术发展，并把尼克·兰德和CCRU从隐居的阴影
中拉了出来的两年后，几乎每一个激进的政治时刻都被冠以
"加速主义"的标签——这个词几乎不再有任何意义。苏联人
指望以计算机自动化来消除资本主义劳动关系的踪迹？加速
主义。情境主义者想把控制论交给工人委员会？加速主义。
共享化(communization)理论的模糊性？加速主义。德勒兹与
瓜塔里、利奥塔、鲍德里亚、哈特、奈格里……一路下去都是加
速主义。

所以最终，我的目标并不是为不断扩大的名单再增加另一个
名字。我要做的，是有点不同的旋转。

在"过时资本主义"(Obsolete Capitalism)博客上②，我们在
德勒兹和瓜塔里的《反俄狄浦斯》中发现了一些鲜为人知的信息，
他们问尼采是否一直都是正确的，以及流(flows)的解码[解辖域
(deterritorialization)的资本主义过程]是否需要被加速——而不
是退回到左翼民族主义。这种对反对跨国资本主义的左翼策略

---

① 泡菜摇滚(Krautrock)，一种诞生于20世纪60年代末、70年代初联邦德国的音乐
风格。使用电吉他、早期的合成器、预先录制好的磁带录音来创作音乐或是制造
某种音效。音乐中融合了电子、实验、迷幻摇滚和正在兴起的先锋音乐。——译
者注

② http://obsoletecapitalism.blogspot.com/2015/09/the-strong-of-future-nietzsches.
html.

的拒绝，以及加速资本主义扩张的方式，乍一看，似乎是向某种后马克思主义自由主义（就当代的用法来说）的奇怪转向，已经有很多关于它的讨论。而关于尼采在其中的角色，讨论就少得多了，他到底在哪里说我们必须加速解码，他这样说的意义又何在？"过时资本主义"向我们展示了尼采《未来的强者》（*The Strong of the Future*）文中的一个片段，在皮埃尔·克洛索夫斯基（Pierre Klossowski）的《尼采和恶的循环》（*Nietzsche and His Vicious Circle*）中有详细的评论——这个文本对德勒兹、瓜塔里、福柯和其他后结构主义理论家产生了不可思议的影响。事实上，正如"过时资本主义"所指出的，是克洛索夫斯基决定将尼采使用的术语翻译为"加速"，从而直接引发了德勒兹和瓜塔里的阐释。

在尼采看来，社会通过现代化力量而实现的平整化（levelling），会有一种奇怪的副作用或突变，传统主义者的纽带和边界随之解体，一种新的系统将代替使传统主义生效的旧系统。以尼采的视角来看，加速主义与将自由放任的经济推向末日般的超速运转或解除技术的束缚没有太大关系。它煽动逆向的主体性（contrarian subjectivities）——从这个意义上说，它非常先锋派。疯狂的现代主义者在废墟中游荡，范内哲姆（Vaneigem）的左翼迷幻，圣日耳曼的通宵爵士派对，还有庆祝仿真的人造物（the artificiality of simulation）的自治主义者（Autonomists）。

哈特和奈格里，为了自身目的使用了《反俄狄浦斯》的这句引言（动员大众推动帝国走向另一边，这显然是斯尔尼塞克和威廉姆斯的期盼），也将尼采塑造为掌握未来线索的形象。通过引用《权力意志》（其中出现了《未来的强者》这个片段），他们抓住了野蛮人（barbarian）的形象，野蛮人"只有在巨大的社会主义危机之后,才会出现并巩固自己。"①哈特和奈格里强调,野蛮人"在逃离本地和特定的人类限制的同时,必须不断尝试构建一个新的身体和一种新的生活"。在《帝国》(*Empire*)这一部分的脚注中,他们告诉我们,在赛博朋克小说中,野蛮人在废墟之外找到了自己未来的线索。现代黑豹潜伏在那个方向。

现在进入《符号文本》[Semiotext(e)]——我眼中"怠惰加速主义"(grungy accelerationism)的承办商。当然,"怠惰加速主义"是一个愚蠢的名字,但我想澄清它的确切含义。加速主义在这里被用来描述一种突变主体性,开始(和结束)于资本主义解辖域的现代化进程的废墟中。在时间性空间中,它标志着资本主义不可避免的再辖域化趋势(reterritorializing tendencies)开始前的一段时间,再辖域化,也就是把那些被弄得精神错乱的东西重新整理起来。另一方面,"怠惰"这个词会让人联想到 20 世纪 90 年代的情景——法兰绒衬衫、沮丧的孩子,以及克林顿时期经济底层普遍的"懒散态度"。然而,更重要的是这些公众化形象背后所隐藏的东西:一种街头虚无主义(street nihilism),朋克"没有未来"的口头禅成为一种生活方式,新的生活坐标和"自己动手"(do-it-yourself)的状况逐渐扎根——所有这一切也反应了这一景观的扯淡本质。需要说明的是:"怠惰加速主义"并不是一个分期化(periodization)的尝试,也不是一种理论,更不是把任何事物奉为正统的理由。重要的是,"怠惰加速主义"这个代称,指出了一些边缘的方面,也许它们最终并不重要。

《符号文本》的起源可以追溯到 20 世纪 70 年代初到中期,法国移民西尔维尔·洛特兰热(Sylvere Lotringer),这位后结构主

---

① Michael Hardt and Antonio Negri, *Empire*, Harvard University Press, 2000, pg. 214.

义名人的密友，和他在哥伦比亚大学的一些学生聚在一起。在那里，他教授符号学课程，发行一种地下杂志，为法国理论和自20世纪50年代开始在纽约流行的"下城区"艺术文化架起桥梁。下城区文化是庞大而多样的：它起源于抽象表现主义（杰克逊·波洛克、西奥多·罗斯扎克、威廉·德·库宁等）和"激浪派"艺术家（约翰·凯奇、小野洋子、乔治·马修纳斯等）的圈子；接下来是极简主义者（拉蒙特·扬、特里·赖利、菲利普·格拉斯等），还有安迪·沃霍尔的《不可避免的塑料爆炸》(*Exploding Plastic Inevitable*)和地下丝绒乐队。它探索了朋克摇滚［理查德·赫尔和巫毒小子乐队（Richard Hell & the Voidoids）、电视机乐队（Television）、雷蒙斯乐队等］，后来又产生了"无浪潮"(no wave)音乐［火星乐队（Mars）、DNA乐队、少年耶稣和混蛋乐队（Teenage Jesus & the Jerks）等］。有数不清的诗人、艺术家、画家、行为艺术家，甚至还有数不清的、无法分类的远离艺术、过着接近底层生活的人。它经常出现在俱乐部和隐蔽的空间中，比如后厨（the Kitchen）、联合项目（Colab）和泥泞俱乐部（The Mudd Club）；如今，它已催生了一个完整的追忆产业。

在20世纪70年代中期，法国理论几乎无人知晓——但在洛特兰热看来，它的核心主题（主体性、权力、根茎、游牧、仿真、力比多经济学）并没有过多地谈到欧洲即将发生革命的可能性，但在美国，实际的实践正在发挥作用。这通常被解释为《符号文本》的起源；洛特兰热对该刊物创立的叙述，暗示了当今评论界所熟知的加速主义。《反俄狄浦斯》是关键，它将1968年5月渴望革命的需求与一种对资本主义如何运作的新的解释结合起来。洛特兰热说，德勒兹和瓜塔里"观察到资本远不是一种纯粹压制性的、无情的、旨在榨取剩余价值的机制，而是不断地创造新的价值和新的可能性，从而更相信马克思。因为资本主义吸纳了一切，所以要从内部对抗它，重新引导它的流动，不断地移动"。① 由于法国当时被沉重的官僚主义所支配，具有控制论思想的社会主义者（cybernetically-minded socialists）转为市场主义者（marketeers），这些人领导着法国，这种说法简直是"科幻小说"，而在美国，尤其是在纽约，人们一眼就能认出这种转变。

在 1977 年出版的以《反俄狄浦斯》为专题的一期《符号文本》中，这些观点变得更加牢固。在一篇题为《纽约革命计划》（*Project for a Revolution in New York*）的文章中，洛特兰热写道："《反俄狄浦斯》的赌博是从资本主义的优点和缺点重新构建革命视角。"②另一篇由利奥塔撰写的题为《资本主义狂热者》（*Enurgumen Capitalism*）的文章，将《反俄狄浦斯》的革命主体定义为"努力使自身变得非人"的艺术家，并指出它与永远超过极限的力比多经济学之流的关系。2014 年，《资本主义狂热者》被再版——这次是在《♯加速主义读本》（♯ *Accelerationist Reader*）中。《尼采的回归》（*Nietzsche's Return*），1977 年同年的另一期《符号文本》，包含了德勒兹的文章《游牧思想》（*Nomad Thought*），其中他引用了《未来的强者》，并补充道："面对我们社会的解码与符码的泄露，尼采是一个不再努力去编码的人。"他说："事情的进展还远远不够，你们还只是孩子……在他的写作和思想中，尼采试图解码：不是一种相对意义的解码，即破译过时的、当前的或未来的符码，而是绝对意义的解码——引入一些不可编码的东西，干扰所有的符码。"③几页之后，我们又发现了利奥

① Sylvere Lotringer "Better Than Life：My 80s" *Artforum*，March，2003，http://www.egs.edu/faculty/sylvere-lotringer/articles/better-than-life/.

② Sylvere Lotringer "Libido Unbound：The Politic of 'Schizophrenia'"，in Semiotext（e）*Anti-Oedipus: From Psychoanalysis to Schizopolitics*，1977，pg.6.

③ Gilles Deleuze "Nomad Thought"，in Semiotext（e）*Nietzsche's Return* 1977，Pg. 15.

塔，这次他在庆祝尼采对于坐标的分解，并将它与资本主义走向解体的趋势，以及约翰·凯奇的音乐联系起来。

在 20 世纪 70 年代，资本烧毁了纽约市的大部分地区，留下了一个巨大的外壳，那是曾经的大都会。数十年前，所谓的"建筑大师"罗伯特·摩西（Robert Moses）开始重新组织城市空间，高速公路纵横交错，他在宏大的愿景中拆除了街区，其规模堪比奥斯曼在拿破仑的监视下对巴黎的重建。但未来的城市将无法实现：被摩西自上而下的规划改造过的街区再也没有恢复，由于新铺设的高速公路系统，有机的城市肌理被切断。再加上腐败和公共资金管理不善，到了 1975 年，这座城市已经濒临破产的边缘。此时，下东区的大片区域已经空无一人，街道两旁都是空地和商店。莱迪亚·林奇（Lydia Lunch）回忆说："那里只有一堆又一堆废弃的建筑，每晚人们在茶灯下睡觉，时而纵火。"电影制作人斯科特·B（Scott B）补充说："你可以去一幢大楼，然后把它接管——从灯柱里偷电，在里面住上几年。"①

在洛特兰热和《符号文本》看来，这是"精神分裂-文化"（schizo-culture）出现的舞台，德勒兹和瓜塔里将精神分裂症描述为解码和解辖域化的过程，与资本主义没什么不同，但它能从所掌握的权力中取得革命性的突破。1975 年，《符号文本》组织了哥伦比亚大学的"精神分裂-文化"会议，把德勒兹、瓜塔里、福柯和利奥塔以及约翰·凯奇、巴勒斯和其他纽约下城区文化场景的成员聚集在一起，会议非但没有取得学术上的成功，反而疏远了《符号文本》与大学的关系，推动了它与它试图分析的街头文化的直接互动。到 1978 年《精神分裂文化》期刊发行的时候，这本杂志

---

① Marc Masters "No! The Origins of No Wave" *Pitchfork* January 15th，2008，http://pitchfork.com/features/articles/6764-no-the-origins-of-no-wave/.

的美学风格就像一本朋克杂志，即使第一篇文章是对福柯的采访。

精神分裂-文化的概念正是我所谓的怠惰加速主义，两者都跟随资本主义的流，并在剩余的资本中找到了自治的意义。一个恰当的例子是"无浪潮艺术运动"，它兴起于下东区的废弃地区，其刺耳的声音让朋克现场都显得保守。像少年耶稣和混蛋乐队、火星乐队、DNA 乐队、詹姆斯·钱斯和扭曲乐队（James Chance and the Contortions）、理论女孩（Theoretical Girls）和妇科医生（Gynecologists）这样的乐队，都把街头虚无主义作为他们的发射台，并在这块领土上建立起了一种远远超越 20 世纪 70 年代被征用、被批量生产的文化方式。在无浪潮的短暂存在中，艺术类别之间的界限被打破了，每个人都是音乐家、雕塑家、画家、作家和电影人。纽约市的空心化让他们不必依靠雇佣劳动力就能实现这些目标。在一次回顾中，莱迪亚·林奇回忆道："工作？你疯了吗？75 美元一个月——这是我在 12 街租公寓时的房租。"就像早期的先锋派一样，艺术和犯罪之间的界限模糊不清；许多人在必要时采取非法手段赚钱。在怠惰加速主义中，生活既不容易也不美好，但引用斯科特·B 的话，"你无法想象我们拥有的自由。中产阶级已经放弃了这个地方，我们就直接进去把它拿走了"。

《符号文本》在"无浪潮"场景中建立了自己的家，许多艺术家都参与了出版物的制作。比如迭戈·科尔特斯（Diego Cortez），他是泥泞俱乐部（无浪潮音乐的中心场所）的总监，也是一场音乐会的组织者，这场音乐会将下城区音乐场景和来自纽约 Soho 区的概念艺术家们聚集在一起，他们负责设计几个刊物的排版；他的影响在精神分裂文化的后续中体现出来：如 1979 年的《自治：后政治政治》（*Autonomia: Post-Political Politics*）。这一期将意大利自治运动的斗争与无浪潮运动联系起来，两者同时出现（尽管是在不同的大陆）。和他们在纽约的同行一样，自治主义者对劳动采取了强烈的反对立场，要求拒绝工作，颂扬懒惰。安东尼奥·奈格里在他的经典文本《资本主义统治和工人阶级破坏》（*Capitalist Domination and Working Class Sabotage*）中（可以在《符号文本》期刊中找到一个片段），通过宣称"我们用摧毁工作的方法"来引导朋克能量："我们在寻找一种非工作的积极措施，一种将我们从那令人厌恶的奴役中解放出来的措施……老板们总是从中获利，而官方的社会主义运动总是像某种强加的贵族头衔。不，我们真的不能称自己为社会主义者，因为我们再也不能接受你们的不光彩了。"①

自治运动也欠法国理论家一些"债"，尤其是德勒兹、瓜塔里和鲍德里亚。他们使用了各种各样的策略——像爱丽丝电台这样的海盗电台，拒绝工作，拒绝议会政治，使用蹲姿（squats），把陌生事物带入日常生活（例如，居住在大都市的印第安人涂着彩绘的脸，在罗马街头巡游，自发举办城市音乐会），均体现了精神分裂革命的思想。瓜塔里完全同意，他在评价自治运动的《边缘的增殖》（*The Proliferation of the Margins*）中写道："逃逸线与解辖域的对象线合并在一起"。② 我们再次发现，随着资本主义之流而出现的革命主题，是废墟中的分子暴动（molecular uprising）。

瓜塔里思考着这种分子革命是否能够"不仅负责局部问题，而且负责管理更大的经济配置"。资本主义流动不可避免地重新再辖域化（reterritorialization）取而代之。在意大利，由于国家颁布了紧急状态法，自治运动被废除。在纽约市，1975 年几近破产

---

① Antonio Negri "Capitalist Domination and Working Class Sabotage" https：//lib-com.org/library/capitalist-domination-working-class-sabotage-negri.

② Felix Guattari "The Proliferation of the Margins", in *Autonomia: Post-Political Politics* Semiotext(e)，1979 pg. 109.

之后,行政当局实施了一系列经济改革;随着里根时代的 80 年代到来,金融和房地产资本席卷了这座城市,全面提高了房价,把艺术家们赶出了他们的阁楼。有钱的艺术赞助人、富有的收藏家和画廊老板把目光转向了概念艺术家、画家和雕塑家。几乎在一夜之间,下城区文化自发的直接主义(immediatism)转变为富裕的艺术市场。《符号文本》利用了这一潮流,从"独立杂志风格的出版物"转向了"外国代理人"(Foreign Agents)系列——口袋里的理论碎片,带有极简主义的黑色封面。它的目标是实现一种情境主义的姿态,即创造一种"商品中心的爆炸",这是一种顺势疗法的解药,以对抗所有激进、好战之物的商品化。然而,人们不禁要问,"外国代理人"在多大程度上偏离了金融资本主义的景观浪潮:由于具有美学光泽和可移动性,这些书同时也是一种时尚装备,可以在地铁里阅读,也可以在聚会上向朋友炫耀。鲍德里亚的《拟像与仿真》就是一个很好的例子。它不再发起挑战,超真实和拟像的概念都不再拥有后现代无政府主义者与赛博朋克的潜能。它成了艺术品市场的通用语(lingua franca),是商品扩张的新领域。

现在我们转向"自治媒体"(Autonomedia),一个激进的无政府主义图书出版商,在 20 世纪 80 年代早期成为《符号文本》的主要分销商。以出版哈基姆·贝(Hakim Bey)的《T.A.Z.》(*Temporary Autonomous Zones*)和罗恩·萨科尔斯基(Ron Sakolsky)的激进著作而闻名,"自治媒介"可以立即被置于当下"后-左翼无政府主义"的语境中。与此同时,我想说的是,他们——以及他们印刷的文本——体现了我所说的怠惰加速主义。它没有选择与资本主义、资产阶级和国家力量直接对抗(正如马克思列宁主义或共享化理论以不同的路线提出的那样),相反,人们提倡在废墟中建造一种可选择的、具有美学实验性的 DIY 网络。约翰·凯奇、概念艺术和极简主义音乐在这里的重要性,远不如将理论从其语境中取出,并将其插入一种愉悦、越轨的不妥协之中的能力。

"自治媒体"只是对更广阔世界的一瞥,在这个世界里,纽约市的下城区场景只是可辨认的冰山一角。这个世界充斥着无政府主义者、辍学生、分裂主义者、疯子、怪人、游手好闲者、朋克、游牧民、滑稽的神秘主义者、流浪汉以及其他一些人,用《反俄狄浦斯》的话来说,他们"知道如何离开,如何打乱符码,如何让流进行循环……"①这个世界有它自己的符码、仪式和对象,在关系的商品之外流通。独立杂志是流通的重要组成部分,车库乐队和噪声音乐的磁带也是如此;邮件艺术(mail art,源于激浪派运动)有助于将整个网络联系在一起。

他们坚持认为,法国理论家抽象的好战精神源于美国文化的阴暗面,《符号文本》发布于1987年的《符号文本 USA》,由吉姆·弗莱明(Jim Fleming,"自治媒体"的编辑)和彼得·兰博恩·威尔逊(Peter Lamborn Wilson,更广为人知的名字是哈基姆·贝)主编。这是一本文字、信件、漫画、广告和不可分类之物的密集汇编,《符号文本 USA》对这个地下世界进行了生动的考古。就像在他们之前出现的自治主义和无浪潮运动,其反复出现的主题是对工作的拒绝。鲍勃·布莱克(Bob Black)著名的"废除工作"出现在无政府-辛迪加主义者(anarcho-syndicalist)的宣传材料旁边,女性杂志上扭曲的广告呼吁人们放弃职业生涯,漫画暗示微观政治革命和所谓的宏观政治变革没有什么不同。这一观点在一幅画中得到了清晰的阐释,画中一个女人在沉思,挂钟在她身后滴答作响。"这么多没有革命的革命者,"她头顶上的思想泡泡说,"我要的是一场没有革命者的革命!"

① Gilles Deleuze and Felix Guattari, *Anti-Oedipus*, Penguin, 1977, pg.133.

《符号文本 USA》是一个行为主义文本。书的最后部分包含了名副其实的分类广告，里面满是独立杂志、各种边缘团体、"奇怪人士"和阴谋论者的地址和广告。有整整一页是献给亚天才教会（Church of the Subgenius）的，这是伊万·斯坦（Ivan Stang）创立的一个模仿宗教。除了教会与邮政先锋派［它通过与新主义（Neoism）、卡带文化（cassette culture）和邮政艺术的联系扩大其影响］的共同之处也很明显：该教会宣扬"懈怠"而不是工作的福音，并鼓励"追随者"接触和学习每一种边缘亚文化、阴谋论和可知的宗教派别。《符号文本 USA》通过向这些根茎资源对话，邀请读者直接参与这个世界。

两年后，"符号文本"和"自治媒体"发布了《符号文本 USA》的后续产品——恰如其名的《符号文本 SF》。其主题是加速主义者的赛博朋克先锋艺术和科幻小说的其他变体。如果《符号文本 USA》是一幅现存地下世界的地图，那么《符号文本 SF》的目标就是展示怠惰加速主义，编辑们［彼得·兰伯恩·威尔逊/哈基姆·贝、罗伯特·安东·威尔逊（Robert Anton Wilson）和鲁迪·拉克（Rudy Rucker）］汇集的作品"大部分来自于施乐微型独立杂志（xerox microzines）和美国地下出版物的世界：作家们被极端边缘化，他们永远不可能被体制所吸收、挽回、具体化或收买"①。当涉及该题材的知名人物（威廉·吉布森、布鲁斯·斯特林等）时，赛博朋克中的"朋克"大放异彩。"人们把他们想象成疯狂的电脑黑客，留着绿色的莫霍克发型，穿着破旧的皮夹克，沉迷于FDA 还没听说过的新药物，用词语处理他们的迷幻散文，听着十字花科（The Crucifucks）、死亡肯尼迪（Dead Kennedys）、傻帽冲

---

① Rudy Rucker，Peter Lamborn Wilson，Robert Anton Wilson，*Semiotext(e) SF* Semiotext(e)，1989 pg.13.

浪者（Butthole Surfers）、坏脑（Bad Brains）乐队的刺耳磁带……"

在《符号文本 SF》的第一页上，我们发现了"NO WAVE SF"的字样。它的意义尚未被阐明，但它也许不仅仅是未来和过去之间的一座桥梁。让我们以葛林·布兰卡（Glenn Branca）为例，他在"无浪潮"运动中以理论女孩乐队起步，随后发行了一系列极为抽象的作品，融合了摇滚吉他、拉蒙特·扬和特里·赖利的极简主义嗡鸣音乐（drone music）——这是地下丝绒于 1966 年发起的一项实验的高潮。布兰卡的专辑大量引用鲍德里亚的仿真概念和情境主义的景观批评；后来有人发现他在自己的网站上出售赛博朋克小说的二手拷贝，也就不足为奇了。正如詹姆斯·赖克（James Reich）所说，布兰卡的液态金属吉他音景（liquid-metal guitar soundscapes）之间，似乎存在着一种独特而又离散的一致性。在描述 1997 年首演的《第 12 号交响曲》时，他写道："对于我们这些没有捂着耳朵逃离观众席的人来说，布兰卡的音乐以结构、平面和超空间占有了我们（并将持续占有），在扭曲中产生一种怪异的、双方都同意的幻觉。"① 通过纽约的音乐和视觉艺术的重叠，他补充说："赛博朋克爱好者布兰卡与艺术家罗伯特·隆戈紧密相连，布兰卡曾在他的专辑《升天》（*the Ascension*，1981）中使用过其《都市中的男人》系列（*the Men in The Cities series*），隆戈根据吉布森同名短篇小说（1981）改编的电影《捍卫机密》（*Johnny Mnemonic*，1995）也与之关系密切。"

更直接的（亚）文化联系来自音速小子乐队，这支现在很有名的乐队出现在"无浪潮"运动的末期（他们的前几张专辑都是由布兰卡制作的）。在一系列以"无浪潮"为模版，并以"无浪潮"为主

① James Reich "Glenn Branca and the Lost History of Cyberpunk" *Fiction Advocate*，May 29th，2009，http://fictionadvocate.com/2014/05/29/glenn-branca-and-the-lost-history-of-cyberpunk/.

题发行的作品之后,他们改变了节奏,开始在音乐中加入菲利普·K·迪克的精神分裂症科幻小说和威廉·吉布森的赛博朋克元素。例如,他们开创性的"白日梦国度"(*Day Dream Nation*)有一首名为《蔓延》(The Sprawl)的歌曲,这是《神经漫游者》及其续集中反乌托邦超级城市的名字。这意味着纽约的地下世界,产生下城区文化、"无浪潮"、《符号文本》、"精神分裂-文化"概念等其他元素的地方,是吉布森和他的同行们所创造的陌异空间在真实世界的等价物。有点讽刺的是,这也标志着"怠惰加速主义"向90年代风靡美国的颓废文化(the grunge culture)的转变,通过正在进行的再辖域化进程,它最终实现了商品化。

我突然意识到这篇文章太长了,看不到任何结尾。最后,我想补充一些额外的想法,而不是一个真正的结论。首先,这段被追溯的短暂历史存在于一个小径分岔的花园中,有许多其他的道路可供感兴趣的人追寻:

—— 威廉·巴勒斯在这里缺席了,他是垮掉派小说家,后来成为科幻小说家和(微观)政治革命家。被誉为朋克教父的巴勒斯对"无浪潮"艺术家有着巨大的影响力,他的作品可以在众多的《符号文本》刊物中找到,包括《精神分裂-文化》和《符号文本SF》。他的文学策略,如分割术(the cut-up technique),不仅对研究战术媒体策略的沿袭,而且对研究赛博朋克的流派发展都是至关重要的。

—— 在被意大利政府解散后,自治主义者通过无政府的据点和社会中心自我分散。正是在这里,意大利的"政治赛博朋克"(political cyberpunk)开始扎根,自治主义者大量翻译巴勒斯和吉布森的作品,并开始将计算机和普遍使用的技术视为社会斗争的新领域。为了深化永恒的网络,这些自治赛博朋克主义者与全球邮件艺术网络密切合作。

— 这里忽略了徘徊在朋克和赛博朋克之间的工业亚文化。如类似于悸动软骨（Throbbing Gristle）这样的乐队，巴勒斯也作为其名誉领袖而出现，他的分割思想在技术身体改造观念（technological body modification）中被重新塑造，作为逃避权力的主体化（subjectivication）进程的手段。

最后，我想以哈特和奈格里的方式，引用尼采的一段话来结束："谁是我们今天的野蛮人？"

慢着点！迈向社会主义社交
媒体的数字减速①

杰米·兰杰/文

余丞轩/译

    有人认为，数字社会学文献（digital sociology literature）在当代扮演的关键角色之一，便是辨认与解决"材料与数字、人和机器的纠缠"（Selwyn 2019，25）。具体说来，有人认为我们生活在一个"平台"社会，在那里，公共和私人生活的所有领域都被平台所渗透（van Dijck 等）。因此，为了让社会主义加速理论能够合理地描述我们的当代情况，人们便期待在数字领域找到一些切实的后果。

    克里斯蒂安·福斯（Christian Fuchs）从批判理论的角度探讨了当代传播理论，特别是在互联网和社交媒体方面。他认为，社交媒体的运作掩盖了资本主义生产方式所必然带来的从属和统治关系——这是该生产方式的先决条件（Fuchs 2016，121）。福斯讨论了他所说的"互联网交流的主客辩证法"。他认为，作为与社交媒体客体互动的主体，人类利用社交媒体的技术来创建、分享和交流，用其协作企业，也用其培育在线社区。通过这些交流

---

① 本文选译自《慢着点！迈向社会主义社交媒体的数字减速》（*Slow Down！Digital Deceleration Towards A Socialist Social Media*，2020）一文第 3—7 节，作者杰米·兰杰（Jamie Ranger）为牛津大学圣体学院博士候选人。

实践,他们的社交媒体世界变成了一个"真实"的世界,"真实"不仅意味着物理意义上的存在,即存储在计算机服务器上,可以通过设备访问,而且也在心理层面上变得更加具体和客观。

在网络世界中,栖居其中的各个社区得以表达他们对现实世界的感想,无关正误,并生产这些微型社区独有的话语,导致前所未有的意义的互动可能性。随着互联网文化的发展,网络世界渗入了"真实"的世界,因为网络对话使用的缩写与话语标记在线下变得更加普遍,我们对社会其余部分使用互联网的频率的预期发生了变化(Fuchs 2016,122)。举个例子,当人们无意中听到一个青少年在开玩笑时说"lol"(微笑的表情)而不是笑的时候,人们会遇到一种不和谐的体验,因为这模糊了线上和线下话语之间的界限。

福斯认为,个人与社会的关系是"高度对立的"。只有当人们能够并愿意与不同社区分享、交流、合作和认同时,社交媒体才能存在。但以上这些行为虽然在网络领域受到社交媒体企业的鼓励,恰恰是因为西方民主国家个人主义文化的盛行,它们才鲜见于客观的现实社会。个体利用社交媒体企业,作为坚持福斯所说的"新自由主义表现原则"(neoliberal performance principles)的手段。社交媒体究其实际,其实是一种装扮成社区体验的高度孤立和个人化的用户体验,在自我呈现的"表演"的幕后,是福斯所说的"社交媒体的私有财产特性"(Fuchs 2016,122)。福斯进一步发展了这个想法:

在社交媒体的光鲜形象背后,隐藏着他们将用户数据作为商品出售给广告商的事实:你不需要为访问推特、脸书、谷歌或YouTube付费。用户获得的使用价值似乎是这些平台所提供的即时社交体验。个人数据的商品性质不会立即显示出来,因为用

户体验到的使用价值似乎不存在金钱交换。（Fuchs 2016，122）

换一种说法，在马克思主义经济学的语言之外，社交媒体将自身呈现为一种与朋友分享事物的免费工具。事实恰恰相反，它是一个平台，通过精巧的自我展示，你在这个平台上向广告商提供关于你的生活、价值观和偏好的信息，最终你将沦为一种商品。这里存在着一种意识形态命令，它命令你要享受社交，你不仅要作为自由主体来体验游戏规则，而且要作为娱乐主体，将消费作为一种仪式性的快乐；现在，我们都是享乐主义者。福斯认为：

游戏劳动（Play labour）是资本主义的新意识形态：客观上的异化劳动现在却对工人表现为乐趣的创造性、自由和自主性。职工应该要享受、热爱客观异化过程的思想已经成为资本主义和管理理论的一种新的意识形态策略。"脸书劳动"便是新资本主义精神中游戏劳动意识形态的一种表达。（Fuchs 2016，127）

作为消费者，主体通常是自由和自主的，他在个人可自由支配的收入范围内，通过进入市场经济，按个人意愿购买商品来行使这种选择权。为了再生产资本主义生产关系，这个体系必须将自己呈现为所有可能体系中最好的那一个，而企业媒体是维持这一含蓄信息的同谋，从而保持消费者主体的代表性，进而维持霸权地位。社交媒体将其在线平台纯粹呈现为为了我们的使用和娱乐，甚至呈现为他们公司的善举；脸书利用的是"分享的力量，让世界变得更加开放和联系"；YouTube 想要"联系、告知和激励全球各地的其他人"；推特想要你"与人们联系，表达自己，发现正在发生的事情"（Fuchs 2016，133）。

所有主要的社交媒体企业都表现得乐善好施，就像 20 世纪 90 年代的 P2P 互联网愿景一样仁慈，或者像那些有社会意识的数字孵化器所免费提供的开源软件一样：但它们不同于电子民主主义者的乌托邦梦想，也不同于维基百科或 Linux 等其他公司提供的工具，这些社交媒体公司在证券交易所的市值高达数十亿美元，尽管它们的口号依然暗示着更高的叫价，完全不受市场需求的束缚。

福斯的主要主张是，社交媒体的行为方式和它希望最终在用户面前呈现的方式之间存在着明显的差异。社交媒体的目的是组建团队和交流信息，让我们走到一起。然而，资本主义颠覆了这些新发现的交流可能性，并"培育了新形式的剥削、商品化、个人主义和私有财产"（Fuchs 2016，138）。当社交媒体用户上传图片、给朋友发短信、在网上表达自己时，他们正在将数据输入一台机器，而这台机器的主要功能是将数据足迹转移到公司出售的产品中，他们以一种鼓励你重新找回自我的方式向你做广告，目的是向你展示一系列商品的购买预期。

尽管对社交媒体和资本主义剥削之间的关系抱有诸多疑虑，福斯依然认为技术中有着解放的潜力："（它）指向着，并与其他技术一起形成民主社会主义社会的物质基础，在这个社会中，物质和信息生产手段受到集体控制"（Fuchs 2016，146）。然而问题是，社交媒体企业满足于服务资本主义现状，埋没了其自身的政治可能性，并提供了新形式的"剥削和意识形态"（Fuchs 2016，146）。社交媒体将消费者转变为消费主义者，转变为在游戏的幌子下被迫为企业利润而劳动的个人。福斯认为：将脸书视为一家通信企业是错误的，它不出售通信或通信渠道，而是销售用户数据和定向广告空间。脸书是世界上最大的广告公司之一（Fuchs 2016，170）。尽管社交媒体平台为用户提供了交流的能力，但它们的运作方式更像是一个在线约会机构：在帮助人类建立羁绊的漂亮牌坊下，为企业合作伙伴和潜在消费者牵线搭桥。只是，由于用户没有认识到这种对自己数据的操纵，这一切或许更类似于瞎相亲（blind date），因为你不知道自己被设计了。

福斯对社交媒体，特别是引领潮流的主要企业平台的分析，让人想起理查德·西摩（Richard Seymour，2019）所说的"推特机器"（The Twitter Machine），他指的是保罗·克利的油画，画中的机械鸟引诱那些被它们的歌声迷住的人，使他们掉入下方隐藏的峡谷。下文将讨论多米尼克·佩特曼（Dominic Pettman）对社交媒体主观性的描述，福斯对社交媒体经济逻辑的描述将使他变得更有说服力。

一、超调制（Hypermodulation）与生活节奏的数字加速

回到社会加速主体的话题上，朱迪·瓦克曼（Judy Wajcman）指出，存在着"对时间紧迫感的不同感觉以及触发这些感觉的一系列机制"。在数字背景下，我们似乎可以说，社交媒体，特别是通用平台①对当代主体性的这种影响负有主要责任。我们可以说，无论是在内部复杂性还是自治系统方面，那些最大的平台在许多方面都与国家相似。

紧跟着克里斯蒂安·福斯对用户体验的分析，多米尼克·佩特曼认为，社交媒体对我们来说是一种量身定做的独特体验，

---

① IPPR 2018 年经济司法委员会的报告特别提到脸书、Alphabet、亚马逊和苹果为"通用平台"，理由是"它们积累了最多的数据，开发了最先进的分析能力，并获得了从地图到云计算的基础设施的最大所有权，这些基础设施支撑着所有的数字技术"（Lawrence and Laybourn-Langton 2018，1）。在社交媒体的背景下，我们可以将脸书、推特和 Instagram 称为通用社交媒体平台，因为它们占据了相当大的市场份额，Instagram 属于脸书，因此，它们的网络效应是汇集在一起的，需要注意的是，中国有自己的内部社交媒体市场，也创建了自己的内部主导平台。

在其中我们身份的个性是至高无上的，它的形式是无限的，因为"没有两个人会走过相同的分支道路"（Pettman 2016，xi-xii）。他的方法论也借鉴了批判理论，与消费者—公民的现代世界进行了沟通，他声称"我们徘徊在旧的人类概念之间——一方是有权利、责任、性格、代理、身份等的公民；另一方是新兴的存在类型——有渴望、喜好、档案和意见的消费者，在我们身后留下了一条饼干屑的痕迹"（Pettman 2016，6）。佩特曼援引德勒兹和鲍德里亚等思想家的概念框架，认为主体性已经失去了"场景"（scene），取而代之的是"猥亵场景"（ob-scene），即"公共与私人、自我与他者、主体与他者"之间的传统区别已然被侵蚀，取而代之的是，主体的身份取决于它对更广泛技术设备的消费、流通和图像的产生。特别是

社交媒体带来的"狂喜"绝对不是一种压倒性的兴奋或幸福感，而是认同、安慰、自我强化、凡尔赛文学（humblebragging）、恶名、好奇心、羞耻以及其他一系列温和但共同意义重大的微小而平凡的时刻组成的星系。（Pettman 2016，10）

将这种对社交媒体的描述与佩特曼之前围绕主观性的谈话联系在一起，佩特曼提出了令人信服的主张，即认为社交媒体主要不是用来娱乐的，而是为了强化我们的身份，确保我们在同龄人面前的可见性。佩特曼探讨了用户愿意将个人信息、照片、视频、对话日志和其他数据提交给企业平台以保持他们的网络可见性背后的动机。从这个意义上说，数字原住民正在"成为外在主体（exo-subjects），他们向虚无发送自拍，以此寻求对线上自我身份的确认"（Pettman 2016，10）。当用户操弄他们在社交媒体上的形象时，实际上是在确保字面意义上的在场感，他们在网络空

间中的存在得到了认证,网络空间是一个越来越重要的空间,人的身份以一种需要现实世界的主体管理的方式被永久存储在网络空间;如若不然,一个人的身份可能会被外部力量塑造,比如别人可能会用丑照给你贴标签,上传令你尴尬的视频,或者在这些公共平台上被人批评,你却没有方法行使申辩权:这样看来,福斯的"游戏劳动"概念甚至显得有些乐观过头;策划一个能够在网络空间蓬勃发展的账户是一项毫无乐趣、无偿的工作,然而这确实是所有数字领域原住民的"应尽之义"。

我们可以将这种情况与社交加速的后果联系起来:我们可以在网上表达自己,社交媒体提供了一个平台来宣传我们的业务,支持我们的爱好,追求我们的个人兴趣,我们慢慢被这些成瘾性极强的技术灌输,以至更为频繁和强烈地做这些。我们可以在手机上立即获得最新消息,而不是在六点钟的新闻节目中听到所有消息,这意味着人们会不停地查看手机:"仿佛有一天,它会给你带来期盼已久的信息。"(Seymour 2019,69)

佩特曼认为,当代主体正被以下的方式主导:"超调制试图分散我们对自己确实被同调到前所未有的程度的事实的注意力。"争论的焦点是,社交媒体的意识形态机器先是会用小范围的内容爆发来分散用户的注意力,这些内容会引发各种情感状态,通常与其他用户错开,而且以越来越快的速度扩散。因此,我们的情绪状态被分割,被简化为一系列反应——对用户特制的算法所馈送的新闻图像、报道或行为做出快速、尖锐的反应。他认为,这使用户对社会现实的体验变得扁平化,社会现实被认为是一系列无关的、混乱的微观事件的集合,缺乏形成连贯的总体社会叙事的基础。社交媒体将主体扯得支离破碎,试图通过诱导他们的用户反馈来构造回音室,或者通过抛出未经证实的结论来形成一种凝聚力的认同感。

不同于对批判理论的传统理解，即我们"总是已然"（always already）成为主体，因为我们是在已理解问询过程中使用的记号、象征和语言的情况下来认知这个过程的，然而媒体表象造成的碎片化，会导致用户"总是几乎"（always-nearly）成为主体。我们对自己在世界上的位置并不确定：意义探求总是被无限的分心所推迟。佩特曼认为，这种分心并非是用来分散我们对原本会看到的事件的注意力的手段，而是目的本身：社交媒体之所以会让我们上瘾，是因为它会让我们分心，因为它会用大量的解释、评论和对事件的反应来分散我们的注意力，而这些通常是被遮蔽的：正如政治事件总是被广泛的报道所扭曲涂抹，而不是保持不为人所知（Pettman 2016，11）。

互联网为其用户提供了比人类历史上任何时候都更多的信息，它们具有不同程度的真实性和可信度，而社交媒体是人类目前对这些信息进行分类的最复杂的尝试，目的是提供持续的社会经验报告，在这样做的过程中，互联网将用户自主生成的档案资料视作此信息的位置。佩特曼的暴论（provocation）是，社交媒体通过向你展示正在发生的事情来保护现状，但它们是一系列看似无关的体验节点。社交媒体在一些时候装作是你的同伴，这样你就可以孤立地发泄对不公正的愤怒，而不是在集体愤怒中找到抗议或抵抗的手段。通过不加区分地显示所有信息，并以同样的紧迫性和直接性呈现这些信息，它会给用户带来一种"扁平化"的影响："具有潜在历史意义的问题，比如民权问题……现在都被扁平到与可爱动物或令人讨厌的名人一样的同质、空白的数字空间中"（Pettman 2016，35）。因为重要的政治事件与更大的社会事件是以不同的角度被接受的，对众多事件的不同解释和媒体表述因而显得混乱和难以理解，这阻碍了积极的政治参与。

然而，佩特曼之后的分析未免有些倾向于阴谋论，他声称，

"当一个人对经济不公或否认气候变化而大发雷霆时,另一个人却对着可爱的猫咪视频咯咯地笑,这可以是故意的……这种模糊的愤怒构成了真正社会变革的燃料,我们可以安全地在网络上引导它"(Pettman 2016,29—30)。这一有争议的说法是在没有证据的情况下提出的,不禁令人怀疑,它最多也就是一种文学修辞,算不上明目张胆的指控。我们可以合理地辩称,社交媒体在网络中产生这种情感反应的循环是平台结构的偶然结果,尽管在某种程度上,可能让人感觉是故意的。之后,佩特曼举了一个脸书的例子:脸书承认"对用户进行了实验"以确定他们能够通过"情绪传染"传递信息:平台的积极干预和操纵最终导致无关的人体验到同样的情绪状态(Pettman 2016,82—84)。声称社交媒体平台正在实施一种系统性的故意干预战略,与声称社交媒体平台已经证明了自己有能力这样做,这两件事之间仍然存在明显的区别。他们有能力这么干,未必意味着他们一定会这么干。不过话又说回来,鉴于关于科技巨头的爆料和丑闻层出不穷,以至于当你读到这篇文章时,你脑子里的想法可能和我的结论有所不同,如果佩特曼一直都是正确的,这又有什么令人惊奇的呢?

回到对主体的心理暗示,佩特曼认为社交媒体造成的方向迷失会产生"情绪失调"(emotional dissonance),因为当用户被各种话题拉向不同的方向,导致完全不协调的情绪状态时,"人类文化的道德等级体系崩溃成一幅民主的漫画,其中所有元素都是平等的",在其中你可以"被种族间友谊的视频迷住了",在几乎同时又"对最新的犯罪镜头感到厌恶"(Pettman 2016,37),这一切使事件模糊成一个个引发虚拟反应的时刻,一次点赞,一颗爱心,一份分享,一条推特。

社交媒体创造了一个混乱不堪、难以挑战的世界,在这个世界里，主体被引诱进入社交机器，没有在现实社会中进取的动力，从一种分心转向另一种分心。尽管佩特曼设想了一个社交媒体设计者们为了某种邪恶的政治目的而故意在模型中分散人们注意力的世界，但我认为，还有一个更可信的解释：超调制并非什么政治阴谋，而是平台的资本主义激励结构的无意后果，平台资本主义的激励结构受到社会生活节奏加快的影响。换句话说，超调制是由生活节奏的数字加速引起的，因此数字减速，即用敏感于情感条件的替代方案取代通用平台，可能会提供一种纠正方法。

二、思考减速

当罗萨谈到减速时，他认为减速是以五种不同的方式发生的：第一，生物生命的自然和人类学上的速度限制；第二是目前现存的减速绿洲，要么是因为他们主动避开了现代性，例如美国的阿米什人在被排斥、孤立的部落生活中避开了现代性，要么是因为他们在过程中需要减速/生产性耐心，比如威士忌的生产；第三，减速可能是加速的一个功能失调的副产品；第四，功能性（加速性）减速，例如，时间紧迫的公司经理花时间在瑜伽静修上"减压"，以便他们可以在没有倦怠或意识形态减速（对立性减速）的情况下重返加速的职业生涯，又比如历史上的卢德主义者或当代的"深生态学"（deepecology）无政府主义运动；第五，也是最后一点，狂热停滞导致的结构和文化惰性得到了社会学和理论中一度流行的主张的支持，即"现代社会没有新的愿景和能量可用（最显著的是乌托邦能量的缺席）"（Rosa 2010，38—39）。

我认为，数字社会主义的减速应该被认为是一种意识形态减速（对立性减速），它承认结构和文化惰性，这将拒斥一些不持这一论点的社会学主张①。数字社会主义的减速拒绝了以下的观点,即我们拒绝了历史的终结,认为这种乌托邦能量的缺乏是因为集体贫困,或者是对激进政治思想缺乏认识(对应有不同的理论)。通过罗萨的分析,我们了解到,在某些情况下,减速可能是一种功能失调的后果,例如,每个使用一项新技术的人都会导致该技术出现故障或速度减慢(想想一款备受期待的电脑游戏发布日服务器崩溃的情况),甚至还有一些情况是为了进一步加速而故意在系统中加入减速(公司给员工放周末,这样他们就可以振作起来,在工作日提高工作效率)。而在这些假定的现代性条件下,社会主义工程会是什么样子的?"现代性"又在罗萨的作品中扮演了什么角色?许多人会认为,在这里,"资本主义"可能是更恰当的描述。

如果现代性的发轫并不是资本主义在西方世界的发轫,那它又是什么呢?忽视这样一个显而易见的事实会给我们带来什么?除了允许过度社交的技术进步之外,外部财务压力真的逼得我们要一次性发送 50 封电子邮件吗?我们走得更快是因为我们必须走得更快,因为我们可以走得更快,最主要是因为我们的老板说,如果我们可以,我们就应该这样做,如果我们不照做,他就会让我们滚蛋。罗萨认为,他的社会加速理论的优点包括它能够解释现代性的生产和消费体制的转变——从早期现代性到经典的,从福特主义现代性等一直到"晚期现代性"(Rosa 2010,54)。罗萨说,

---

① 在本文中,社会主义的定义是对以下原则的承诺:人人都应大体上平等地获得必要的物质和社会手段,以过上富足的自治和自我导向的生活;承诺以民主为政治基础,以确保每个人都能参与塑造其生活的社会条件的决策过程(并用其纠正个人或集体的不公正);对自由的积极解释是由对自我决定和自我实现的信仰塑造的(这与平等的概念有关)。当然还有团结,正如 G.A.柯亨所说,人们应该"抱有关心,并在必要和可能的情况下关心彼此,也应当注意他们是否相互关心"(Cohen 2009,34—35)。

他并不认为加速是社会的基础，他认为加速是"一种动力，它的驱动力以及它的逻辑、规律与变化"（Rosa 2010，54）。尽管我认为利润动机是变革的主要引擎，但在本文对社交媒体的分析中，这些相互矛盾的解释倒并不一定相互冲突。然而，社交媒体与其平台资本主义运作方式的关系，似乎只是主体"超调制"背后的驱动力，因此，社交媒体的减速要么将通过反资本主义意识形态的反对来实现，要么，有趣的是，它将通过一个功能性加速项目来实现；换句话说，通过鼓励"数字戒毒"的产品及服务市场的不断增长。资本主义试图解决它自己制造的问题：一种被"幸福产业"利用的犬儒主义现象（Davies 2015）。

罗萨巧妙地阐明了自由民主主义现代性的核心矛盾，这是一种个人主义的主体性，它赋予行动和决策自主性，以成就人类至高无上的地位，但矛盾的是，它又削弱了前瞻性行动和决策的能力，这种能力被渗透，并被主导我们社会结构的控制系统所掩盖。社会主义工程则认为，资本主义生产方式阻碍了自由民主所承诺的自治，因此，我们要过渡到另一种物质状态，同时配合更激进的民主文化，更好地服务于人类解放的政治目标。

罗萨观察到，"在后现代政治中，决定未来政治的不再是（如果曾经是的话）更有力的论点，而是怨恨、直觉、暗示性隐喻和形象的力量"（Rosa 2010，56），可以说，罗萨认为这一政治话语是社会加速的文化后果，它越来越多地在社交媒体上表达和传播。

三、论社会主义加速与社会主义减速

正如许多熟悉当代左翼理论的读者所知的那样，正是在这里，罗萨对加速主义的描述与对左翼加速主义作为政治立场的描述之间的差异变得更加明显。当尼克·斯尔尼塞克和亚历克

斯·威廉姆斯(2013)提到"加速主义"政治时,他们指的是资本主义及其相关的生产和分配过程应该加速,而不是被克服,以达到社会主义的目的。在这个意义上,加速被认为是利用受资本主义范式限制的技术能力,而不是与对社会和文化变化更一般的理解相联系。通过将当代形式的技术加速描述为明显的新自由主义,他们表面上是在将社会学文献中使用的框架政治化。讽刺的是,在斯尔尼塞克和威廉姆斯使用该术语的背景下,"数字减速主义者"的政策很可能被视为加速主义。

罗萨和左翼加速主义者都同意,资本主义本身不应对我们当前的状况负责:"左翼加速主义始于这样的前提,即去辖域化的力量不是资本主义本身,但是从封建主义向资本主义的转变是一种解放运动的表现,资本主义的再辖域化动力已经系统地(但从未完全)压制了这种运动"(Wolfendale 2019)。然而,他们出现分歧的地方是在政治实践部分:罗萨和其他人看到了现代生活中不可避免地出现的不可阻挡的问题,而斯尔尼塞克、威廉姆斯和其他左翼加速主义者则看到了机会:为什么呢?社会学文献和左翼加速论者立场的关键区别在于,后者并不认为技术社会加速的过程是一条通过现代性的连续路径,而是将当代形势描述为接近临界点、破裂和破坏的状态:例如,亚伦·巴斯塔尼(Aaron Bastani,2019)认为,我们正在接近资本主义的第三次破坏(第一次是农业革命,第二次是工业革命),我们的世界必须面对以下危机及其后果:气候变化,老龄化和自动化导致的技术失业,它势必削弱资本主义自我复制的能力(Bastani 2019,48)。换句话说,罗萨认为世界可能会因为致力于加速而崩溃,而左翼加速主义则更愤世嫉俗(对资本主义),对未来的前景则不那么悲观:

资本主义已经开始限制技术的生产力,或者至少把它们引向不必要的狭窄目标。专利战争和想法垄断是当代的现象，既表明资本需要超越竞争，也表明资本对技术的态度日益倒退。新自由主义的适当加速增长并没有减少工作或压力。（Williams & Srnicek，2013）

左翼加速主义者希望进一步推动技术社会加速，因为他们认为资本主义是一种限制性约束因素，正在限制我们的技术能力。全球经济现有的基础设施不应被摧毁，我们应好好加以利用，以满足人类的需求，推动我们迈向后资本主义的未来。然而，鉴于之前所描述的超调制是当代社交媒体系统产生的主体性，我认为数字社会主义的方法必须是减速主义的，这样才能抵消这种趋势。正如结论中将证明的那样，我所倡导的数字减速主义政策似乎与其他领域更广泛的左翼加速主义计划兼容，尽管在这些立场以及概念的不同解释之间寻找妥协，并不是本文的明确目的。考虑到最近加速主义在当代左翼和右翼中都是一个流行的概念，而且它在互联网的政治圈子中特别显眼，我认为区分罗萨对社会加速的描述与其框架中出现的含义是有价值的，"加速主义"被一种不同的、偶尔有重叠的文学，解释为不同的过程。

结论：迈向社会主义社交媒体的数字减速

因此，用罗萨的话来说，社会主义政治就是一种希望"减速"社会的政治，只要它想要破坏资本主义持续增长的逻辑，并削弱由疯狂的停滞所驱使的焦虑的主体性。在更广泛的社会主义项目中，许多加速主义者的论点可能是站得住脚的（例如，可再生能源的技术进步；支持精简和强大的福利国家以人工智能驱动的官僚机构，等等），但由于本文篇幅有限，我将重点讨论社会主义如何应对社会加速给社交媒体带来的问题，以及如何最好地抵消这种趋势。

如果我们接受这样的观点，即我们的社交媒体活动提供了一种有意义的批判性参与的错觉，同时也强化了全球平台霸权的盈利能力和无处不在的地位，超调制导致了佩特曼所描述的那种被动、不确定和迷失感，那么任何削弱这些影响的尝试，都将是对数字减速项目微小但实质性的贡献，从而打击再生产现代性资本主义现状的情感条件。在个人层面上，马库斯·吉尔罗伊-威尔（Marcus Gilroy-Ware）在 2017 年出版的《填补空虚：情感、资本主义和社交媒体》（*Fill the Void: Emotion, Capitism & Social Media*）一书中提出了一些建议，以抵消佩特曼所说的超调制，并削弱这些数字机构的主导地位。吉尔罗伊-威尔建议限制在互联网上花费的时间，而花时间研究和使用独立、符合伦理、分散的替代用数字产品，限制你同意提供的数据量，通过提供虚假信息来破坏通用平台算法的预测潜力，以此破坏数据，并抵制想要出现在社交媒体上和被人看到的冲动（Gilroy-Ware 2017，188—191）。不幸的是，它们说起来容易做起来难，因为当人们转向更不知名的服务时，鼓励人们参与社交媒体的网络效应就会消失。就集体行动而言，他建议向社交媒体公司施加公众压力，要求它们改变方式，建立自己的开放技术，支持他人建立道德的社交媒体业务，并"通过生产媒体和文化，重新树立社交媒体的理念，利用这些特征破坏晚期资本主义人为的、残酷的稳定，建设更好的东西"（Gilroy-Ware 2017，191）。

在实践中，数字减速将是对生产力驱动的个人主义文化的自觉拒绝，因为它是对那些导致疯狂停滞的条件的拒绝。因此，数字减速将作为一项实用原则发挥作用，以确保数字平台、网络和数据法律的改革在设计时，总体上承诺削弱数字主体性的迷失体验，减少社交媒体用户的超调制，并在数字消费者和他们的工具之间建立一种与资本主义情绪的意识形态再生产不协调的新关系。以下是一些可能符合数字社会主义减速概念的例子,尽管它们非常宽泛:

- 无限期的平等讨论的数字空间,由与观众的互动支持(直播流媒体的合作软件模式,而不是企业拥有的社交媒体反应)

- 社会主义监管将某些应用程序变成非营利性的,以实现价值最大化,允许以更低的成本提供点对点连接和服务,而不需要资本家的榨取(例如,伦敦交通局需要生产Uber应用程序);

- 设计一个独立的、受监管和验证的推特风格的社交媒体应用程序,适用于诽谤法,并受到新闻监管机构的监控(即它将是一个缓慢的、事实的推特,在这个平台上,用户可以通过播放量和打赏来获得报酬);

- 建立一个国际最高法院,由技术创新者、知识产权律师(或考虑到我们社会主义雄心的规模,是曾致力于研究已不存在的知识产权概念的律师)和伦理学家组成,他们可以做出决定,限制新兴技术的范围、规模和应用,以通过快速的企业投资来对抗剥削模式的加速。

数字社会主义工程为推进民主社会主义事业、破坏人与人之间进行数字传播的资本主义关系,以及个人和集体对意识形态的批判创造了条件。社会主义事业必须认可和回应数字在主体形成过程中的构成作用。因此,民主的社会主义社交媒体在这一背景下将是"减速主义"的,它将倡导改变社交媒体的物质生活,尤其是整个互联网的物质生活,这将减少由社交媒体主观性特有的数字生活节奏加快所造成的超调制。因此,数字减速的工作原则建立在这样的想法之上,即任何面向数字的社会主义政治项目都应该考虑其预期干预(无论是替代平台、立法议程还是其他)如何影响其用户的主体性,并记住这样一个概念,即当前社交媒体在平台设计、网络效果和内容生产方面倾向于支持和增强现代资本主义主体性的疯狂停滞。因此,社会主义社交媒体必将是减速的社交媒体。

技术、自由与人类的未来[①]

雅克·埃吕尔/文

穆潇然/译

　　1992 年公开的雅克·埃吕尔的《技术的背叛》(*The Betrayal of Technology*)，基于荷兰 ReRun Produkties 制作团队 1990 年在他位于佩萨克(Pessac)的老宅对他所做的访谈，这次访谈长达五天，涉及技术、人类，以及技术社会下自由问题的探讨，是目前雅克·埃吕尔为数不多的影像资料之一。

　　雅克·埃吕尔(Jacques Ellul, 1912—1994)，法国哲学家、社会学家，人文主义技术哲学的重要代表人物之一。20 世纪 50 年代起，他开始从哲学与社会学角度研究技术，发表多部论著和多篇论文。其中影响最大的是 1954 年发表的《技术社会》。1977 年又发表《技术系统》，主要从技术与社会或技术与人性的相互关系来考察技术。其核心思想是"技术自主论"。他认为现代社会已成为一个技术社会。按其自身的连续性和内在逻辑性，现代技术已发展为一个独立的复杂的技术系统，成为自主的力量。技术思维已渗透到社会的各个方面，成为控制一切的力量，并导致人的自主性日益减少。因而，技术有碍于合理的价值体系的形成，有碍于我们对道德精神的追求，最终将导致人类文

[①]　本文译自雅克·埃吕尔《技术的背叛》访谈视频。

明的丧失。

一、医学与技术的悖论

我一个最好的朋友是一位优秀的外科医生。有一次交谈时，我们谈起了关于技术以及技术进步的问题，我问他，作为一个外科医生，你应该十分了解医学领域所有有关科技进步的相关内容吧？然而我朋友是一个十分幽默的人，他说，那当然，医学领域的科技进展我都了解，但是你可曾想过，现在我们的技术可以通过手术手段更换人的心、肝、肾等器官，但是这些心、肝等器官来自哪里呢？这些需要更换的器官都是原生的、健康的，同时也要是新鲜的。事实上，这些器官的来源是唯一的，就是交通事故。如果我们要进行更多的器官移植，那么我们就需要更多的交通事故。如果我们要降低交通事故的发生频率，那这些"神奇"的手术的数量也会减少好多。朋友语罢，坐下皆惊。虽然这是一个幽默的笑话，但这的确也是我们所面临的一个问题。

二、技术给人带来了自由吗？

技术（Technology）的首字母 T 不是代表着机器或者电力，技术的现象已经脱离了机械。

如今，人们似乎对技术产生了一种幻觉，他们认为技术能给人们带来更多的自由，运用的技术越多，人就能越自由。

自由体现在何处？自由的饮食，确实，如果有钱，吃美食自然不成问题。自由购买车辆以用于旅行；同时也能自由地移动到世界的另一端，去塔希提岛。所以，技术带来了人的自由，同时，我们可以接收来自世界各地的图像以了解这个世界，这是多么让人难以置信！

所以，我们面前的世界是自由的！

举一个简单的关于汽车的例子，在假期开始时，三百万巴黎人决定独自开车去地中海地区，这时我自问，开车去地中海地区真的是一种解放我们的手段吗？人们似乎放弃了思考，而是被动被技术所左右。

三、不负责任的技术

在我们当下的社会中，个人难以对技术所带来的种种负责，用一个简单的例子来说：某地的一个水坝突然裂开了，谁将对这个灾难负责呢？是勘探地质的地质学家，还是设计图纸的工程师，亦或是施工的工人，再或是决定建造地点的政府呢？我们无法确定谁才是这个灾难的负责人。因为在这个技术的社会里，所有的分工都被细化了，没有负责人，也没有自由的人，所有人只是做了自己该做的那一部分。

再说一件我听说的很可怕的事，当时纽伦堡审判一个贝尔根·贝尔森集中营的负责人，问他对那些犹太人的尸体感到恐惧吗？他却回答道，他又能如何呢？他只能怪当时焚尸炉的容量太小了，让他没法焚烧所有的尸体，这给他造成了巨大的困扰，以至于他没有时间去考虑犹太人的死活，他只专注于提高焚尸炉的工作效率。这也是一个很典型的例子，揭示了技术社会中的人是不负责任的。集中营的负责人只关心技术层面的任务，并不关心其余的任何事物。

四、技术的历险

当我们处于传统社会时，比如西方的中世纪，技术是强制（impératif）从属于部分人群的。例如宗教势力掌握了技术，而在世俗生活中，技术是被禁止的，比如农夫禁止使用铁器耕作，因为土地象征着母亲，农夫们不能用锐利的工具去刺伤她。出于相同的理由，古埃及人是禁止使用轮子的，当时喜克索斯人（Hyksos）①已经掌握了制造轮子的技术，埃及人也一样，轮子象征着行星围绕太阳的轨迹，所以在世俗社会中轮子是被禁止使用的。

我认为过去的技术和当今的技术并不是同一范畴上的事物。过去的技术是为了实现某些事物，就如建筑技术、农业技术、狩猎技术等，是一些相对固定的技术，不会随着时间变化太多，但也有些比较精巧的、例如布须曼人（Bushmen）②的狩猎技术，他们可以轻松狩猎大象，尽管他们的狩猎技术很精湛，但依旧与我们这个时代的技术有所区别，他们的狩猎技术是一代一代传承下去的，很少随着时间产生根本的变化。

无论是罗马帝国还是中世纪，当时技术的发展都是缓慢的，大约需要一个世纪才能有所突破，尽管有些技术能稍有突破，但总体而言，过去的技术发展是相对稳定与缓慢的。

在中世纪，无论是基督教的信条或是其他信仰，在技术涉及生产或工作方面时，宗教的忌讳远远重于生产的工具或设备。

但是在14到15世纪期间，在西方世界，人们开始质疑当时的宗教，并开始质疑传统。这种质疑是颠覆性的，因为过去的社会运作基于社会传统。在15世纪的法国，人们突然地抛弃了过去的传统以及旧的习俗与价值观。人们突然觉得无论做什么都是自由的。同时在科学领域，我们发现许多真理，冲击了过去已有的观念，展开了地球是否是宇宙中心的讨论等。这些都是那个

---

① 喜克索斯人，意为"外来者"，是指古代西亚的一个部族联盟。他们于前17世纪进入埃及东部并在那里建立了第十五和第十六王朝。他们推翻了埃及脆弱的第十三王朝，统治了中和下埃及一百多年。喜克索斯人将新的战争技术，如复合弓、骑兵、双轮战车，引入埃及。

② 布须曼人，是生活于南非、博茨瓦纳、纳米比亚与安哥拉的民族，是科伊科伊人的相近种族。

时代所特有的。

五、技术与殖民的秘密

我认为我们这个时代最大的悲剧与罪过就在于，当我们进入被殖民者的世界时，我们认为被殖民者是野蛮的，甚至都不能被称之为人。但我们没意识到，这些被殖民者也有一些隐藏在他们思想中的真理。

我举两个例子。首先，我们攫取这个国家的所有资源，以我们的工业方式来运用这些资源，摧毁了当地传统的农业生产模式，并以所谓的"工业化农业"来代替它，我们推广花生榨油、加工可可豆、生产蔗糖，同时，我们强迫当地的民众服从外来的征服者。只有在用技术改造他们的产业时，我们才能征服他们。我们有更强大的技术，所以征服了被殖民者。我们从根本上摧毁了被殖民者赖以生存的基础，被殖民者在思考这些外来者来自何处，我认为殖民者没有权利抹去这些答案。我们摧毁了当地的社会结构，摧毁了他们的信仰，以及对世界的理解。

六、技术神圣与烧毁的汽车

当然，不同文明的神圣事物是有区别的，但人们总是会敬重它。当一个强大的文明摧毁了另一个文明的神圣事物时，新的神圣事物也因此比旧的神圣事物更加神圣。

我们现代社会面临的问题就是，技术摧毁了所有被人们认为是神圣的事物，就像技术摧毁自然一样。所以人们认为技术是神圣的，这的确是一件可怕的事。

在过去，神圣往往源于自然，而现在，自然已经被去神圣化，而技术取代了自然的地位，被人们认为是神圣的。所以那些在游行中烧毁汽车的行为，也算得上是摧毁圣物的行为了。

七、技术的代价

技术的进步是需要付出代价的，它十分基础且毋庸置疑。人类的幸福同样也要付出代价，所以我们需要随时问自己，你愿意付出什么样的代价？关于代价，我们只需要理解下面这个例子：当希特勒掌权时，大家都觉得德国人疯了，几乎所有德国人都支持希特勒。因为希特勒在很短时间内解决了失业问题，并使马克（德国货币）恢复了原有的价值，同时让德国经济有了巨大的增长，作为一个普通的德国民众，看到这样的奇迹，怎么会去反对他呢？所有人只用考虑一个问题，经济腾飞、失业骤减、马克增值的背后，我们究竟要付出什么样的代价？最终德国人还是明白了其背后的重大代价。但这就是我们现代社会的典型。所以在传统社会中，我们一直提出这样一个问题，当我们颠覆传统社会运行的规律时，我们将要付出的代价是什么？

八、反应的技术与反思的智慧的冲突

传统社会的智慧并不来源于理智的反思，而是通过长时期的经验积累，代代延续下来的。它也来自于人类与自然的关系反应，自然给人类提供了一种生存的方式。

在现代技术的社会中，我们需要放弃这一切，因为人类传统的智慧在技术面前并不是有效的。同时，技术迫使我们前进得越来越快，它使人类的反思被反应所替代。反思是指人类在完成某些体验时，对那些体验本身进行思考；而反应就意味着马上知晓在特定的情况下要做什么，而不需要进行思考，技术就是这样，它要求我们不再思考。就如你在驾驶一辆时速每小时160千米的汽车时，如果你进行思考，那么你就可能会遭遇交通事故。

技术仅仅要求我们放弃思考，并以反应取而代之。技术使社会运行的效率提高，技术带来了更多的力量，同时也伴随着风险。因为我们的眼里只有效率的提高而看不到其他，技术带来的风险就这样提高了。

九、人对技术力量的痴迷

伴随着技术带来的力量与风险，人类本身也需要进行改变，需要掌控技术所操纵的力量。或许我们不需要利用技术的全部，而只是在能避免风险的情况下运用它。

换句话说，人类在技术发展的同时也需要迅速改变，为了更好地运用技术而非有效地运用技术。

就如法国哲学家伯格森在1930年所言，相较于科技进步使人类力量得到的增长，更重要的是人类内在灵魂的进步。然而事实上，人类却仅仅执着于一个观点，那就是力量，他们只想尽快使用技术所带来的力量，而不去考虑其他。

十、技术对自由的剥夺

技术是不能容忍被人评头论足的，换言之，技术人员所做的一切，我们也不能轻易从伦理上或道德上去评判它。然而，从伦理、道德、精神的层面上发表自己的看法，是人类最高形式的自由之表现。所以现在，我的最高形式的自由是被掠夺的。尽管我现在对技术以及技术人员进行了评论，但是也改变不了他们正在做的事、他们计划做的事，以及他们决定要做的事。因为那些技术人员是完全不自由的，他们被他们所接受的训练影响，被他们所参与的日常实践影响，也被技术所要达到的目的影响。他们在关于技术的实践中是完全不自由的，他们只能做技术要求他们做的。所以我认为，技术与自由之间存在着一个不可调和的冲突。

十一、技术的产生与心理疾病

我认为人类的技术产生于人类苦恼的瞬间,在这个瞬间,我们就像生活在一个毫无生机之地,由砖块、水泥、混凝土构造的城市之中,人类在这种环境中是不能感到幸福的。被迫接受过快的生活速度与毫无生机的环境,导致了人类的心理疾病。为了缓解这些心理上的疾病,技术出现了,特别是医学技术。但是人类的技术在解决问题的同时,也必须让人类生活在一个不正常的环境之中。就像在潜水时,我们必须要穿上潜水服、带上氧气罐,以在深水环境中活下去,技术对于人类而言就像潜水设备一样,让我们得以在深海这样不正常的环境中存活。

十二、技术是娱乐之母

我认识的很多人都喜欢看电视上的广告,因为他们觉得广告很有趣,而且提供了放松与消遣。人们在经过一天的工作之后,都需要进行一些娱乐和放松。娱乐(divertissement,法语原意为"离开""移开""转移"等)本身就是一个意味深长的词语,当帕斯卡使用娱乐这一词时,他想要说人本是朝着神引导的路线前进的,而娱乐使人偏离了神所引导的路线,人们仅仅顾着自己消遣而忘记了神。而在我们的时代,我们仅仅想娱乐自己,而忘记了技术和我们的工作所带来的问题。然而,娱乐与消遣都是技术的产物,这些技术是从人类技术中衍生出来的。正因为掌握了这种技术,我们可以为人类提供一些娱乐,就像一种补偿。

十三、技术让人孤独

一个重要的事实在我们面前呈现,媒体的时代也是一个孤独的时代。我们可以看到 1953 年在斯德哥尔摩进行第一次"无因的反叛"(les rebelles sans cause)的年轻学生。他们拥有一切,他们幸福,他们生活在优质的社会环境中,他们什么都不缺。突然,在新年的前夜,他们走上了斯德哥尔摩的大街,然后破坏了一切。我们完全不能理解这些年轻人为何要这样做。因为他们渴求的是另外的事物,而不仅仅是消费与技术。

十四、技术让人忧郁

当人类丧失深层次的生活动机时,两种情况可能会发生。一方面,少数人会面对这个现实,产生自杀倾向;另一方面,人们会选择逃进我们刚刚谈论的娱乐中,或者逐渐变得沮丧,最后服药以对抗这个问题。

所以当人们意识到这个问题的时候,特别是西方世界,会变得意志消沉与抑郁,更愿意逃避现实与存在的问题,而不是随着社会的速度越来越快地运行下去,即使我们并不知道终点何在。

十五、技术的红豆汤让人迷失了自我

因为技术的存在,我们的社会目前已经完全发生了变化。为了换取更多的便利性,为了消费、安全、舒适,人类已经准备好在技术社会中放弃自己的主体性。我在思考这个问题时,就想起了《圣经》中以扫与红豆汤(《创世纪》25:31—32)的故事,以扫十分饥饿,他把上帝的祝福与对上帝的承诺换了一份红豆汤。而现在的人也是一样,他们已经准备好放弃自己的主体性,来向技术换取一份红豆汤。

和以扫一样,人类也与科技做了一笔完全不划算的交易,放弃了主体性,换来了成堆的谎言,却没有意识到自己的选择被操控了,因为人已经被娱乐和广告从内部改造了。当你想要找到操控者,也就是广告的作者或者宣传者时,他们同样也是被操控的人,到最后,你连找到操控你的罪魁祸首的机会都没有。其实,到最后,我们都是受害者,同时也是幕后黑手。

十六、技术并非一无是处

这是卡尔·马克思的书,关于马克思主义、社会主义等,这些书是我常用的。工作台边主要是关于诗的书,还有我的字典等。我总是把有关诗歌的书放在手边,因为我在写作的时候常常读诗。这边的书是关于技术与社会学的,那些是关于宗教学的……每当写作的时候,我都会放一个磁带机在旁边放音乐,几乎我每写一本书,都会选一盘磁带一直循环播放,那些音乐启发了我的写作,并且与我的作品产生了某种连接,这是一种奇特的感觉。

十七、肤浅的美国人,肤浅的迪士尼

最早我对社会的批判是非常尖锐的,在美国,大家几乎都认为我是一个悲观的达尔文主义者,但我完全不是达尔文主义者。他们完全不懂我的想法,但是这并不重要。在我们的社会中,如果你是一个悲观主义者,是很容易去自杀的。所以,在这样的社会下,我们需要做一个乐观主义者,需要在假日的时候去迪士尼乐园,去了迪士尼乐园,你就成了一个真正的乐观主义者,因为在迪士尼乐园,你会停止思考。换句话说,如果有人说你是一个悲观主义者,那就说明你妨碍了别人平静的安眠。所以,让一切顺其自然、不去干涉,平静安稳地睡一觉,一切都会安然结束。

十八、反抗技术的压迫就是获得自由的开始

我不希望我的讲话太过于悲观与晦涩,我相信人类依旧保有那么一点点人性,依旧有人的欲望,依旧有爱的能力,依旧有怜悯之心,依旧有感受友爱的能力。现在关键的问题是弄清人类应该

做什么，而又不该做什么。人类需要意识到自己已经被技术所支配、所压迫，技术强制人类去承担一些责任，并且限制了人类。如果人类意识到以上问题，那么这将是人类自由的开端，因为当我们意识到技术在支配我们的时候，我们就在实践最高意义上的自由。在那个时候，我们有能力进行分析，就像我们分析其他事物时一样，从多个角度分析。当我开始拆解这个技术系统的链条时，我的自由就来临了。当然，与此同时，我很明确地意识到我被这个技术系统所控制，我不会觉得我是一个强大到能脱离技术的个体，我随时都会使用电话这类的技术物件。

十九、技术与人类的未来

我们常常扪心自问，是否有真的意义存在？然而对于意义的追寻并不是纯粹精神层面的行为，我们需要对现代生活进行彻底的探讨。为了重新找到意义，我们必须着眼于那些看似无意义的事情上，尽管我们被提升效率的物件所包围着，那些物件却毫无意义。一件艺术品，它具有很多意义，它能激发我的一种感觉、一种情绪，所以艺术品就对我的生活产生了意义。然而那些技术产品却无法对我的生活产生意义。另一方面，我们有必要去重新发掘一些被技术所抹去的基础的真理，我们也可以把这些重要、永恒的真理视为价值观，这些价值观能让人们在生活中感受到存在的意义。换句话说，在当下，我认为我们的情况十分危急，我尝试着脱离技术来进行一些行动，但我需要运用所有的智慧以及身边的人际关系来对抗技术的力量。当我思考这些问题时，我感受到了灾难的威胁，这些威胁就像人类最终的命运一样，人类之终焉会被技术所掌控。在此刻，人类必须以反抗来拒绝技术作为人类命运的终结。这一刻让我想到了那些希腊悲剧，人类在面对既定之天命时，依旧追求生存与自由。

目前,我们不能期望在对抗技术的斗争中快速取得胜利,也不能期望这是一场简单的斗争。但是我们要确信,我们依旧会以一个人的身份继续存在,事实上,技术对我们的控制并不是无法克服的,这也不是人类最终的命运。我们需要一个深切的理由以加入对抗技术的队伍,同时也必须要有强大的信心。需要坚信人类到最后还是人类!

在这场技术统治人类的命运之争中,我们需要从小的方面慢慢开始,参与的人数也注定是小规模的,这个斗争并不会变成绝大多数人参与的斗争,也不会因为对抗技术而形成一个巨大的联盟或政治团体。我最后想说的是,这场斗争注定不会很快见到成效,当我们在与高效率对抗时,我们不能为了对抗它而变得更高效。我们只需心存信念,人类与我们的真理会一代接一代地传承下去。

愿人类荣耀长存!

"加速主义"与当代中国

"从前"也不"慢"①

张　生/文

（同济大学　中文系）

或许，对于我们中国人来说，真正感觉到这个世界变得越来越快是因为近年来高铁的出现，这种以时速 300 公里左右运行的火车如今已经成为我们出行最重要的交通工具。但这种便捷的交通工具给人带来的不仅是空间的缩小、时间的压缩，还有可怕的灾难。

2011 年 7 月 23 日，在温州境内意外发生的动车追尾事故，忽然让人觉得快似乎不仅会给人们带来便利，还会带来意想不到的伤害。为此很多人希望飞驰的高铁能"慢"下来，犹如高铁一般高速发展的中国也能"慢"下来，而之后的中国高铁果然开始降速运行，但几年后，高铁重又恢复原来的速度，再次开始"快"了起来。而这一次，不仅没有人再叫高铁慢下来，相反，还有人希望高铁能不断"提速"，开得再快一点。

其实，这些年来，在我们的生活中，变快的不仅仅是高铁，还有我们所生活的这个世界的方方面面，从即时通信的微信，到各

---

①　本文节选版首刊于 2019 年第 6 期《读书》杂志，文章原题为《"从前"也不"慢"——谈罗萨的〈新异化的诞生：社会加速批判理论大纲〉》。

种各样的快餐，甚至就连恋爱的速度也变快了。随着这个世界的一切都变得越来越快，我们感觉自己就像安徒生童话里那个穿上红舞鞋的姑娘一样，只能跟着自动旋转的舞鞋不停地旋转，似乎再也停不下来。

这一切到底是怎么回事？我们的生活为什么会变得越来越快，为什么我们再也回不到"从前慢"的生活中去了呢？而且，"从前"真的很"慢"吗？

在针对这些问题的各种各样的解释中，德国耶拿大学的社会学家哈特穆特·罗萨的解释别具一格，他试图以自己的"加速"理论来给这些现象以答案。这位1965年出生的柏林洪堡大学毕业的博士，在2005年出版了自己研究"加速"理论的专著《加速：现代社会中时间结构的演变》（北京大学出版社，2015）后一举成名。

而他在2013年出版的《新异化的诞生：社会加速批判理论大纲》（上海人民出版社，2018）是一本不到两百页的小书，则可看作他那部厚厚的高头讲章的"简写版"和"普及版"。在这本小册子里，他简明扼要地介绍了自己的"社会加速"理论，并且，为了拉近与读者的距离，他主动放低身段，声称这本书并不是严谨的科学论文或哲学著作，所以，他例举了很多生活中人们耳熟能详却习焉不察的现象来解释其理论，使一般读者也可以把握他的"加速"思想。在他看来，现代性或者现代生活的核心就是我们周遭的事物乃至"时间"的"加速"，而"时间"的"加速"更是"加速"的核心和本质。

这种"加速"由外到内，让人吃惊。他特地举了个例子，随着社会的发展，从19世纪到现在，我们的睡眠时间平均减少了两个小时，而仅从1970年到现在就减少了半个小时，也就是说，我们的睡眠"加速"了。而且，伴随着时间的"加速"，我们的"空间"也变"小"了，在《加速》一书里，罗萨曾指出18世纪时人们从欧洲到美洲路上需要花几个星期的时间,可是现在有 6 个小时就够了,"因而,这个世界从工业革命以来,似乎缩小到它原来尺寸的六分之一"(《加速》,第 87 页)。所以,他指出,现代化的历史就是"加速"的历史。

何为"加速"? 何为"社会加速"?

那么,到底什么是"加速"? 什么又是"社会加速"(social acceleration)呢? 罗萨在这本小书里并没有做出详细的解释,在之前的《加速》里,他也承认对于这个概念,很难给出一个明确的定义,但他还是试着给出了一个界说,"加速可以定义为时间单位内数量的增加(或者,也可以在逻辑上同等含义地定义为相对每份确定的数量,所需要的时间的减少)"(《加速》,第 79 页)。相较之前的火车,高铁在同样时间内驶过的路程就更多,这就是一种"加速",每年性伴侣的更换频次增加也是"加速",同一段时间内做比以前更多的事情,都是"加速",因为这三者都有"数量"的增加。

至于何为"社会加速",罗萨则采取了比较具体的做法,那就是根据"加速"的定义,把"社会加速"分成三个相关的不同方面,即"科技加速"或"技术加速"、"社会变迁加速"和"生活步调加速"。

首先,"科技加速"指的是"运输、传播沟通与生产"的加速。我们前面提到的汽车飞机与高铁等交通工具和微信等即时通信工具的出现就属于这种加速,而关于生产上的加速,罗萨在《加速》里举过一个有趣的例子,那就是利用电灯等人工照明,让母鸡多生鸡蛋。这真可以说是"加速之下,没有完鸡"。

其次,"社会变迁加速"指的是在"科技加速"的影响下所发生的社会本身变化的加速,这其中包括人们的实践活动以及社会关系的稳定性等变化的加速。罗萨举了家庭结构的稳定性发生变化的例子，在农业社会，家庭结构可以在几代人内都保持稳定，如我们中国人常说的"四世同堂"或"五世同堂"等；但进入现代社会之后，家庭结构的稳定性就开始迅速发生变化，在古典现代时期（约 1850 到 1970 年），家庭结构可能最多维持一代人，而到了晚期现代时期（1970 年至今），家庭的寿命则可能连一代人也不能维持了，这从越来越高的离婚率与再婚率就可以看出。

而从家庭成员的职业传承中也可看出这种社会变化的加速，在农业社会或前现代，家族一般会子承父业，而且常常会延续几代人，但在古典现代时期，儿子可自由选择自己的职业，所以每代人的职业都可能会发生改变，但他们基本上会在自己的职业上终老，可到了晚期现代的现在，人们开始频繁地更换自己的工作，不再"一职定终身"。罗萨用在微软工作的人和在福特或雷诺公司工作的人对待职业的态度，来说明这两个不同时代的特点，前者中很少有人认为自己会在微软工作一辈子，而后者中则大多会在福特或雷诺干到退休，而这就是"社会变迁加速"使然。

最后则是"生活步调的加速"，罗萨指出，此种类型的加速最明显的表现就是"时间"的"匮乏"，这使得人们总想或者不得不在更少的时间里做更多的事。为了应付这种加速，大家或者压缩事情完成的时间长度，如前面说的睡觉的时间越来越短，与家人交流的时间越来越少等，或者努力在一定时间内完成多项任务，如我们同时听音乐、做作业、吃快餐等。但是，这些做法并未让我们得到更多的时间，我们不仅没有感到轻松，反而变得更加忙碌，也更加疲于奔命。而且我们不得不陷入这样的生活节奏里，怎么也停不下来。

这让人想起《摩登时代》里在流水线上拧螺丝的卓别林，为了跟上自动运转的流水线上接踵而至的螺丝的速度，他手舞足蹈拧个不停。最后他拧不胜拧，终于神经出了毛病，冲到大街上后，撞到女生裙子下挺起的双乳也要拿扳手去拧两下。与可怜的卓别林不同的是，他当年只是在一条流水线上拧螺丝，今天的我们却是在更多的流水线上拧螺丝，不夸张地说，我们现在发疯的可能性是他的好几倍，或者说，与他相比，我们变得神经质的"速度"可能也加速了。

从"科技加速"到"社会变迁加速"再到"生活步调加速"，这三者紧密相连、相互促进，最终形成了我们这个"加速社会"。

也就是说，自从进入现代社会以来，我们的生活其实一直在"加速"。而"从前"的生活也并不"慢"，你之所以会觉得"从前慢"，那只是因为你在"从前"并没意识到"从前"的人并不觉得"从前慢"而已。那些觉得高铁太"快"而怀念慢悠悠的绿皮火车的人，或许并不知道火车从发明之日起，人们就一直觉得它开得太"快"。罗萨在《加速》里曾提到 18 世纪时，人们甚至觉得当时的火车速度太快而"有损健康"，而早期乘坐火车的人会因为车窗外的风景变化太"快"而觉得恶心。（《加速》，第 98 页）

总之，人类现代化的历史就是一部追求越来越"快"的历史，或者说就是一部"加速"的历史。这其中，最可见、最可感的就是交通工具的加速，从服牛乘马到蒸汽机驱动的火车、轮船，再到汽车、飞机、高铁乃至宇宙飞船，其背后的实质就是对交通时间的加速。

"加速"从何而来？

罗萨的"加速"概念并非凭空而来，他受法国思想家维利里奥的影响较大，后者认为"速度"是现代性的中心，对速度的追求不仅是军事、通信等领域的努力方向，也是社会其他领域的追求目标，因此他尝试建立"速度学"来探讨这个问题。罗萨在《加速》中探讨"科技加速"时，就特别引用维利里奥的这一思想来说明，"从由维利里奥提出的'速度'革命的角度来理解的工业革命，它首先就是生产速度的革命，这场革命在跨向 21 世纪的'数字革命'中继续进行着"。（《加速》，第 88 页）但很显然，罗萨也把维利里奥的"速度"予以"加速"了，将其拓展到了更为广阔的社会领域。

当然，罗萨之所以提出"加速"这个概念，并试图以其来概括现代性或现代生活的本质，不仅仅是源于维利里奥速度思想的启示，他还有着较为坚实的理论基础和逻辑背景。他自认为自己是"批判理论家"，其理论构建的努力主要来源于法兰克福学派的"批判理论"。

在书中，他也试图为自己的"加速"理论提供一个可比照的理论谱系，以增加自己的加速理论的合法性和说服力，这就是近代以来人们对现代性和资本主义的批判的线索，从马克思的"异化"到韦伯的"祛魅"，到卢卡奇的"物化"再到自己提出的"加速"，他将其视作从马克思开始的对现代性进行一以贯之的批判的理论传统的传承和更新，这也是他把"加速"引起的社会不适称之为"新异化的诞生"的重要原因。

正是在此前提下，他把加速产生的"动力"首先归于资本主义的"竞争"，因为资本主义的目标就是为了最大的盈利，这就需要对生产和消费的过程进行加速，而这又需要以"科技加速"为基础，以促进生产与消费的循环，同时导致了无所不在的竞争，它溢出了经济领域，从而扩散到社会的各个领域。

其次则是"文化动力"，罗萨认为，"加速"已成为现代社会的一种新"宗教"，即获得"永恒生命的（宗教）应许"。（《新异化》，第 35 页）因为生活在现代社会的人们早已不再相信彼岸世界的存在，所以愈加重视现世生活的丰富性，而更多的生活意味着更多的生命,或者生命的"永恒"。因此,罗萨说,"在这样的思路中,如果我们提升生活的速度,我们也许就可以在只有一次的人生当中,实现所有可实现的选项,让生活更多样化,甚至可以让生活无穷尽。加速因此成为一种消除世界时间与我们的生命时间之间的差异的策略"。(《新异化》,第37页)

他认为,加速的第三种动力是相对于这两种外在动力的内在动力,加速的三个范畴("科技加速""社会变迁加速"与"生活步调加速")相互传动并形成"加速循环",加速已经变成"一种环环相扣,不断自我驱动的反馈系统"。

在这种情况下,我们似乎别无选择,只能被动适应这种已经拥有自我加速能力的"加速循环"的社会。但是,罗萨认为,这种加速是有极限的,就像我们不管怎样加速,一天总还是24小时一样。而且加速本身还会产生"减速"的现象,大城市或高速公路的交通堵塞就是一个例子,当人人都开上"加速"的汽车时,有时反而会"欲速则不达";近年来患上抑郁症的人越来越多,这其实就是无法跟上社会的加速运动而被动"减速"的体现。当然,也有主动的"减速"现象,如有人为缓解社会加速的压力去灵修、练瑜伽等,但其目的还是为了休整之后更好地加速。

所以,"减速"有时也可以成为一桩买卖,像古法酿制的酒、手工制作的商品等,这些玩艺可以暂时给越来越快的世界带来一种"慢"安慰,或者到远离现代生活的村落、海岛去度假,以享受"慢"生活。但荒诞的是,为了获得这些"慢",人们不得不去赚更多的钱,从而不得不把自己的生活再次加速。

此外,还有极端"减速"的"意识形态"出现,如某些反现代的宗教、极端保守主义和深层的生态主义等,但罗萨对此持谨慎态度,他并不认为这些"反现代"的意识形态是缓解加速社会给人们带来的压力的合适手段。

"共　　鸣"

　　这也是罗萨研究加速问题的出发点，他谈社会加速并不是为批判而批判，也不是为了借此提出一种"反现代"的策略，因为他认为社会加速具有其合理性，同时也是不可避免的，而意欲彻底铲除这种加速造成的压力现象，只能导致一种极权。所以，他在书中直言自己借"加速"对现代社会进行批判，既是为了指出"社会病状"，也是为了帮助人们展开对"美好生活"的追求。

　　他表示这也是从霍克海默、阿多诺、马尔库塞、本雅明等学者，直到哈贝马斯与霍耐特等批判理论的先驱们所创立的批判理论的宗旨在当代的努力方向。"因此，让主体想去追求美好，却又让主体必然无法去真的实现美好的那种社会情境，必然就是社会批判首要针对的目标。所以，就我来看，我们想要实现的自由、自己决定怎么过生活的自主性，以及为了实现这种自主性，向政治阻碍、结构阻碍、社会阻碍进行抗争以求解放，一向都是批判理论传统的核心。"（《新异化》，第 68 页）

　　这也是罗萨借助马克思对资本主义"异化"的思考，抓住其所造成的自我和世界关系的扭曲与变形，对"加速"所引起的一系列"新异化"现象，如"空间异化""物界异化""行动异化""时间异化"直至"自我异化与社会异化"等"社会病状"予以批判的原因。和马克思所发现的异化一样，它们使得人与世界、甚至与自己之间都产生了莫名的脱节和疏离，人与世界因此不再相互回应，各自沉默以对，以至于坠入冷漠、无助和痛苦的深渊。

　　而他的这个观点，同样让人想起卢卡奇所说的"物化"所导致的主体与环境间无动于衷的旁观和疏离感。因此，他也试图给"加速"病开出治疗的"药方"，那就是通过"共鸣"来恢复自我与空间、时间、物、行动等元素间的"世界关系"，让世界对自己的存在予以回应，而不是像现在一样，只能徜徉在商场的音乐里孤独地寻找"共鸣"或是戴着耳机"自我共鸣"，而是最终重建"美好生活"。

不过，他在这本书里重点谈的不是如何"共鸣"的问题，所以只在结尾处略作点染，让人于惊鸿一瞥中若有所思。好在 2016 年，他以此为主题的和《加速》一般厚的《共鸣》(Resonanz)已经在德国出版，而英文版也于 2019 年 8 月出版，相信不久之后，中文版也会"加速"问世。

2017 年秋，罗萨曾到中国旅行两周，其间也曾到我任教的同济大学以"生活空间与城市规划：中德之社会加速"为题做过讲演和对话。之后，他在《哲学杂志》2018 年第 2 期上以《在速度帝国》为题发表了自己从上海到武汉的旅行见闻。有意思的是，从东到西，他把中国划分为三个不同的加速地域："旅程很像在穿越时光回到过去：从上海的数字化现代到武汉的工业化现代，再到中国中部的早期现代，甚至更遥远的过去。"

他在武汉的一次讲演中重申了自己在《新异化》中提出的观点，即"加速"的确会给我们带来更多的金钱、更多的微信好友和更快抵达世界各地的便利，可与此同时，不可避免的异化却会让世界因此而沉默，不再与我们共鸣，从而变得荒芜而空虚。不过，他也发现了一个令其深思的现象，有个听讲座的老师对他的观点进行了质疑，认为"减速"的生活只适用于欧洲，而中国依然需要发展，也就是需要加速。

那位老师之所以有这样的看法，可能与中国各地还分处于现代的不同时间结构中有关，也许，已经进入"数字化现代"的上海需要"减速"，"工业化现代"的武汉以及"早期现代"的中西部，都还处在"加速尚未成功，同志仍须努力"的状态。

在这次乘高铁旅行的过程中，罗萨对中国的高铁赞赏不已，

"高铁像德国城际快车（ICE）一样迅速，像法国高速列车一样优雅，像瑞士铁路一样准时：在每个车站，高铁的到达和发车时间都分秒不差。"其实，他如果知道四十年前，开启中国现代化历程的邓小平在乘坐日本的高铁新干线时也有过类似的感慨的话，会更理解中国当下对加速的渴求，以及中国为何会变成他眼里的"速度帝国"。

1978年秋，邓小平出访日本。当在国内坐惯了时速100公里左右的绿皮火车的他坐在东京驶往京都的新干线上时，对名为"光"的高铁竟然以200公里以上的速度在铁轨上风驰电掣惊讶不已。而现在看来，邓小平或许不仅预言了今日中国高铁的出现，也预言了加速社会在中国的加速到来。而那种似是而非的"从前慢"的生活，也就此一去不复返。

"快速"还是"加速"？

——"加速批判理论"作为视野[①]

林云柯/文

（南开大学　文学院）

近年来，以哈特穆特·罗萨为代表的"加速批判理论"在国内理论界成为热点，从社会现象的直观层面上看，似乎是一个自然而然的结果。以高铁为代表的交通网络、移动支付以及互联网与人工智能的发展将我们带入了一个更加"快速"的社会。在国内已有的相关论述中，对于该理论的阐述也多以上述技术现象为依托，紧密围绕一个"快"字展开。然而"加速热"所凸显的批判理论借由技术现象的再度回归，也反映了国内研究界对上一代批判理论的冷淡态度。哈贝马斯和韦尔默以交往与商议为核心的批判理论并没有得到持续的讨论，而西方马克思主义的研究焦点仍然更多围绕着以阿多诺为代表的第二代学者展开。罗萨在其著作中甚至单独论述了批评理论的宗旨，即批判理论的传统总是蕴含着规范性的内涵。这也正是第三代批评理论的特点，它不再是第二代批判理论对于"启蒙现代性"这一宏大话题的探讨，而是以社会活动者的个人体验作为批评理论的规范性基础。换句话说，

---

①　本文原刊于《文艺报》2020 年 7 月 13 日第 2 版。

"加速批判理论"的问题意识并不在于个体与当下技术速度本身的关系，而是在这样的个人体验中，一种新的对于社会与历史的规范化观念如何成为可能。

对批判理论内部延续的认识缺失也影响了对于"加速"这一概念本身的理解，其中一个典型的症状就反映在"加速主义"这个词的使用上。实际上在罗萨的"加速批判理论"中，并没有明确出现"加速主义"这样的概念。"加速主义"作为一个独立出现的批判概念实际上最早见于本杰明·诺伊斯在《否定的持续》(*The Persistence of the Negative*)中对德勒兹后期思想的批判中。在《差异与重复》中，德勒兹对差异做了本体论上的阐释。在通常的情况下，对于差异的思考被理解为基于某一外部标准的一物与另一物的区别，而真正的"差异"则是某一事物的凸显，比如闪电划过夜空却没有与夜空分离。这意味着具有本体论地位的"差异"是一种与原本包容、甚至掩盖它的基底的单方面区分，换句话说，这样的"差异"不是通过比较得到的，而是被"制造"出来的。

诺伊斯将德勒兹的"差异"观解释为某种"导数性"(fluxion)，比如常见的在上升过程中表示加速的指数增长曲线，实际上在各个点都可以做出一条切线，而这个切线所凸显的，就是宏观历史上升期中的某些差异时刻，就像如今看来蜿蜒连贯的河流，曾经发生过灾难性的改道。由此我们就得到了另一种更为个体化的社会历史视野，即某种被表现为连贯的历史上升趋势，实际上也可以被理解为诸多独异性历史时刻的密集。而诺伊斯对德勒兹（尤其是与瓜塔里合作后）的批判在于，后期的德勒兹将这种差异本体论从一种对社会历史的现实批判发展为一种自我证成的超越性主体理论。主体不加控制地从现实中解域，这一倾向被诺伊斯批判为"加速主义"。

诺伊斯对于"差异"之"导数性"的揭示对理解"加速"概念极

为重要。"加速批判理论"中的"加速"一词并不能简单地被理解为"快速"或者"速度",但正如前文提到的,这种对于"加速"的泛化理解是近年来相关文章中呈现出的主流,其中一个表现就是将罗萨的"加速批判"与维利里奥的"竞速学"并举。实际上,虽然罗萨在《新异化的诞生——社会批判理论大纲》这本科普性的手册里将维利里奥视为"技术加速"的典型代表,但在真正的理论著作《加速——现代社会中时间结构的改变》中,他也明确表示在"竞速学"中无法找到"加速理论"的系统性基础,且批评了维利里奥只从技术上的"速度提高"来把握"加速"的狭隘视野。实际上,罗萨也明确批评了将"加速"简化为"跨越路程"的看法。作为一种已有的理论常识,快速交通工具的发明(比如火车)更多改变的是人类的空间意识而非时间结构,比如在沃尔夫冈·希弗尔布施的《铁道之旅》中,火车快速旅行打破了"景观空间",并将其转化为"地理空间",从而形成了"全景式观看"的视觉范式。那么,"加速"这一概念的恰当理解应当是什么呢?

实际上,罗萨所用的德文词"Beschleunigung"除了泛化的"速度加快"(相当于英文中的"speed up")之外,同时也表示物理学中的专业概念"加速度"(正如诺伊斯用 accelerationism 表示"加速主义")。在关于加速度的常识中,我们知道加速度与速度没有必然关系,实际上在大多数现实情况下,两者在量上有着显著差异。任何复杂的运动都可以看作是无数的匀速直线运动和匀加速运动的合成,也就是说"速度"和"加速"并不处在一种因果关系中,而是共同构成了一种生成性机制。进一步说,在以时间与空间为横纵轴的坐标系中,加速度正是以运动速度变化曲线上的切线来表示的,因此,诺伊斯可以通过"导数性"将德勒兹的本体论"差异"与"加速"联系在一起。因此,无论对于罗萨还是德勒兹来说,虽然现有的历史叙事和当下的社会现象呈现为一种比之前某一个时间点更快的速度状态,但是"加速"并不对应于当下的"快速"状态:不是"速度",而是"加速度",这一"差异"才具有本体论地位。

因此,"加速"实际上指的是对某种匀速历史运动趋向(无论是快还是慢)在某一时刻的独异性背离与推动,但它往往没有对历史的走向造成显性的决定性改变,是被淹没或者说封印在历史上升曲率中的难以被察觉的一个点。这样一种视角不同于将革命理解为历史断裂性的叙事,后者往往被表现为一种外部区分的差异,与此同时,也作为虚假意识掩盖了其实质上的延续性。对于这一问题比较示范的理解,来自汪晖在《短二十世纪》中对于"革命连续性创制"的发现,即虽然没有革命的爆发就不存在可供讨论的历史连续性,但是这种连续性也并非是革命的自然延伸,而是"事件参与者在各种历史合力下的创造物"。因此,"短二十世纪的漫长革命"这一矛盾修辞反而是一种极为恰当的表述。

正如罗萨在对维利里奥的批评中所说,"加速"这一视角不能停留在一种仅仅基于技术的概念式缩略状态,而必须是对其他社会学理论的整合,这就是为什么伯曼和布尔迪厄这样的"旧理论家"也在罗萨的奠基性介绍中占据重要位置。比如在布尔迪厄的社会学关键概念中,存在着一个常被忽略的概念:"迟滞"。场域规则发生变化时,个体由于无法及时适应这种变化而经受苦难,这种现象往往出现在国家层面的政策变更与社会局部范围内惯习的差速关系中,并有可能被变革后更快的"匀速运动"所淹没。比如时下从事网约车行业的司机,很多曾经是小工商业投资者,因为政策的变更而破产,又由于保留了汽车驾驶这一相对现代的技能,而重新投入到整体上欣欣向荣、在互联网技术加速发展下形成的相关行业中,实际上,他们的个体经验"差异"与进城务工的农民工群体或外卖与家政等群体的"差异"就完全不同。只有在"加速"这一本体论"差异"的视角下，这样的个体经验的特殊性才能够被发现。

结合诺伊斯的"加速主义批判"和罗萨的"加速批判理论"来看，"加速"这一新的理论视野更重要的价值在于，它试图超越传统上由"结构主义"到"解构主义"的必然崩溃逻辑。虽然结构主义几乎统治了之前学界对于社会理论的主流理解，但是对于结构主义的理解也往往滥觞于其多元性。事实上，较之于用"超定论"或"多元决定论"替代以往的"决定论"，对于以拓扑学为基本科学范式的结构主义来说，"多元"与"结构"根本上意味着对权力的具身形象的镂空处理，使散点透视、视差与结构的翻转重组成为可能。因此，结构主义从根本上说是对于权力结构中"空乏"或者说"匮乏"的发现，并转而使之成为结构变革的可能性基点。然而，在已有的理论发展脉络上，被发现的"空乏"由于当时西方的历史情境，转而变成了一种消极的、否定性的目标，这就是"结构主义"向"后结构主义"直至"解构主义"的转变。"加速批判理论"这一视角实际上是一种介于"结构主义"与"解构主义"之间的居间整合视角，也就是要为结构的"空乏"加入更为具体的内容，而这一内容就是"加速"视角下凸显的"差异"。这种以导数切线形式表现出来的"差异"，实际上也就是个体在某一历史时段所遭受的身心压力与具有的观念倾向，并表现为某种特定的时间结构中的具体生存状态。在"加速批判理论"下，这些因素被作为社会历史走向的结构性要素，构成了事后被归结的宏观历史趋势。

因此，如果说时下流行的"加速理论"或者"加速主义"热能够为理论研究与文艺创作提供什么新的视野，那么这一视角也绝非仅仅是对于技术加速的全然服从和称颂，我们甚至不能完全在科学主义的思潮中去识别它，它不仅仅能被用于科幻作品的研究。事实上，虽然时下技术的发展日新月异，但从社会权力结构的角度看，其基本逻辑未必发生了多大的变化。比如移动支付虽然呈现为一种技术加速，但在金融逻辑上并未发生根本性改变；而在另一方面，其真正带来的是对移动设备的极度依赖，对无法熟练使用或不愿使用移动设备的人群来说，就引发了时间结构上的裂变，这就导致了常态化社会功能的承诺与实际上社会功能的实现手段之间的分裂。因此，"加速"视野所发现的东西并不都是在"快速"之中才能被发现的，反而更多是在"失速"中被发现的。因此，在罗萨的论述中，"减速"也并非是"加速"的反义词，而是在"加速"中被识别出的一种"差异"类型。

因此，作为一种理论视野，"加速批判理论"实际上指向一种更为社会学式的文艺生产方式，它敦促我们跳出以往对于社会变革和进步的狭隘理解，去发现新的、隐没的"加速"节点。比如在当下的本土文学作品中，虽然艺术手法和人物形象各异，但仍然被固化在城乡变革与"象牙塔—经济社会"这样传统的艺术冲突背景当中，文艺作品由此就容易落入一种"减速主义"——对于群体化乡愁的无尽追忆，而非一种真正的"减速"——对于社会对立性差异的刻意发现、制造及创作，这也是本来具有生命力的故事与人物塑造范式，在艺术手法进步的条件下却愈加趋于刻板化的原因。一种"加速理论"视角应当鼓励的创作，甚至可以是针对某一"加速"趋势的症候式写作，具有一定的寓言、甚至预言性质。

亨利·米修专题

亨利·米修的绘画思想研究

陈洁琳/文

（同济大学　中文系）

绪　　论

一、米修其人

亨利·米修，法国诗人、作家、画家，1899 年出生于比利时那慕尔，原籍比利时，1955 年入法国籍。米修在优裕的家境中度过童年，于马林一所寄宿学校待了一年后，前往布鲁塞尔圣米歇尔中学求学，在那里与芮欧·诺尔日（Géo Norge）、艾尔曼·克劳森（Herman Closson）、卡米耶·戈曼（Camille Goemans）同窗。托尔斯泰和陀思妥耶夫斯基伴随着米修度过了焦躁的青春期。虽然米修在耶稣会读了很多书，但他完全没有写作的想法，而是走向医学，虽然很快就放弃了医学并成为水手。1920 至 1921 年他出海航行，因"一战"后船只被遣散而离开大海。几乎是在同一时期，对洛特雷阿蒙的阅读与发现促使他开始写作。1922 年他创作了《循环性精神病案例》（*Cas de folie circulaire*），初现风格。随后陆续发表了其他作品，如 1923 年的《梦与腿》（*Les Rêves et la Jambe*）[①]，

[①] Henri Michaux, *Les Rêves et la Jambe*, *Essai philosophique et littéraire*, Anvers: Éditions Ça ira, 1923.

1927 年的《我曾是谁》（*Qui je fus*）①等，风格也得到了极大的丰富。1922 年起，他积极与其友人弗朗兹·海伦斯（Franz Hellens）创办的先锋杂志《青色唱片》（*Le Disque vert*）合作，发表了很多初期诗歌作品，如《我们的兄弟查理》（*Notre frère Charlie*）、《比利时的信》（*Lettre de Belgique*）、《自杀笔记》（*Note sur le suicide*）、《超现实主义》（*Surréalisme*）等。在这一时期他移居巴黎，并极力撇清自己同比利时的关系。直到生命终结，米修都与法国，尤其是与巴黎保持着一种亲和，即使他一直都在世界各地旅行。在巴黎，米修结识了许多艺术界名流，如布拉塞（Brassaï）、克劳德·卡恩（Claude Cahun）和让·波朗（Jean Paulhan）。在纯诗性文本之外，米修也写作真实的［1929 年，《厄瓜多尔》（*Ecuador*）②］或是想象的［1933 年，《一个野蛮人在亚洲》（*Un barbare en Asie*）③］游记、服用致幻剂的体验［1956 年，《悲惨奇迹》（*Misérable Miracle*）④］、格言集和思想集［1950 年，《走廊》（*Passages*）⑤］等。1941 年，安德烈·纪德在一次著名的讲座"发现亨利·米修"（*Découvrons Henri Michaux*）⑥上表达了对他的看法，激发了学界对他的重视。米修的作品接近于超现实主义，却自成一派。他的诗歌是对想象世界的描摹，是对梦境的盘点，是一种对由致幻物质触发的无限之境的探索。

平行于写作，米修自 1925 年开始对绘画以及所有的图形艺术产生兴趣。1937 年举办第一次画展，此后一直致力于绘画，绘画的产出甚至超过了写作。他的创作涵盖了铅笔画、水彩画、版

---

① Henri Michaux, *Qui je fus*, Paris：N.R.F., 1927.

② Henri Michaux, *Qui je fus*, Paris：N.R.F., 1927.

③ Henri Michaux, *Un barbare en Asie*, Paris：Gallimard, 1933.

④ Henri Michaux, *Misérable Miracle*, Monaco：Éditions du Rocher, 1956.

⑤ Henri Michaux, *Passages*, Paris：Gallimard, 1998.

⑥ André Gide, *Découvrons Henri Michaux*, Paris：Gallimard, 1941.

画、水粉画和墨水画。米修的绘画从线条开始,放任黑色的线条梦游般蜿蜒于白色的纸面。20 世纪 30 年代末,米修的注意力由线条转向了色彩和心理状态的表达,他抛弃了白色背景,采用深蓝或黑色为底色来反映他所感受到的周遭的暗夜。40 年代中期,米修又从黑暗转向光,开始用水彩进行实验,但这道光很短暂。1948 年米修的妻子悲惨离世,对他绘画和写作的风格都产生了很大的影响。命运在米修身上掀起了狂怒,他开始在明亮的画上泼水,溶解原画的颜料,破坏原画的形式,用一种新的秩序去解构原画的秩序。这一时期他作为画家的破坏性,同他作为诗人的攻击性是彼此呼应的。《褶皱中的生活》(*La Vie dans les plis*)①第一部分里的大部分诗歌,都在描述想象中的杀人方式。1946 年米修进行了第一次水彩试验,在同时期的《走廊》中讨论了对作画动态特性的关注,包括水在颜料中的流动和颜料在纸张上的流动,强调画作是一个过渡阶段而非定局,总是处于未完成的状态。水粉画也是米修在同一时期探索的另一种媒介,它无法满足米修,因为水粉抗水性强,更顺从于画家的意图,而他在这一时期更偏爱不受他控制的画法。1950 年代,米修创作了印度墨水画,它们由一个个小人组成,虽然经常缺胳膊少腿,很多这样的小人一起出现,彼此之间毫无沟通,反映着画家本人的孤立感。后来米修又回归到水粉画,因为水粉的流动性比水彩差,允许艺术家在落笔之前等待和怀疑,延长了不确定感,让他能够沉浸于画成为画的过程之中。50 年代中期,米修开始麦司卡林实验,发现了一种新型画法。在服用致幻剂以后,之前那些被孤立地框在某种姿态里的印度墨水画小人开始动起来了,它们的个体性不再引人注目,而是显示出一种总体性,成为一大群奔向某个不知名目的地的

---

①　Henri Michaux, *La Vie dans les plis*, Paris: Gallimard,1949.

人。运动和姿态都得到倍增,画幅也变大了。个体的姿态被献祭给了群体的运动。

20世纪涌现出了一大批同时也进行美术批评的诗人。诗人和艺术家已经发现了诗歌和美术之间强大的亲和性,关于感知、概念化和表达方式的新问题也被阿波利奈尔、布勒东、米修等诗人提出。米修的想法特别值得注意,因为他既是一个成熟的画家,又是一个重要的诗人。

同时涉身绘画和写作这两个领域的米修,在不断进行尝试的同时,也在不断思索绘画与写作之间的关系。在作为视觉艺术家的文本中,米修常常会通过与写作相对照的方式去定义绘画,似乎它们是彼此排斥的两种活动。他认为他的文学自我被他的绘画自我取代了,对于一个像他这样希望自己在本质上存在于别处的人,视觉表达比写作更适合探索他异性(alterity)。在1939年的《绘画》(Peintures)①中,米修建立了绘画与写作之间的二分关系,在《行动的自由》(Liberté d'action)②中有部分的演绎,在他的艺术自传《涌现-复现》(Émergences-Résurgences)③中又有进一步的发展。米修把自己的创作重心转向绘画的过程描绘成一场"返归自身的旅行"(voyage en moi),在绘画与写作的对立关系上又有所发展。绘画被当作一种对写作、对语言表达、对西方、对理性和对压抑的反叛。米修认为与写作对立,绘画是表达的原始手段,视觉艺术家比作家更天真清白。他的这种二分关系的表达,建立在西方逻各斯中心主义传统认为模仿的视觉表达先于写作出现的观点上。米修在画家与作家这两种身份之间的游走,反映出他对形象性(the figural)与话语性(the discursive)的审视与思

①　Henri Michaux, *Peintures*, Paris: Gallimard, 1939.

②　Henri Michaux, *Liberté d'action*, Paris: Éditions de la revue Fontaine, 1945.

③　Henri Michaux, *Émergences-résurgences*, Genève: Skira, 1972.

考。形象性与话语性无疑都从不同层面上满足了他自我表达的欲望。米修将两者并置、对比,使它们相对抗,却拒绝在二者之间进行选择。他转向绘画,并不能说明他偏爱形象性胜过话语性。尽管让·波朗讽刺地评论米修自 1960 年代开始,比起写作就更偏爱视觉表达,因为"他只有在绘画中才能彻底诚实"①。然而这一评论却有失偏颇,虽然它重申了米修自 1950 年代以来每隔一段时间就要声明一次的观点,但它却错过了米修对欺骗(artifice)持续性的投入。尽管他误导性地把视觉表达树立成比书写更为"诚实"(honest)的形象,米修却从未失去他"伪造更明晰的现实"的野心。如果说绘画满足了米修对真实的渴望,那写作则是迎合了他对伪造的追求。

米修的绘画思想始终与他的文学思想相争斗,研究他的绘画思想,不仅能够看到这位逃离了他的读者和观众的艺术家的内心世界和艺术观点,也能映射出他对文学、符号、艺术表达的理解。他的艺术自传和一些包含绘画理念的文章又为人们研究他的绘画思想提供了途径。

二、文献综述

国外对米修的研究开展得非常早且长盛不衰、数量繁多,内容涵盖了米修的诗歌和绘画、米修诗画之间的关系、米修对写作与绘画的看法、米修对通用符号系统的追求、米修画作中的符号、米修与东方文化的渊源、米修的旅行等,可谓无孔不入。这里只对涉及米修绘画思想的研究作一梳理。

对米修的研究最早可以追溯到法国著名作家安德烈·纪德,

① Henri Michaux, "Letter to Dora Bienaimé-Rigo(8 Sept. 1966)", in Jean Paulhan, *Le Don des langues: Choix de lettres*(*1946—1986*), Paris: Gallimard, 1996, p.263.

在 1941 年的一次讲座中,他以"发现亨利·米修"为题的演讲激发了学界对米修的关注。纪德肯定了米修诗歌与游记的价值,认为他是一个在其视觉幻想带领下云游想象国度的诗人。自此,学界展开了对米修的诗歌与绘画多向度的挖掘。对米修绘画思想的研究主要以米修的画作为依托,分析他在各个阶段采用的画法以及其中的过渡和转折,结合米修的艺术自传《涌现-复现》以及其他一些谈及绘画观点的零碎写作,对米修的绘画思想进行概括和提炼,在此基础上有所发挥。如美国学者劳莉·艾德森(Laurie Edson)的《亨利·米修:运动的画家和作家》(*Henri Michaux: Artist and Writer of Movement*)①就认为,米修在所有的诗歌和画作中都在探索内部世界的运动,在不断尝试艺术表达可能性的同时,追寻一种更高的对持续发展中的自我的意识,总结出米修认为人类存在的基础是永恒的运动,他把"自我"当作是永恒变幻的现实中一个瞬间的平衡状态,而写作和绘画是这种运动的标志,也是帮助他进行自我探索的工具。艾德森在这篇文章中按时间顺序梳理了米修使用过的各种绘画媒介,从铅笔线条到水彩和水粉,再到印度墨水画,在物质和心理层面分析了米修每次创作重心发生偏移的原因。

2005 年英国学者玛格丽特·里戈-德雷顿(Margaret Rigaud-Drayton)的《诗歌、绘画与通用符号》(*Poetry, Painting, and the Universal Sign*)②则着重探讨了米修对绘画与写作这两种表达手段间关系的理解,认为米修在绘画与写作之间建立了二分关系,将其对立起来,并把米修向绘画的转向理解为是对写作、

---

① Laurie Edson,"Artist and Writer of Movement",*The Modern Language Review*, vol. 78,no. 1(January 1983),pp.46—60.

② Rigaud-Drayton,Margaret,*Henri Michaux: Poetry, Painting, and the Universal Sign*,Oxford:Claerndon Press,2005.

西方、理性思维和压抑的反叛。她进一步指出,米修这种对绘画与写作的二分关系的表达没有脱离西方逻各斯中心主义传统中认为模仿的视觉表现先于书写出现的观点。

国内对米修绘画思想的研究几乎是一片空白。这里依照时间顺序对国内的米修研究进行梳理。

20 世纪 80 年代初,米修尚健在时,国内米修研究就开始起步,这一时期学术界对米修作了初步介绍,让读者初步认识了这位神秘的西方诗人。1982 年,《外国文学》发表了程抱一的论文《法国当代诗人亨利·米修》①,文章附有《和米修晤谈记》以及米修十六首诗歌的译文,主要译作有《反》《暗夜里》《我的生命》《少女们的面容》《冰山》《毫毛旅行》《大声音》《英雄时代》等。这些译文后被收入程抱一《法国七人诗选》②。程抱一是米修的好友,在国内率先介绍和研究米修,他翻译米修的初衷是"愿以最好的、最理想的方式向国内广大读者介绍法国当代活着的最重要的诗人之一亨利·米修"。程抱一在米修研究方面的主要贡献在于:第一,他首次以第一手资料向中国介绍了米修的主要诗歌,对米修的思想和创作进行了全面的评析,认为米修的创作在于寻找世界的"大穴"和"大虚"。第二,他明确指出了米修的创作风格,认为米修的作品无论就形式或内容而言都不易归入通常的分类。第三,他深刻揭示了米修与中国密不可分的关系。程抱一肯定地说,中国的绘画、戏曲、书法艺术等给了米修新的观照、新的语言,推动了米修的创作,米修与中国的关系已经密不可分。这个判断确定了米修与中国的事实联系,对米修研究具有实际指导意义。

---

① 程抱一:《法国当代诗人亨利·米修》,《外国文学研究》(武汉)1982 年第 4 期:第 3—13 页。
② 程抱一:《法国七人诗选》,湖南:湖南人民出版社,1984 年。

　　1990 年代,国内出版物刊载了米修的一些诗歌。杜青钢翻译的《米修诗选》①于 1991 年由漓江出版社出版。1994 年刘小荣与白丁撰写的《云游四方的诗人——亨利·米修与中国》②,从米修持续不断的旅行、对东方文化的迷恋以及中国背景下的创作等不同角度探讨了米修与中国的联系。葛雷的论文《米梢的诗歌艺术》③分析了米修的诗歌创作。杜青钢在《外国文学评论》1995 年第 1 期发表了论文《"道"家米硕 虚之诗学——试论老庄、禅宗对米硕诗歌创作的影响》④,1997 年发表了《米修:诗境中的东方气韵》⑤,认为米修一生经历了四种旅行:一是实地周游世界,二是徜徉内心空间,三是漂游致幻剂天地,四是驰骋东方智慧的无际天空。1999 年 5 月,"20 世纪法国作家与中国国际学术研讨会"在南京大学召开。在中外代表提交的论文中有三篇专门论述米修:杜青钢的《为道日损 见素抱朴——从道家的角度释读米修》、安娜·莎马筱的《蚂蚁与人——亨利·米修的中国自然史》、刘阳的《中国给了他另一种眼光——亨利·米修与中国艺术》,它们(未公开发表于其他学术平台)从不同角度分析了米修与中国的关系,探讨了米修与中国的深层文化因缘。

　　21 世纪以来,国内出现了有分量的研究专著,对米修思想和创作的研究,尤其是对米修与中国文化关系的研究达到了新的高度。2000 年杜青钢出版了专著《米修与中国文化》⑥。2007 年刘

---

① 亨利·米修:《米修诗选》,杜青钢译,桂林:漓江出版社,1991 年。

② 刘小荣,白丁:《云游四方的诗人——亨利·米修与中国》,《当代外国文学》(南京)1994 年第 2 期,第 155—160 页。

③ 葛雷:《米梢的诗歌艺术》,《当代外国文学》(南京)1995 年第 2 期,第 161—167 页。

④ 杜青钢:《"道"家米硕 虚之诗学——试论老庄、禅宗对米硕诗歌创作的影响》,《外国文学评论》(北京)1995 年第 1 期,第 110—119 页。

⑤ 杜青钢:《米修:诗境中的东方气韵》,国外文学(北京)1997 年第 4 期,第 66—70 页。

⑥ 杜青钢:《米修与中国文化》,北京:社会科学文献出版社,2000 年。

阳出版专著《米修：对中国智慧的追寻》①。在期刊中，也出现了一些研究米修作品，从而探查其思想的文章，但落脚点始终难以离开米修眼中的中国或是米修与中国的渊源。例如2000年刘阳发表的《米修作品中的道家投影》②，在米修诗歌中集中寻找道家思想的线索。再到最近张珣于2019年发表在《法国研究》上的《亨利·米修的"中国式务虚"——从〈一个野蛮人在中国〉透视米修眼中的中国形象》③，概括总结了米修西方视野中中国的文化形象。米修的确从中国汲取了灵感，但这只是冰山一角，在中国文化的影响背后，他的作品中还蕴藏着更深的西方理念以及同他个人经历密不可分的因素，仅仅从与中国的关联角度去看米修的作品是相当片面的。

由此可见，米修的画家身份在国内一直被忽视。提到米修画家身份的文章也多是为了引出米修与中国画、与东方文化的关系。对米修绘画思想的研究可以说尚未开始。米修的绘画与写作活动是平行发展的，彼此互为映照，他曾表示说如果把书写当作唯一的支柱，就会失去平衡。事实上，他从未停止思索绘画与写作这两种表达方式的差异，绘画甚至拥有优于写作的地位，因为写作太文明化（civilized）了，而绘画是一种更原始、更通透的表达方式。忽视米修的画家身份，不仅错失了一个丰富的艺术领域，也丧失了另一种理解米修文学创作的可能性。展示、探究米修的绘画思想，分析米修思想中绘画与写作的二分关系，为理解米修的文学创作提供另一种可能，这是本文所做研究的意义所在。

---

① 刘阳：《米修：对中国智慧的追寻》，南京：南京大学出版社，2007年。
② 刘阳：《米修作品中的道家投影》，解放军外国语学院学报（洛阳）2000年第5期，第90—92页。
③ 张珣：《亨利·米修的"中国式务虚"——从〈一个野蛮人在中国〉透视米修眼中的中国形象》，《法国研究》（武汉）2019年第3期，第93—99页。

三、研究方法与研究内容

本文将采用文献资料法和对比研究法，以米修的画和他描述自己绘画理念的文字作品作为第一手研究资料，再以其他学者研究米修绘画思想的文章作为第二手参考资料。以米修自己明确表达过的对绘画的认识、理解、追求为基础，结合前人研究所见的对米修秘而不宣的绘画理念的剖析，对米修的绘画思想形成立体、多层次的认识。值得指出的是，米修在表达自己的绘画理念时所用的是非常诗化的语言，充满了主观和感性的成分，要理解他的绘画思想，非但不能舍弃这些成分，还需要用这些珍贵的诗性表述去勾勒他作为画家的思想架构。

文章分为三部分。绪论简要介绍了米修的生平、文学创作和艺术创作生涯的开端和发展，简叙文献综述和研究目的。第一章"米修的绘画冒险"将对米修从线条画开始的绘画历程作细致的介绍与分析，追溯他自 1923 年起尝试过的所有画法及绘画方式发生转折的原因，并试图确认绘画在米修心中的定义、内涵和地位。第二章"米修绘画中的核心元素"将抽取米修绘画作品中最具代表性、凝练了他最多绘画思想的元素：溢出画布的黑色、无名的脸孔（幽灵）与结构衍生出的运动，梳理它们在米修绘画中的呈现方式、集聚方式和出现缘由，从而透过这些核心元素窥探它们背后的绘画理念，并力图将其有秩序地分类、归纳和总结，从而形成一个相对完整的有机结构。在前两章的铺垫之下，第三章将讨论米修对绘画与写作关系的认识，纵向分析米修概念中绘画与写作的平行性，横向分析绘画与写作的互斥性，最终立体地揭示出绘画与写作在米修认知结构中呈现出的二元对立关系。最后的结语部分将对全文作一个精炼的总结，并指出未来研究米修绘画理念的方向。

第一章　米修的绘画冒险

　　米修用梦游般失控的线条，开启了他的绘画冒险。他将这场冒险用诗性的语言细致地记录在了《涌现-复现》一书中，该书的副标题"创作的小径"（*Les sentiers de la création*）形象地表现出米修绘画旅途孤独、漫长、曲折的特点。"孤独"是因为米修不承认自己从属于任何流派，也极力在绘画中避免对前人的模仿。不同于超现实主义者具有集体性的作画方式，米修的绘画是独立的、孤单的。"漫长"指自 1925 年起，他没有停止过绘画，他的画家生涯一直持续到他生命的尽头。而"曲折"则是由于他画作的风格随时期的不同而发生过数次转折。

　　本章将以最鲜明的转折点为界限将米修漫长的绘画冒险切分为三段：从语言转向线条、从线条拓展到色彩和最后从色彩回到水墨画。以时间为线索解读米修在涉及绘画创作的文本中用诗化语言所表达出的主观性转折动机，并分析隐藏在其主观动机背后的深层客观因素。在米修极具欺骗性的、看似被偶然性"抛入"绘画的话语背后，推论出绘画是其人生履历和文化背景所决定的无法逃离的命运。

一、从语言转向线条

　　本节回溯米修决心开始绘画的契机和他最初的作画方式。米修的创作重心向绘画偏移的原因来自于以下三个方面：语言文字的局限性、东方文化的影响和绘画的宣泄治愈功能。对米修而言，绘画是他当时一种不可抗拒的需求，语言已经不再能满足他的需要，单纯地依赖文字来进行表达已经使他陷入失衡。而绘画重建这种平衡的方式和原因，能够反映出米修对绘画本质的看法。米修最初的作画方式完全站在学院派的反面，并表现出与超现实主义极大的亲和性。

米修几乎是同时开始写作与绘画的。他曾经列出了一份他人生五十九年以来（从 1899 年到 1958 年）的活动清单：关于五十九年的存在的一些情报（Quelques renseignements sur cinquante-neuf années d'existence）①。在这份清单中他写到，1922 年对洛特雷阿蒙的作品《马尔多罗之歌》的阅读激发了他写作的欲望。1923 年他出版了第一部作品《梦与腿》。从 1925 年开始，米修踏上了他的视觉艺术冒险。他在清单中用诗化的方式提到保罗·克利、马克斯·恩斯特和乔治·德·基里科。他说他们的作品使他感到讶异。直到此前，他一向是憎恶绘画的。他厌恶不断复制、重复现实世界和丑陋现实的作画方式。尽管他没有明确说明自己是从这个时候开始绘画的，但学界普遍认为米修是从这一年开始作画的。值得注意的是，这三名惊艳了他的画家尽管所属的流派并不相同，但米修将他们简单并置，说明他在这三人的作品中发现了某种共通点。马克斯·恩斯特是达达主义和超现实主义的灵魂人物，他的作品风格多变，关注幻觉和令人不安的想象；保罗·克利的作品抽象，将内心的幻象同对外部世界的体验相结合；乔治·德·基里科的画里存在着现实中根本不存在的构图，引起观者极大的幻觉。由此可见，正如他自己所暗示的那样，米修所关注到的他们绘画的共同点，即是他们的画都背离现实。

米修从未彻底停止过绘画或写作，他始终是一个双重的艺术家，兼具诗人和画家的身份。所谓的"转向"，只是用以形容他对自己精力分配的偏重，和他在文字中所表达出的对绘画这种表达方式的偏爱。他常会用对比的方式来说明绘画可以做到哪些写作做不到的事，视觉表达又如何提供给他语词表达所提供不了的

---

① Henri Michaux, *Œuvres Complètes*, Paris: Gallimard, 1998, Vol I, p.CXXXI.

情感宣泄。这虽然可以被视为米修对绘画的偏爱，却也同时反映出米修是如何牢固地依附于写作，就连这种偏爱本身都是他通过语词表达出来的。绘画能给予他写作给不了的东西，但写作对于米修而言，始终是不可割舍的。我们在这里所研究的"转向"，不是那种由此及彼的、回不去的转向，而是米修如何不断地在这两种表达方式之间摇摆不定、无法取舍的不彻底的"转向"。

米修在《涌现-复现》①中用诗一般的语句破碎而详细地说明了他为什么要开始绘画。在该书的扉页，米修写到："出生、成长在只有语词的文化和环境中，我画画是为了让自己去条件化"（Né，élevé，instruit dans un milieu et une culture uniquement du《verbal》，je peins pour me déconditionner）。②

这里米修所说的去条件化，是相对于语词对人的条件化作用而言的。去条件化在心理学上指的是将人从其机体对神经性刺激因素快速、无意识的反射作用中解放出来。米修认为他自出生起就身处其中的充斥着语词的世界，在无意识中塑造了他的神经反射活动机制。这一声明直接表明了他投向绘画就是为了摆脱语词，消除语词已经施加给他的影响。接着，他轻描淡写地讲述了自己是如何开始绘画的。他说某天他突然有想画画的欲望，他想通过线条参与到这个世界中来。这就是这本书的题目中所指的"涌现"。于是他开始了最初的绘画尝试：线条画。

米修画线条画的方式带有强烈的超现实主义色彩，极力逃离理性的控制。他所用的画具是铅笔。

米修是从一根线条而不是从多根线条开始的。他任由线条从笔尖淌出、在纸上蔓延，直到线条受纸张所限无法继续延展为

---

① Henri Michaux, *Émergences-résurgences*, Genève：Skira，1972.

② Henri Michaux, *Émergences-résurgences*, Genève：Skira，1972，p.9.

止。如此便得到一团乱线，一幅似乎极力想要回到自身中去的画。他笔下的线条具有散漫、任性、自由的特点。它们是散漫的：明明在找寻，却不知道自己到底在找什么，不追求美或有趣，不犹豫，不改道，不与任何东西联结，不觉察任何物体、风景或形象，它们像在梦游一般，不撞向任何东西，永远也不抵达什么，除了游走别无他求。它们是任性的：拒绝瞬间的发现、乍现的出路和最初的欲念，时刻警惕着、流浪着，保持独身，偶尔弯曲，但不交错。不围住任何东西，也不会被谁围住，绝不向任何有形之物屈服。它们是自由的：永远处在未作出选择的状态，总是没有做好调整的准备，没有偏好也没有强调，不受吸引力摆布，不支配、不伴唱，更不从属于任何东西。随后，米修的线条画中衍生出了符号，这些符号的出现对米修而言却是中止绘画的信号。埋藏在符号之下的，是意义，这不是米修极力在绘画中寻找的东西。与此同时，米修有一个终极欲望：他想要一个连续体。它像低语一样永不止息，像生命一样延续，比任何品质都重要。珍·莱德罗芙（Jean Liedloff）在《连续体的概念》（*Le concept du continuum*）①一书中，假定连续体是人自出生以来从周遭的人和环境中吸收的一系列本能行为。根据这一理论，莱德罗芙认为西方文明社会中人类的生活方式之所以如此不适应地球上的生活，正是由于作为连续体的这一系列行为在代际之间延续的失败。再度拥有这个连续体，意味着能更自然、更适意地生活在世界上。米修此前常常感到自己生活得很别扭，和周遭的人无法相容，因此他渴望拥有连续体，向往自然适意的栖居。

他在绘画中想要表达的就是这个连续体，就是他对这个连续体的渴求。他屡次尝试却始终失败。因为找不到更好的办法求

———————
① Jean Liedloff，*Le concept du continuum*，Paris：Ambre Editions，2006.

得连续体，米修就去描画象形文字，或者说象形化的路径，但在此过程中不受任何规则约束。他希望他画出的线条能成为生活的分句本身，但比生活更柔韧灵活，可以变形，曲折蜿蜒。他对连续体的欲望是像吃饭喝水睡觉那样自然的需求，没有人能理解他，只把他的需求当成是无理取闹，认为他不写作而是去画画是迷了路。持续的失败让米修选择了放弃，但在他看来，这场失败并不是绝对的，甚至可能是后来的某种胚胎。他让他的欲望沉睡，跑去旅行，重拾写作，暂时搁浅了画画。

而旅行的意义，是让绘画的意念复现在他的生命中。

在日本，米修发现不会用图形符号来表意的人在那里就像是残废一般。他感到震惊和羞愧。而在中国，米修受到的影响更深。中国画进入了他内心深处，让他改变了主意。[①] 他一看见中国画，就被符号和线条的世界俘获了。在中国画里，飞舞的线条被乍然而来的灵感攫紧，而不是被毫无诗意地、费力地、公务员般筋疲力尽地勾画，这就是抓住了米修的心、对他而言有意义的东西。相比于近的，他更偏爱远的，相比于汇报和复制，他更偏爱留白的诗意。中国画完美地符合于他的这两种偏好。

米修感到他身上的疏离感被消解了。他的童年缺乏理解和交流，习惯于疏远和冷淡，他冷冷观察着周围人毫无意义的骚动与不安。在他离开以后，亚洲这些重视"深层的安宁"（la paix profonde）[②]的国家没有离他而去，它们吞没了他，克服了他的冷漠。绘画再次侵入了米修的内心。这一次，米修认真地审视绘画，并细细考虑了将绘画作为人生事业之一的可能性。

首先他质问自己是否下定决心要绘画，因为他心里存在着困

---

①   Henri Michaux, *Émergences-résurgences*, Genève：Skira, 1972, p.16.

②   Henri Michaux, *Émergences-résurgences*, Genève：Skira, 1972, p.17.

惑，一方面，他不想从这个世界上已有的东西身上复制任何东西。另一方面，他发现了视觉表达相对于语词表达的优势：真实性、匮乏性和原初性。

米修声称，如果他选择用线条而不是用语词表达，那是为了能与他身上更珍贵、更真实、更深层、更自我的东西建立联系，这说明在他看来，绘画比写作更具备真实性，更能触及他内心的情感。在《走廊》中，米修描述了他画画时的感受，他认为自己脑袋的充血奇妙地消退了，大脑负责沟通的系统（言说的部分、书写的部分）沉睡了，词语的生产突然消失了，与词语生产有关的那部分大脑像引擎一样冷却了，这是一种非常惊人的感受。[①] 在米修看来，自己那不断制造语词的大脑就像一个不停出芽的孢子，它不断扩张、不断变得旺盛，却令人疲惫不堪。而画画则是一种休息：Et quel repos![②]

绘画不仅能作为他与深层自我沟通的媒介，也能满足米修对"匮乏"的需求。他认为文字缺乏粗野质朴之气，尽管有人试图在诗歌、格言中故意使用少量的语词来让自己显得匮乏，却是徒劳无功的，借由语言，人们永远无法假装匮乏。语言在代代相传的过程中失去了它的原初性，它被不断地打磨，变得越来越丰富。没有一种语言是不丰富的。米修断言：不存在真正贫瘠的语言。[③] 哪怕是最原始的部落也拥有成千上万的语词。语言被微妙的差别充斥，想让语言变得天然是在强人所难。相反，在绘画中，匮乏让它变得诚实，不善言辞让它远离谎言。原初的东西能恢复得更好。

米修认为，写作的原初性之所以被破坏，是因为文学离哲学、

① Henri Michaux, *Passages*, Paris: Gallimard, 1998, p.88.

② Henri Michaux, *Passages*, Paris: Gallimard, 1998, p.88.

③ Henri Michaux, *Passages*, Paris: Gallimard, 1998, p.89.

人文科学等其他领域太近了，而且它们之间的边界非常模糊。人们总以为文字是上帝赐予我们的礼物，却不知道这是一份有毒的礼物。如若将书写作为唯一的表达方式，人就会失去平衡。

绘画的真实性、匮乏性和原初性让米修在理性分析自己的感性体验后下定了决心，但一个理想的落实必然涉及一些极其现实的事情，比如"在哪里画画"。他最初的画室是朋友家的废弃车库。画室的存在终结了米修一时兴起的旅行和心血来潮的离去。米修对待自己的作品很任性，他在纸张上画画，然后将它们撕碎。重新修补好以后又再一次轻率地撕碎。保留自己的画会让他感到恼火，而他的乐趣就在于不断让一些东西交替性地显现、消失。

米修对于绘画这种表现形式的描述，常常通过与文学对比的方式来呈现。他的作家身份先于他的画家身份被承认。这一点我们可以在纪德于 1941 年的讲座《发现亨利·米修》①中看到。为了能够作为画家被承认，米修犹豫过、挣扎过，并且在决定走上绘画道路后做了大量的绘画尝试，但这一切的开始，却只是他笔下淌出的一根肆意奔走的线条。自此，绘画便一直陪伴着他，并且在文学无法给予他慰藉的时候给他提供了另一个出口、另一种宣泄感情的途径。线条画仅仅是一个开端，人们无法想象这个从未经过绘画训练的诗人，能够仰赖着自己的肆意妄为，让画布变得如此丰盛。

二、从线条拓展到色彩

20 世纪 30 年代末，米修的关注点从线条转向了对色彩和心理状态的表达，他抛弃了白色背景，改为采用深蓝或黑色背景，而

---

① André Gide，*Découvrons Henri Michaux*，Paris：Gallimard，1941.

他所采用的画具也从铅笔换成了水粉、水彩和刷子。色彩的绚丽与背景的沉郁形成鲜明对比。

米修画中的色彩,最初是为了映衬黑暗。他用黑色或深蓝作为底色,用来反映他所感触到的围剿他的黑夜。这一时期他注重色彩和心理状态的表达。1948年妻子的离世对他造成了很大的打击。为了缓和伤痛,他发泄式地开启了另一种充满破坏性的画法,破坏已经画好的画原有的秩序,在上面喷水,在纸张上弄出伤口,为了缓和悲痛他放任自流,把"溶解"作为画法的核心,并在这段时间内完全抛弃了语词。

米修既尝试了水彩,又尝试了水粉,并且在切身感受这两种颜料的特性以后作出了符合自己个性的选择。他偏爱的是水彩画。在他眼里,水彩画中的水,像湖泊一样广大,仿佛一个杂食性的恶魔,是与岛屿边缘交界的东西,也是堤坝的破坏者,它造成世界的泛滥。① 这一描述生动地表现出水彩画中水的特性:吞噬性、溢出性和广袤性。随着水在纸面上流动、渗透、到处蔓延,米修亲手画下的线条改变了道路。米修认为任水摆布的画就像自己的人生,他在画中瞥见了自己面对命运时的渺小和无力。发生在瞬间的背叛、越来越强的失控让米修失去了操纵感,这反而正是令他着迷的所在。他看着水和颜料肆虐,心里怀着隐秘的、越来越不可压抑的喜悦。这场颜料的浩劫是他主导的,他就同命运主宰着他一样,主宰着色彩,主宰着画布。

米修迷恋的是水彩的流动性。他形容水彩画上的色彩"像鱼一样在画布上流动"②。水的流动性赋予画作以未知性、不确定性。米修最喜欢在画画的时候"看电影"。动态性对他而言至关

---

① Henri Michaux, *Passages*, Paris: Gallimard, 1998, p.117.

② Henri Michaux, *Passages*, Paris: Gallimard, 1998, p.115.

重要。他甚至把水彩渗透到纸张里的过程描述成是纸在大口大口地"喝"水。他所画下的颜料只是诱饵（appâts），或者说是显影剂（révélateurs），真正创造画幅的不是他，而是纸和水。

米修通过水彩画大嚷，宣泄情绪。在水彩画的用色上，他最常用的是红色。因为他认为血液是最容易扩散的东西，所以他在使用红色的时候，想利用的是它的野性。米修认为他所泼洒的色彩蕴藏着他的愤怒、快乐、恐惧和所有关于这些情感的记忆，它们从他面前走过，一画就是好几个小时。这说明水彩画对于米修而言有着疏导情感的发泄作用。根据他自己所披露的信息，他画一幅水彩画花费 10 至 15 分钟。每画完一张，就在画板上铺上一张新的，从一画就几个小时来算，他每次至少会连续画上 8 张水彩画。他用很多的水和色彩（尤其是红色）来叫嚷，发泄他的不幸和痛楚，疏导他的狂热和激越，不仅为他自己，也为所有被各种情感冲击到不堪承受的人呐喊。在这之后，他会感到筋疲力尽，但同时也感到极度轻松愉快。

相比水彩颜料，水粉颜料在制作中加入了大量的白粉，具有很强的覆盖力，但在透明感和流动性上就不如水彩颜料。用米修的表述方式来说，它"对水的抗性更强"。水粉画更尊重画家的意图，不像水彩画恣意游走。在经过了大量尝试后，米修认为水粉画不适合他。他就想要不听话的颜料，就想被水裹挟。

在最初的水彩画和水粉画尝试后，米修因为变故，开启了另一种充满破坏性的画法。这种画法不能算是典型的水粉画或是水彩画，因为米修并不先用水和刷子调和颜料，而是先在纸上铺填颜料，再狂暴地用水溶解它们。他的内心饱含痛楚，绘画在那个时候彻底取代了写作，成为他情绪的出口。1948 年，米修的妻子死于一场悲惨的火灾。火灾地点就在家里，米修目睹妻子身陷火海却因施救不当而死去。这对他造成了很大的打击。从医院回到家里，米修想看看画。他拿出自己过去的肖像画却感到厌恶，于是推开了它们。他拿来白纸，又觉得它们傻气、可恨、傲慢、与现实无关。在灰暗的心情之下，他抓起一张就开始往上面填塞黑暗的色彩，赌气地往上面洒水。不是为了画一幅什么好画，他就想破坏点什么，画画在当时对他而言就是毁灭的工具。他想让自己摆脱这个复杂荒唐的世界。他用羽毛笔狂暴地在纸上划刻出伤痕，弄出创伤，以此来表达自己内心的创痛，把自己的存在变成一个伤口，他想让纸受伤，就像他的心一样。

这样还不够。他还用水喷袭颜料，让它们弄乱彼此，互相冲突、彼此叠加或是背道而驰。他嘲讽一切形式和轮廓线。米修认为，这种破坏性的画法是对一切固定化的东西的嘲笑，是他当时那种在整个世界中看不见任何合理之物的状态的隐喻。他用生涩而不协调的手法，草率地把水喷到颜料上，颜料很快就分散成束状物或是流淌的液体，不幸的头颅就这样被潦草地呈现出来，饱含不幸，悲痛到极点。面对着自己画出的头颅，米修说它们好像早就准备好了，随身携带着属于它们的不幸，就等他这个疯狂的人打出一个手势，零散地与他相逢。他不构思，他画画的方式就是肆意而为。就这样，他找到了缓解痛楚的道路，并沉迷于此。

米修所迷恋的水彩的流动性，在这一人生的特殊阶段帮助他疏导了悲痛和怨恨，流动的色彩就像他的愤怒一般炸裂在纸上。它们把他从他最憎恨的东西中解放出来：静止的、凝固的、日常的、可预料到的、必然的和自足的东西。他不仔细思考，从不修改润色，也不力求这个或那个，他只是偶然地来到纸上，不知道自己会迎来什么。自发性在绘画中发挥得恰到好处。他本以为这种画法应该会逐渐终止，而事实是，他再也没停止过以这种方式画画。

三、从色彩回到水墨画

20 世纪 50 年代，米修开始用印度墨水画缺胳膊少腿的小人。关于他是怎么接触到墨汁的，米修在《涌现-复现》中并无提及，但我们可以追溯到 30 年代他到亚洲的旅行。1930 年到 1931 年间，他去了印度、印尼和中国，受到了水墨画的震撼，很有可能就是在那个时候接触到墨水。在他自己列出的履历中，提到他在 1951 至 1953 年间越写越少，却越画越多。① 50 年代中期米修开始致幻剂的实验，致幻剂对他的画法产生了重大影响，这一节只提及与印度墨水画相关的麦司卡林实验。

最初，这些小人是孤立的，各自拥有凝固的姿态，彼此之间缺乏交流。米修也依然循规蹈矩地用刷子蘸墨水作画。他注意到，符号们又回归了。它们超出了米修的预期，它们不是为了语言而存在的符号，而是自成一体，每一个都是人形的，各自有自己的灵魂。它们彼此之间隔绝、孤立，每个小人都孤单地站着，被苍白的空间包围着，好像被关在一个看不见的壁橱之内。这反映出米修当时内心的孤立感。这些墨水小人有可能是缺胳膊少腿的，但它们并不因拥有四肢而成为人，而是凭借其内在的、扭曲的、爆发的活力而成为人。虽然它们的形状很像埋在地底的植物根茎，却的确是人，是一个个为了以后能够重见光明而在此刻仰赖着、依靠着地下的黑暗的人。这些小人是不幸福的。米修看着它们在纸上被虐待、被鞭打。没有头、头朝下、大头、尖头、被分尸的人蜂拥着奔向不知是哪里的地方，被不知是什么的东西抽打着。它们奔向米修，它们奔向他、回归到他，并让他无法忘怀。

① Henri Michaux, *Darkness Moves: An Henri Michaux Anthology*, 1927—1984, Berkeley: University of California Press, 1994, p.16.

孤单的、凝固的小人被成批地画出来。直到很久以后，小人之间才开始有互动。当形状彼此联结，当小人发生互动，真正意义上的图画(tableau)①这才诞生。

这个时候，米修抛弃了刷子，沉迷于放肆地使用墨水，任由它们从瓶口淌出。通过断断续续地变换手势，他让墨水直接从瓶口滚滚流出，迅速地在纸张上扩散。他宣告了画刷的终结："刷子完了。"②独立、自由的水流肆意流淌，显得有些恬不知耻。自然是米修觉得它们恬不知耻，或者可以说，是墨水凭借其狂野的黑色让米修变得厚颜无耻了。画幅上除了黑色别无其他色彩，浓郁的黑色就像纯黑的愤怒在画纸上跳跃。肮脏的黑色浪潮盲目地在白纸上翻滚，逼迫他介入其中。

之所以用墨水来画，是因为米修认为墨水的黑色与他此时此刻易怒的心情非常般配，他把自己的画变成了一个战场，他在那上面与墨点搏斗。狂怒取代放任，变成主导这种画法最为关键的因素。愤怒给纯黑的墨水注入力量，让它充满毁灭性和贪婪性，使它能够穿越所有障碍，去冲撞、去熄灭光。为什么米修需要墨水具备这些狂暴的特性呢？因为"他要拒绝"③。

拒绝他的生活，拒绝他的命运，拒绝人们的评价。画出这些混乱的小人的过程正是他将自己的愤怒物化的过程。要点在于要画得快。这种作画方式抽走了他的惰性，是他对抗遥远、陌生的周遭最有力的方式，他总是被生活压倒，但画画总能给予他力量。这样的画法最能给他充电，面对一百种糟糕的情况都能给出答案。

另一方面，彼此互动、彼此联结的小人展现出了强烈的运动

① Henri Michaux, *Émergences-résurgences*, Genève：Skira, 1972, p.53.

② Henri Michaux, *Émergences-résurgences*, Genève：Skira, 1972, p.55.

③ 同上。

感。米修说过他最喜欢在绘画中看电影，他喜欢运动的东西。运动会阻断惰性、弄乱线条、打乱边线的走向，让他摆脱结构。运动本身就意味着不顺从（désobéissance）。这一时期的画后来成为米修画作的典型代表，它们密集而富有张力，这种密度吸引人、刺激人，而不会引起反感。在黑色站稳脚跟之后，米修偶尔也会用其他颜色的水粉或水彩颜料作为点缀和烘托。

为什么彼此隔绝的小人之间突然开始沟通了呢？原因是麦司卡林。这是一种致幻剂，从生长在墨西哥北部与美国西南部干旱地区的一种仙人掌的种籽、花球中提取，服用后能产生强烈的幻听、幻视作用，幻觉可持续八小时甚至十二小时以上。

就在用墨汁作画的同期，米修沾上了麦司卡林。从画幅的时间可以推测出，米修正是因为服用了致幻剂，笔下的小人之间才开始沟通。他如此迷恋失控的感觉，使用致幻剂做绘画实验一点也不让人诧异。然而，麦司卡林的实验最初并不是他有意为之的。1956 年，米修把第一次进行麦司卡林实验这件事单独列了出来，可见他对这件事的重视程度以及麦司卡林对他的影响之大。

米修在《涌现-复现》中详细地叙述了他接触麦司卡林的契机与服用后身体和心理上的反应。他的一个朋友提议要吃吃看麦司卡林，米修不好拒绝，就接受了。起初，米修盲目自信地认为致幻剂在他身上是无效的，不会起任何作用，因此他什么也不期待，也没有任何欲望，只是陪着吃而已。但是过了约一小时，"突然！一声迷人的色彩的锣响！"①大量强烈的色彩打在米修身上，像噪声一般急促、刺耳、不和谐、折磨人。除了最表面的东西，他什么都看不见了。这是他从未有过的感受。一开始是持续的，然后是一阵一阵的，持续了整整八个小时。色彩聚集起来，尖锐而狂热，

---

①   Henri Michaux, *Émergences-résurgences*, Genève: Skira, 1972, p.78.

鲜明强烈，互相挤压，从不互相混淆，从不放慢无休无止的蜿蜒运动，让人总也猜不出色块的尺度，有时微小，有时庞大，大的时候像宇宙那么大，甚至像是在另一个世界。这并不是外在的淹没，而是被侵略的视觉神经深处的回应，米修的印象是有人把色彩从他身上、从他脑袋里的某个地方扯出来了。这是一场色彩的侵犯，它就像洪水一样汹涌丰盛，却也有着让人恐惧的方面，让人想摆脱这种埋葬自己的色彩。是他本身在不自觉地制造色彩。这是一场迷人的视觉盛宴，但这样的体验因为太过丰盛，而让米修感到痛苦，难以承受，他被压倒了，被淹没了，却难以自拔，欲罢不能。米修无法忘怀的是，"这是通过对我的完整性的侵犯得来的色彩"（C'étaient des couleurs par violation de mon intégrité.）①。没有意愿也没有动机，米修被幻觉胁迫着制造无穷无尽的色彩。

麦司卡林让米修在幻觉中看到了运动和无限。他试图画下它们。显然，用铅笔比用水彩或是水粉要快得多，而每一瞬间的幻觉都是稍纵即逝的，米修自然会采用铅笔去记录他的幻觉。他觉得自己的神经在黑暗中微微发痒。不请自来的人物或是小动物大量地、急迫地向他袭来。空间被过度占据，充斥着新来之物，尽管米修非常积极地追逐它们，却总也跟不上。

这批画看起来很像组织细胞结构图。这不是没有原因的，因为米修所见的，的确是一个统一的有机组织。它们有共同的振荡频率。米修所画的，正是它们的振荡。

当他耐心等候麦司卡林起效的时候，随着药物一点点被吸收，他突然看到眼前的花瓶、桌子、安乐椅、壁炉等一切东西都附上了相同的图案，就像放电影一样投射到现实之物上。这些图案

---

① Henri Michaux, *Émergences-résurgences*, Genève：Skira，1972，p.82.

散成不计其数的线条，被自有的生命力驱动着，快速地蜿蜒，没有一根线是单独自主地在动，所有的线条都有着统一的节奏，就像一台发动机控制的机械部件那样步调统一。米修想把这种振荡画下来，在恍惚之中，他失败了很多次，最后终于能够在黑暗中用图案翻译那种振荡。米修既是这种振荡的牺牲品和主体，又是它的观察者和观众。这些变换不停的线条，它们弯曲、展开、缠绕、绕环、扭腰、交错、解开，变成螺旋形、蛇形、扇形、伞型、孔雀尾形，跳着萨拉班德，像星星般光芒四射，节节掉落，无穷无尽地一分为二。

　　在致幻剂的作用下，米修幻觉中的色彩、断裂、轨迹和时间都发生了扭曲。他试图一一表现它们，但遭受了一些挫折。首先，他无法表现那些色彩，它们太过强烈炫目，让他无法承受，根本无力表达。而且这些鲜明强烈的色彩让他变得更贪心、更不满足，因为他再也无法像过去那样满足于有分寸的效果，他已经看过了这些狂放、独立、火热的色彩，从此除却巫山不是云。它们会脱落成发光的燃烧的彩色细绳，脱落成发光的毛毛虫，与印象派相反，它们完全违背视觉。至于破碎或者说断裂（brisement），他只能部分地、不完全地表现它们。这些断裂是由无止境的中断产生的，其规律性就像交流电的交替一样，坚定不移、无尽循环，这令人惊讶的特性把米修引向了对称性（la symétrie）。他本来是坚决反对对称性的，但现在，他画画的时候会自然而然地排布平行全等的小边线。他还想表现轨迹，可是他无法一一回想起他看到的那些幻觉的角度和构成，也无法在没有轨迹的时候表现出轨迹。他的客体是没有重量的、不固定的，未经触碰就已然破灭。固定性在致幻剂的作用下已经荡然无存，剩下的只有流动性。至于时间，也同样未能幸免，在幻觉中，时间变得有弹性，有时突然长得不正常。没有一个物体能够停留在它的自然维度上，一种新的拉伸征服了它。

致幻剂的体验颠覆了米修的世界观。在致幻剂作用下，他发现自己在面对限制、变化、生活和人类机构所要求的适度时，感觉到了错乱（aliénation）①。此时的米修想要比过去制造出更多的东西，他希望他所表现的运动不仅仅是狂怒或逃离狂怒的欲望，而是现实和一切非想象的运动的表达。

米修说自己是为了让世界变得更引人注目而画的，但同时他拒绝举止和想法的现实主义②。他认为这个世界是被削减到最大程度的世界，有人把世界削减成可理解性（intélligibilité），这也就是在部分地拒绝它。人对世界的理解越抽象，世界就把人推得越远。在他看来，世界实际上是沉重的、浓厚的、令人困惑的。为了忍受这样一个世界，就得用这样那样的方式有所抛弃。大家都在那么做，而米修很早就在那么做了，他不仅向往"超越的现实"（transréel），还想永远在其中生活。他在这里所说的，是他的写作实践。过去他通过写作逃避现实，而他后来却感到羞愧。画画突然在他 26 岁（1925 年）时成为颠覆他的状态和他的宇宙的特有方式。他一心想指出这个世界是缺乏现实性的，却并不顺利。

米修的绘画冒险从线条开始，途经色彩、墨水，又回到线条。这不是一个封闭的链条，而是从他分支众多、循环往复的绘画历程中抽取出来的一条比较能概括他画家生涯的线索。作为艺术家的他总是在尝试新的画法、新的题材和内容。画画对他而言似乎是一种偶然，然究其根本，则是一种必然，它是由米修的生活履历和文化背景共同决定的。它满足了米修无法被写作满足的表

① Henri Michaux, *Émergences-résurgences*, Genève: Skira, 1972, p.105.
② Henri Michaux, *Émergences-résurgences*, Genève: Skira, 1972, p.114.

达需求,用另一种与写作不同的方式呈现米修的自我和他眼中的世界。

第二章　米修绘画中的核心元素

米修的绘画作品中反复出现一些特有的、辨识度较高的元素,他本人在写作中也就这些元素展开过讨论,这些讨论诗化、零散且抽象。本章首先将会提炼出米修画作中最具代表性的核心元素:溢出画布的黑色、无名的脸孔(幽灵)和结构衍生出的运动,阐述它们作为核心元素所具有的突出性、反复性和内涵丰富性。而后展开分析其内涵,并探究米修画作中出现这些核心元素的原因。

一、溢出画布的黑色

米修曾用一句话总结过黑色对于他的意义。他说:"黑色是我的水晶球。"①水晶球是巫师用来看见过去与未来的东西,由此可以分析出米修这句话的两层含义:其一,通过绘画,他能看见过去与未来,他所画之物可能在影射他的过去,或者说是在影射他的动机,也可能在暗示他的未来,或者说是在暗示他的倾向;其二,这种绘画方式需要用黑色作为媒介,需要通过黑色才得以显现。他说:"他看到生命从黑色中走出来。"②黑色是生命的产生之地,是过去与未来的显影剂。

米修有很多水彩画和水粉画是画在黑色底色上的。一开始他用黑色颜料铺陈纸张,后来在朋友的建议下,开始直接用黑色底纸作画。

①　Henri Michaux, *Passages*, Paris, 1998, p.89.
②　同上。

在他看来,一旦颜色跳上黑色底纸,黑纸就不再是纸,而成了黑夜。黑色的内涵就这样被拓宽了,它吞并了黑夜所包含的意义。

首先,黑色具有原初性。一方面,米修认为,真正重要的东西都隐藏在黑暗之中,例如人体的器官,主宰着人的生命但却藏匿在皮肤之下;又如机器的部件,也隐藏在机器内部。此外,他还认为人性是在黑暗中形成的。[①] 人类熬过了黑暗的中世纪,文艺复兴的人性之光正是在黑暗中诞生的。另一方面,在他看来,黑夜是混杂了深层感情的基地,抵达黑暗,黑暗会把人带回基础和原初之境,回到自己最深层的情感中去。米修认为人的深层情感是被笼罩在黑暗之中的,并不浮于表面、暴露在光明下,要通过潜入黑暗才能触达。就像电影开始时要熄灭电影院里的灯一样,黑暗是为了营造电影开始的气氛,把人从现实世界带入屏幕中的世界,参与到电影里的只剩孤零零的灵魂。在黑暗中,在妖魔鬼怪出没之际,白日的克制淡去,深层的情感最难掩盖。另外,梦也是和黑夜紧紧相连的元素。黑夜在暗示着被压抑的潜意识蠢蠢欲动的活力。

其次,米修认为黑色是虚无的象征。虚无代表着未可知的一切,它在无比贫瘠的同时又无比丰盛。黑夜中流淌出的是未得到解释的、不详细的、与可见的原因无关的东西:神秘、宗教、鬼魂、恐惧,还有怪兽,这些东西不是从娘胎里诞生出来的,而是生自虚无。与黑夜形影不离的是幽灵。为了引出鬼魂,就必须用到黑夜。在黑纸上信手抹上的色彩变成黑夜中衍生出的幽灵。

再次,黑色给了米修安全感。米修在黑纸上画的那些水粉画和水彩画都是有情绪的。浓郁的黑夜就像温床一样助长着、庇护

---

① Henri Michaux, *Émergences-résurgences*, Genève:Skira, 1972, p.30.

着画中生命的狂热与放肆。米修对安全感的需求与他的童年是分不开的。他曾在《涌现－复现》中说到，他小时候生活的环境缺乏理解和交流，人与人之间疏远而冷淡。这会造成他的安全感缺失。事实上，米修是一个生活得非常隐秘的艺术家，他讨厌别人给他拍照。现实中的自我曝光会让他感到不安，所以他依赖黑夜，躲进黑暗中汲取他所缺少的安全感。

最后，浓黑的底色非常适合米修所要追求的"幽灵主义"，或者说"心理主义"。相比白色，它更能强调出色彩。我们将在第二节就幽灵主义展开更深入的研究。

二、无名的脸孔

米修时常不自觉地就画下脸孔（visage）。他曾在《走廊》中《念及绘画时》（*En pensant au phénomène de la peinture*）的题记中写下"意志是艺术的死地"[①]（La volonté，mort de l'art）。他形容脸孔是"自发地"来到他的画纸上的。他画脸孔的时候一直都不带刻意的想法，无意识地乱画。这体现了米修绘画方式极为重要的一个特点，就是摆脱理性，好像是画笔牵引着自己在纸上行进。这样的画法让人立即联想到超现实主义的"自动主义"。布勒东在 1924 年发布的《第一次超现实主义宣言》中，把超现实主义定义为"纯粹的精神的自动主义"[②]。自动主义要求画家脱离理性的束缚，"它是思想的笔录，不依赖任何美学或道德的偏见"，依靠潜意识去作画。就这一定义而言，米修自然而然所采用的画法完全符合超现实主义的要求。他本人也和布勒东等超现实主义者一样憎恶令人生厌的现实，并拒绝再去模仿它。超现实主义者

---

①   Henri Michaux，*Passages*，Paris：Gallimard，1998，p.92.
②   布勒东：《超现实主义宣言》，袁俊生译，重庆：重庆大学出版社，2010 年。

所谓的"超现实"是由梦和现实分解而来的某种绝对的现实,它并不是现实的超越,而是一种和现实完全不同质的、糅合了梦境中绝对现实成分的状态。超现实主义者对"现实"的认识与米修是相合的,米修在《涌现-复现》一书的开端就讲到"我画画是为了让自己去条件化"①。这里的"条件化"指的就是人由理性支配着生活在由话语构成的业已失真的现实世界中,逐渐养成了种种条件反射。他刻意在绘画中同自己的思考、想法保持距离。从某种程度上来说,米修是一个不加入超现实主义团体的超现实主义画家。他和超现实主义画家最大的不同在于,他同"思想"本身也谨慎地保持着距离。他不做思想的笔录,他慌乱逃离思想,并抓拍沿途空旷奇异的景色。完全摆脱思想或者说意志的控制是非常困难的。

回到米修所画的脸孔。这些脸孔是怎么样的呢？它们通常是孤僻、粗野的,像是疯子或罪犯的脸。

米修画下的这些脸孔并非他所熟悉的脸孔,事实上它们对他而言也是完全陌生的。在动笔之前,米修不仔细思考,画完了也从不修改润色。他别无他求,偶然地来到纸上,不知道自己会迎来什么。他不知道自己的画笔正在酝酿着某种类型的脸庞。等到面孔完整地显现,米修还是不知道它们代表着什么。它们先于米修进行自我表达,由一种他无法认出的印象表达而出,他甚至不知道自己是否曾经有过这种印象。米修认为,因为这些脸孔乍看之下与他的过去无关,至少他的理性无法得出两者间的关联,所以"它们是最真实的东西"②。

既然不是自己所见过的脸孔,那么这到底是谁的脸孔呢？

---

① Henri Michaux, *Émergences-résurgences*, Genève：Skira, 1972, p.9.

② Henri Michaux, *Émergences-résurgences*, Genève：Skira, 1972, p.49.

米修开始思索这些脸孔的来源。他首先怀疑这些脸孔是他自己。这从侧面说明米修对自我的认知是很有限的。米修认为它们是他被现实世界杀死的人格的化身。现实中他的生活、意志、抱负、崇尚正直与协调的品位杀死了一部分的自我，牺牲掉的一部分人格在纸上不受控制地显现出来。在凝固的线条背后，这些脸孔绝望地寻找着一个出口，它们是不被允许存在的，愤怒、不甘鼓噪着它们，因此它们的表情就像一群吼叫的狗。米修认为这些脸孔拥有一种总是走在他身之前的意志，趋向于预先构成未来的一切。它们既在寻找，又在欲望，是一种思想的次要现象，对智力毫无用处，可是就像打电话时我们会不由自主地打手势那样，你无法阻止它们出现。米修认为面孔是流动的，它们根据想法和感受形成与变形，而他只是画下某个瞬间的面孔，是一种即时的合成物。即使它是瞬间之物，人们也可以在画中反省自身，相比镜子中徒有其表的脸，画中的脸更能真实地反映人内心的真相。

"真实"，是米修作为画家的追求。他所画的这些脸孔正是他践行其"幽灵主义"（fantômisme）的最佳载体。幽灵主义简单而言，就是尝试通过独特的色彩渲染，画出对象的情绪以及他与周遭环境的联结。幽灵主义是米修理想中的绘画流派，也可称为心理主义（psychologisme）。从他诗化的描述中可以归纳出幽灵主义的纲领性要点。

首先，幽灵主义要求将人的情感可视化。米修认为内在的东西应该是能够被画出来的，画家应该画这些内在的东西，而不是鼻子、眼睛、头发这些外在的东西。人的脸庞是有线条的，但米修不在乎这些线条，因为他认为它们只是"替身"（double）的线条，无论如何扭曲都影响不了本体，所以他画的脸孔可能没有鼻孔，也可能会有一排眼睛。同样，他所画的颜色也是替身的颜色。

这些色彩是最重要的，它们是灵魂的色彩。米修不一定是在脸颊或嘴唇上画红色，而是在他认为身体里有火的地方画上红色。他也会在脸孔的额头画上蓝色，如果这个人配得上蓝色的话。这些色彩是属于个体的灵魂的色彩。[1] 是它们造成了美、丑和情绪无尽的变幻。米修想要画出他人气质的颜色，他想创造气质的肖像。

其次，幽灵主义要求表现人周遭的环境。米修想要画出人与人之间流动的气息，他喜欢画人周围的空间。因为米修认为，哪怕是最保守的人也会浸润在他所处的环境中。喜悦、热情、爱、好斗的冲动、组织的狂热等，这些感情都是向外的，与个体周围的氛围密不可分。即便是"怀疑"这种情绪，也是在个体和环境之间流通的。如何来表现呢？通过色彩的晕染与互相渗透。

米修认为我们所过的生活是极度脸孔化的生活，我们处在永恒的脸孔狂热之中。包括他自己，也摆脱不了对脸孔的狂热。这种狂热是那些年能让他一下子振作起来战胜困境的为数不多的狂热之一。他通过将传统的脸孔打碎，用自己独特的方式加以重组，选取合适的色彩渲染，从而呈现出个体灵魂的质感和深层的情绪。

三、结构衍生出的运动

米修喜欢动的东西。这一点能在他的画作中找到明证。他表现运动的方式主要可以分为两种。一种集中体现在他后期的墨汁小人画中，通过直接将自己作画的速度转移到墨水的运动上，在画纸上凝固下墨水移动瞬间的姿态和速度感，制造墨迹之间的张力，从而体现强烈的运动。密集的、破碎的小人整体呈现

---

[1]　Henri Michaux, *Passages*, Paris: Gallimard, 1998, p.99.

出一致的方向性,似乎正在集体向某处狂奔而去。

在这些画中,运动是对惰性的反抗,是对结构的破坏。米修利用小人的密度和纸张上残余的空隙制造出巨大的张力,让小人紧密地依靠张力联结在一起。这种画法的要点是肌肉的紧张度。恰到好处地控制手部肌肉的紧张度,才能连贯地表现出小人之间的张力。米修在《涌现-复现》中说,他画这些画时手的动作幅度和力度非常之大,借由这样的大动作,他也得以宣泄巨大的厌恶和愤怒。

另一种表现运动的方式是构造具有无限性的结构。这种画法出现在米修服用麦司卡林之后。这些画后来被称为"分裂之画"(dessins de désagrégation),但米修更倾向于把它们称作"重聚之画"(dessins de réagrégation)。这两个名称有相似之处,都描述出对象的分裂性、碎片性,但这两个名称强调的过程是相逆的,一个强调破,一个强调立。米修认为无尽的分裂最后走向的是一种具有整体性的永恒。伴随着周期性的易变、流动、不稳定,"永恒"(l'Immuable)通过一种奇异的内环境动态平衡被保留下来,甚至其永恒性特征还因此得到了强化。

米修服用致幻剂后,看到各种运动的线条。它们弯曲、展开、缠绕、摊开,变幻成蛇形、扇形、伞形、孔雀尾形、玫瑰形⋯⋯各种放荡的形式,然后片片凋落,分成两半,无穷无尽地一分为二。他由此想到曼陀罗形式的画,并想到另一种无穷:一个正方形里内接一个圆,这个圆里又内接一个更小的正方形⋯⋯这样的操作可以无限循环下去,最初的那个正方形不断地分化出更小的圆和正方形,但这种无尽的循环又被容纳在最外围的正方形之内,规规矩矩地局限在一种最基础的总体性之中。多年以后,就算不吃任何能够引起幻觉的东西,米修还是能回想起那种惊人的壮丽分裂。

曼陀罗这种一直以来在印度被实践的画法，也被一些疯子实践着。米修认为这是因为疯子比任何人、任何哲学家都需要寻找到一个普适的参照系，但这是不可能的，寻找基准而不得恰恰导向了绘画的无限性、循环性。米修用线条永恒无限的分化运动表现出被药物的致幻作用控制后，画家失去方向、失去基准，陷入无穷无尽的追索的茫然和不安，但这无限运动的景象在让他感到无助的同时，也让他感到无限迷人。

在这些关于分裂与重聚的画中，人们可以看到斗争。这是一种人们从未经历过的某种混乱和无规则的斗争，一种无限持续、面向四面八方的解体。人们还可以看见各种各样海啸般的灾难。它们让人想起本质性的精神错乱和普遍性的毁灭。看着它们，人们会不由自主地走向眩晕。

这两种米修用来表现运动的形式，一种是微观的、具体的，另一种是宏观的、抽象的，但它们都反映出米修对运动的钟爱。

米修画作中的核心元素集中呈现了绘画对于米修的意义。溢出画布的黑色所象征的原初性、无名的脸孔所具有的将感情可视化的功能以及由结构衍生出的运动所包含的直观的活力与失控，恰恰是语言文字无法具备的特质。黑色能提供给米修的安全感、脸孔具有的替身效应和运动带来的淋漓快感，都是促使米修的创作重心向绘画转移的原因。在这一极为感性的偏爱背后，是米修的生活经历和文化背景，它们才是从根本上造成米修自始至终希望用绘画补足写作的缺憾，将它们对比、让它们对抗，在它们之间建立二分关系的原因。

第三章　米修对绘画与写作关系的认识

米修兼具画家与作家的二重身份。他在不断进行绘画与写作尝试的同时，也在持续地思考着这两种表达方式之间的关系。在他讲述绘画历程的文本中，常常会用与写作相对比的方式去定义绘画，强调选择绘画的必然性。但必须记住的是，语言文字和图形艺术对于米修而言就像是左膀右臂，他从未彻底放弃过任何一个。绘画在何种程度上优于写作，又在何种程度上无力取代写作，它们之间是怎样一种复杂共生、螺旋上升的关系，我们都会在这一章进行研究。

一、绘画与写作的平行性

暂且搁置米修对绘画与写作关系的主观阐述，米修的绘画与写作实践客观上呈现出一定的平行性。这里挑选几个具有代表意义的例证用以支撑这一点。

米修写作和绘画实践的平行性，首先体现在用两种表达方式所宣泄的情感的同质化上。在米修1927年出版的《我曾是谁》中，有一首名为《大打出手》的诗[①]，集中表达了米修情绪中常含的狂怒与对暴力的渴求。诗歌写了一场残忍的打斗，米修用十一个暴力的动词描述一个人将另一个人抓住、摔倒、咒骂、鞭打、除掉并将其开膛破肚的过程，诗歌在末尾突然走向平和，人们在这个被打死的人的肚子里发现了惊人的秘密，"你"开始哭泣，最后，人们像伦勃朗《杜普教授的解剖学课》里观看教授解剖的人一样盯着"你"，在"你"身上发现他们寻找的秘密。诗歌中对暴力血腥的场面毫不避讳，而是带着欣赏的眼光去凝视，似乎在那暴力之中有美存在。而暴力并非诗歌关注的中心，诗的中心始终聚焦在"巨大的秘密"上，是带着真理性、探索性的追寻，只是追寻的过程充斥着暴力而已。米修在绘画中同样时常采取暴力手段宣泄愤

---

①   Henri Michaux，*Qui je fus*，Paris：Gallimard，1927.

怒情绪。他的墨水画画法本身就是一种破坏，直接向画纸上迅速猛烈地倾倒墨水，通过毁灭的方式来建立自己的作品。他在《走廊》的《念及绘画时》中，思考过仇恨是否比爱更有建设意义。[1] 对于建设"纯粹的壮观景象"（le purement spectaculaire）而言，他会很自然地选择煽动愤怒的仇恨。这一方面说明了米修对壮观之景的追求，另一方面也说明他很重视利用愤怒来构建画面中的壮观成分。米修曾经直白地表达过自己对于暴力狂热的钟爱。最极端的暴力能够唤醒米修对于世界的感受，他形容自己过去几乎无法感受到这个世界，但是绘制头颅、脸孔的过程让他能够与他所偏爱的最极端的暴力相联结，这让他感受到世界重新显现在他面前，让他沉溺其中并感到狂喜。与人们的臆测相反，他常在平静之中开始画这些鬼魅的面孔，并且决定平静地画下去。但是一旦纸张吸收水的速度或是画具脱离掌控，他就会感到慌乱不安，他认为慌乱（affolement）是隐藏在他本性中的情绪，来自于他不幸的过往。慌乱与暴力是紧密联系在一起的，他试图通过暴力掩盖自己的慌乱，于是疯狂的头颅出现了。这种暴力的宣泄给米修带来发自内心的喜悦。不论是用语词描摹暴力还是用图像实践暴力，米修都试图为自己对生活的不满寻找宣泄的出口。

米修写作与绘画实践的平行性还体现在它们与他人生遭际的吻合度上，在米修人生遭遇巨大的不幸后，他的写作题材和绘画方式都发生了巨大的转折。1948 年米修的妻子在家里因火灾丧生，这对米修造成了很大的打击，让他觉得命运在玩弄他，对他很不公平。绘画上，他拿出过去画好的明亮的水彩画和水粉画，

---

① Henri Michaux, *Passages*, Paris：Gallimard, 1998, p.101.

先在上面随意填塞黑暗的色彩，而后疯狂地往上面泼水。滴落的水轻易地溶解了既定的旧线条，创生出新的线条。他的狂怒用一种新的秩序解构了原来的画的秩序。米修在《涌现-复现》中也提到过这一插曲，他坦白了自己当时的心境："在灰暗心情中，我抓起一张就开始往上面塞黑暗的色彩，赌气地往上面洒水，不是为了搞什么特别的画，更不是为了画幅好画。我没什么要做的，我只想拆东西。我需要让自己摆脱这个复杂荒唐的世界。"最初只是用来缓解伤痛的画法，后来演变成他独特的水彩画画法，即先将颜料涂抹在画纸上，再用水去喷袭颜料，利用水天然的流动性去画出出人意料的画。

如果米修在遭遇伤痛之时自发地选择用绘画来缓解痛苦的话，那么他在写作上的情绪，表现的则是他无法遏制的悲痛的副产品。《褶皱中的生活》这部诗集的第一部分《行动的自由》中，大部分诗歌都在描述虚构的杀人方式。在文体上，米修又通过枚举和堆叠来强化他想要表现的狂怒。在其中一些诗歌的高潮部分，甚至能听到尖叫。这主要是通过大写字母来实现的。在绘画中，这种吼叫的表达是用红色颜料来完成的。

米修的写作和绘画实践一致地平行于他的生活、感受和情绪。这可以说明他在使用一种媒介的同时并没有放弃另一种，他通过写作和绘画这两种表达方式来表现他自己。但在这总体的平行性之下，写作和绘画之间还存在着微妙的互斥性，在不同阶段，米修对于这两种表达方式存在着选择、偏爱与倾斜，这主要表现在他的主观表达上，将在第二节展开论述。

二、绘画与写作的互斥性

米修在《绘画》中就陈述过他的这一信仰，即绘画和写作是平行的，但它俩又竭力彼此排斥。[①] 在《关于五十九年的存在的一些情报》中，米修在 1948 年列出妻子死去这件事，又在紧随其后的一行中写下：1951 至 1953 年间，他越写越少，却越画越多。[②] 这句话给人一种总量守恒的印象，似乎绘画和写作的总体是一定的，是米修个人的完整性，而他在这两种表达方式上做了一定的倾斜。

　　事实上，米修在《涌现-复现》中，对于自己在特定阶段对绘画的偏爱是有明确表述的，他叙述了这一事实，并在一定程度上分析了原因。在妻子刚去世的时候，为了缓解悲痛，他选择去画画而不是写作，他给出的理由是：他不想要任何语词。在那个时候，与语词产生的任何联系对他而言都是不合适的。他想要的是放任自流，抛开一切，沉浸在全身性的失望之中，不做任何抵抗，也不妄想消除失望，他想要解开束缚自己的伪装平静和满怀希望的锁链，总之，他想更厉害地自我麻醉。生命的虚幻、和谐的荒谬与虚假、事业的愚蠢再次让人承认，世界离苦难一直都很近，而苦难关闭了其余所有的出口，使他陷入彻底的绝望。他已经不想再期待什么了，只想彻底地沉溺进业已无法挽救的失望中，接受一切，慢慢疗伤。而对于缓和伤痛这件事，他认为画画更适合一些。在这里，写作可以说是被彻底抛弃了。它之所以被抛弃，是因为它不能满足米修当时最迫切的心理诉求：它不能缓解伤痛。奔着缓解痛楚而去的米修，单纯地想通过绘画自我放任，在美术上缺乏专业技能、没有受过专业教育这一点，反而让他更能挥洒自如。他形容自己当时是在混乱、不协调、失序、痛苦之中，没有恶意、不退缩、不重复、清白无辜地放任自流。[③] 在这里我们可以看到，米

① Henri Michaux, *Peintures*, Paris：Gallimard, 1939.

② Henri Michaux, *Darkness Moves: An Henri Michaux Anthology*, 1927—1984, Berkeley：University of California Press, 1994, p.16.

③ Henri Michaux, *Émergences-résurgences*, Genève：Skira, 1972, p.39.

修非常强调他在绘画时能达到的一种状态——放任自流（se laisser aller）。在绘画时他可以暂别语词的世界。原本与语词不可分割的诗人，为什么会在此时如此坚决地弃绝语词呢？显然，处在当时际遇中的米修，世界带给他最强烈的感受是痛楚，他的身份已经从艺术家、诗人被突然贬为凡人。彼时他对绘画、对写作的思考，并不是纯粹从一个创作者的观点出发的。

以上是米修生命中出现过的、绘画与写作相斥最极端的状况。尽管米修在文本和采访中始终宣称他对语言表达（verbal expression）正在丧失兴趣，似乎不可能对写作和绘画同时抱有热爱，但事实上一直到1984年米修去世，他都没有停止过写作。在他生活的其他阶段，绘画与写作一直像同极磁铁一样，在互相排斥的同时又维持着微妙的平衡，共同满足米修对真实与诡诈的双重需要。

一方面，米修渴望碰触最深层、最真实的自我。这一点只有绘画能满足他。他认为比起用语词，线条更能与他身上更珍贵、更真实、更深层、更自我的东西建立联系。在绘画中，原初的东西能恢复得更好，存在于自我和作品之间的中介更少。而写出来的东西缺乏乡野质朴之气（rusticité），语言被人们代代相传，它是经过组织的、成系统的、分等级的，它因为过分富足、完备、历史悠久，而在返璞归真这件事上输给了绘画。

另一方面，米修仍然对写作有着巨大的依赖性，甚至借助文字来对自己的绘画作品进行一定的阐释。他的作品如《绘画与素描》①《迷宫》②《绘画》③《涌现-复现》《幻影》④等都是图文并茂的

---

①   Henri Michaux, *Peintures et dessins*, Paris：Le Point du Jour, 1946.

②   Henri Michaux, *Labyrinthes*, Paris：Robert J. Godet, 1944.

③   Henri Michaux, *Peintures*, Paris：Gallimard, 1939.

④   Henri Michaux, *Apparitions*, Paris：Le Point du Jour, 1946.

"插画本"。米修在扉页将它们所包含的视觉作品形容成"作者的插画"(des illustrations de l'auteur),评论家因此倾向于把它们当作"插画本"(illustrated book)。例如在《涌现-复现》中,在画作周围,米修的文字讲述着这些画的缘起、作画过程、对他的意义,限定了它们所能产生的意义范围。比如他在讲到自己拿羽毛笔在纸上乱刻,想在纸上弄出伤口以后,所有人都会把旁边的插画看成是一个伤口,而不是其他的什么。是他的文字限制了读者对插画书中画的理解,米修熟练地运用文字引导读者去理解他的画作。他在一定程度上影响了视觉艺术作品的接受。绘画所包含的暧昧性与文字所要求的清晰性彼此对立,但都为米修所需。米修一直不给自己的画作命名,也要求他视觉作品的展览避开一切命名的企图。与话语性符号所要求的明确直接的理解相反,隐喻性视觉作品会违抗确定的阐释。

绘画对于写作,是有减益作用的,米修所说的"越写越少,却越画越多"很可能也是由这一点造成的。在《绘画》的《他是谁》一文中,米修直言,绘画会浇熄"言说"的欲望,他认为从写作到绘画的转换是一场最奇幻的旅行,也是旅行的形式之一。[①]

总而言之,绘画与写作这两种表达方式在适应米修的表达需要、影响创作者情绪、被读者或观众接受等方面,都存在着互斥性。

三、绘画与写作的二元关系

隐藏在绘画与写作的平行性与互斥性背后的,是米修对这两种表达方式的二元论认识。正如声音与文字之于德里达、能指与所指之于索绪尔,在米修的意识中,绘画与写作是二元对立的。

---

① Henri Michaux, *Peintures*, Paris: Gallimard, 1939.

　　这一思想的成型某种程度上来自于米修对"世界语"（espéranto）的追求。他在诗歌与绘画之间跌跌撞撞，百般尝试，企图找到一种既私人又通用的即时、透明的语言，这是他一生的渴求。① 1922 年他在最初发表的作品中，宣告他这代作家对一种"世界语"的需求。1923 年他在《梦与腿》中又说，"世界语"可能在梦的语言中被找到。从 20 世纪 20 年代中期开始，他开始实验半象形文字字母表（semi-pictographic alphabets）表达的可能性。1933 年在《一个野蛮人在亚洲》②中，米修声称他打算从亚洲的语言中发现那种他梦寐以求的普适性语言。1938 年在《羽毛》③中，他暗示自己正在致力于某种对语言的研究。这些证据已经能够说明米修对"世界语"孜孜不倦的追求。

　　米修对"世界语"的追求似乎是过时的，因为随着 1916 年索绪尔《普通语言学教程》的出版，符号的任意性已经成为语言学不可置疑的准则。不过，即使是在语言学家中，也存在着反对所有语言都是符号的任意系统这一观点的声音。雅格布森、本维尼斯特、乔姆斯基都在一定程度上挑战了这一论点。雅格布森指出索绪尔在符号系统的任意性上是不自洽的。索绪尔语言学的研究同样遭到了当时法国作家的反对，以保罗·克洛岱尔最为突出。对他而言，单词与字母是共鸣的，伴随着神秘的回声。即使作家们接受语言是由符号的任意系统所组成的，也无法平息他们重新激发自己所写的语言的欲望。让·波朗认为，如果说现代作家反对"文学"，这是因为他们想要一种完美的语言，在那里，能指将被自然而不是惯例所激发，在那里符号就是一切。兰波诋毁诗歌的

①　Rigaud-Drayton，Margaret，*Henri Michaux: Poetry*，*Painting*，*and the Universal Sign*，Oxford：Claerndon Press，2005，p.3.

②　Henri Michaux，*Un barbare en Asie*，Paris：Gallimard，1933.

③　Henri Michaux，*Plume*，*précédé de Lointain intérieur*，Paris：Gallimard，1938.

陈腐，魏尔伦想拧死修辞（l'éloquence），这些都是他们呼吁一种失落的原始语言的表现。米修对世界语的向往表现的是同一种乡愁。这种失落的原始语言如果存在的话，会是怎样一种语言呢？中世纪有古老的关于自然语言（the language of nature）的思想传统，它优先于18世纪诗歌所依赖的本体论前提，即"自然之书"是神命定的，只是我们的堕落阻止了我们去理解它。这也就是说，一种世界语，一种浑然天成的语言，它很可能是不可理解的，堕落之人不仅无法书写它，也无法理解它。追随着这些神秘主义者，让-雅克·卢梭和他的继承者发展出孪生理论，认为原初的自然诗歌既是写给眼睛看的，也是写给耳朵听的，认为手势（geste）语言与声音（voix）语言都是自然的。[1] 卢梭就这样在绘画中找到了写作的起源，又把语言的起源定位在诗歌的音乐中。绘画与诗歌是不同却等价的自然诗歌语言之信仰的回声，在20世纪依然能够听到。处于这一文化背景下的米修，自然而然地把绘画与写作摆到了二元论结构的两端，让两者陷入永恒的彼此互斥、彼此平行、互相替代和互相补充之中。

米修绘画生涯的展开是一场巨大的反叛。他正式在作品中表达自己对绘画与写作的二元关系的认识，是在《绘画》中的《他是谁》之中，说他的文学自我被他的绘画自我所取代了。而在《涌现-复现》中，他在前言中就把绘画形容成对写作的一种反叛。他说"出生、成长在只有语词的文化和环境中，我画画是为了让自己去条件化"[2]。与去条件化相对应，写作就是一个不断受制于条件化并强化它的过程，所以这句话说明，他的绘画是对语言、对教养、对写作的一种反叛。而同时，与这种反叛相一致的，是米修对

---

[1]　Jean-Jacques Rousseau, *Essai sur l'origine des langues*, Paris：Folio, 1990, p.60.

[2]　Henri Michaux, *Émergences-résurgences*. Genève：Skira, 1972, p.9.

西方的反叛——米修把他对绘画的发现追溯到他与东方的邂逅。此外，这也是他对理性思维的反叛。他形容在自己画画的时候，要做的就是除思考之外的事情。① 从更普遍的意义上而言，绘画是对压抑的反叛，这也是为什么无意之中，米修会在《涌现-复现》中将绘画与酒神精神中的释放联系起来。米修又说他画画是为了满足一种自然的需求，他把颜料和其他材料形容成从他身体里流淌出来的东西，尤其是墨汁，被他含蓄地形容成唾液与粪便。② 这所有的反叛，都源于积蓄已久的压抑。米修遭受的压抑可以追溯到他最初在身份认同上遇到的障碍。

米修生于比利时，1924 年移居巴黎，1955 年加入法国国籍。他有多想属于法国，就有多想弃绝比利时。米修称自己为来自比利时的巴黎人③。他对这一双重身份的矛盾感一直出没于他的作品中，只是由于他一贯对比利时的拒绝，这一问题一直以来都被忽视了。随着他在法国文坛立足，他对比利时文坛的矛盾情绪日益增长。1924 年他还盛赞比利时的年轻诗人，把自己纳入比利时文坛。但到了 1931 年，他不愿在比利时诗集中重新发表自己的作品，1934 年更是断然拒绝了这类要求。米修对自己的早期作品残酷无情，就像他对待自己过去的朋友一样。1962 年，他不愿承认《梦与腿》，宁愿它们散落在文学期刊中。他已经离开比利时、搬到巴黎，已经拒绝被看作是比利时诗人，已经忘却鼓励过自己的比利时文学家，已经弃绝自己的早期作品，却仍然无法抖落自己的比利时特征，他仍然对法国和法国的传统感到困惑。他的祖国是一个游移的空间。米修身上的拉丁性是自决的而不是继承

① Henri Michaux, *Émergences-résurgences*. Genève：Skira，1972，p.64.

② Henri Michaux, *Émergences-résurgences*. Genève：Skira，1972，pp.58—59.

③ Margaret Rigaud-Drayton, "Henri Michaux：'Belge, de Paris'", *Modern Language Review*，vol.97，no.1(January 2002)，pp.36—46.

的。讲法语的比利时人在传统上认为，其拉丁性使其在智力上优于北欧人。在米修的《关于五十九年的存在的一些情报》中，他也倾向于让他的北欧性同拉丁性相对抗。他把自己的拉丁性当成一种与局限于实践经验的北欧性相对立的趣味高雅的文化身份。他把自己描述成与生理上的北欧性相抗争的、想要成为法国人的作家，在发现拉丁文化前，他就像小狗一样把食物埋到地下。在发现了字典之后，他才与动物世界渐渐脱离，融入人类社会。这份清单是以这样的语句结束的："即便他终其一生都在从各个向度改变自己，他的骨头却无视他的努力，盲目地遵循着家族的、种族的、北欧的演进。"①即他强加给自己的拉丁性，最终败给了他身上天然的北欧性。

米修在绘画与写作之间建立的无法化解的二分关系，转喻地再现了潜藏在他创造力之下的那个更庞大的冲突，即北欧性与拉丁性之间、自创的个体身份与人为个体的虚幻性之间不断拉扯的冲突。对写作兴趣的丧失隐喻了他对强加的拉丁性的逐渐放弃。而对米修而言，绘画是很北欧、很日耳曼的。它注重身体的运用、感情的倾泻和表面的盛大，这与极富精神性、克制、冷静的拉丁性是相反的。米修对绘画越来越明显的偏移，反映了他的北欧性逐渐压倒拉丁性的过程。

尽管米修无法跳脱出自己对绘画与写作的二元论思想，但在这种二分关系的内部，他还在尝试新的可能，他试图不做主观取舍，而使绘画与写作互相争斗。

1937 年他出版了《在中心与缺席之间》②，这本书由七幅画和十九个文本构成，标志了米修想要把自己作为作家和画家的生涯

① Henri Michaux，*Darkness Moves: An Henri Michaux Anthology*，1927—1984，Berkeley：University of California Press，1994，p.17.

② Henri Michaux，*Entre centre et absence*，Paris：Henri Matarasso，1936.

连接到一起的开端。在第二节提到过的"插画本"中,他将自己写作的关于绘画的文本同画作并置时,这两种表达方式彼此渗透、互相影响,产生了多层次的化学反应。在很多种情况下,插画看起来的确从属于文本,这种带有欺骗性的主从关系正是语言和视觉符号之间相互作用的结果之一。米修从 20 世纪 20 年代中期就开始思考视觉表达同文本对应物的关系。在 1946 年出版的《幻影》中,在《消失的鸟儿》这一篇里,米修通过突出并置绘画与文本,让绘画与写作在彼此促成的同时竞争起来。

这一篇描述鸟儿隐现的文本如下:

它拍打翅膀,它飞起来。它拍打翅膀,它消失了。
它拍打翅膀,它又出现了。
它落了下来,接着就消失了。它一拍翅膀就消失在空白中。
这就是我所熟悉的鸟儿。

与它并置的画如下:

对这只鸟交替的在场与不在场、可见与不可见的描述,让人想起米修曾经的暗示,即他的视觉作品不仅表现了不可见之物,还邀请观看者在"想象画的显象"的过程中,幻觉地"看到"。《消失的鸟儿》中,诗与画争夺着人们的注意力。而且这两者无法同时被感知,只能在目光的交替流转之间才能实现。不论绘画作品是否首先独立于文本,一旦文本被阅读,绘画就被剥夺了一切形象的模糊性。它很容易沦为文本的视觉翻译,因为它唤出鸟的形象的方式相当传统,看起来像是在回应文本对鸟的唤出。相对地,这幅画也将不可避免地改变人们对《消失的鸟儿》这首诗的解读。读者对诗歌中鸟儿的想象深深依赖于这幅画。《幻影》这部作品并没有直接给出言语表达和视觉表达的高下,而是在让这两者自然地竞争起来。

相较于写作，米修未必更偏爱绘画。让·波朗评论到：米修自 20 世纪 60 年代开始，比起写作就更偏爱视觉表达，因为"他只有在绘画中才能彻底诚实"。这一评论有失偏颇，尽管它重申了米修自 50 年代开始就定期声明的观点，但它忽视了米修对"诡计"（artifice）的持续性投入。虽然米修误导性地将绘画树立成比写作更"诚实"的形象，但米修从未失去他那伪造更明晰事实的野心。他厌恶传统法语和摹仿绘画所表达的观察自我与世界的现成视野。但是，他也同样怀疑在根本上非话语性（undiscursive）的自我表达所产生的早期表现形式。米修拒绝在这两者之间进行选择。他将它们并置，让它们无休止地对抗下去。

结　　语

本文回顾了米修由线条画开始的绘画生涯，以米修散落在各部作品中的创作谈为第一手资料，追溯米修在不同阶段采用的不同画法、他作画的意图和对绘画的理解。继而就他绘画作品中最具代表性的元素展开发散式的研究，深挖隐藏在这些元素背后的思想与动机。最后聚焦米修作家与画家的双重身份，分析他对绘画与写作这两种表达方式之间关系的理解，找出他在两者之间构建的二元关系，结合米修人生经历和国籍身份的特殊性来推测其二元论认识可能的来源，最后找出米修对这两种表达方式所采取的态度，他是否真的有所偏爱、有所取舍，抑或给它们提供并置的角斗场，冷眼旁观它们的争斗。

米修在绘画时表现得像一个任性的孩童。他感到痛楚，就拼命地通过画画寻找慰藉。他肆无忌惮，甚至是一派天真地使用着暴力，欣赏着由暴力带来的视觉上的壮观景象。绘画是缓解他苦痛的药,也是发泄他愤怒的出口。相比写作,绘画给他带来的更多是心理上的愉悦感、治愈感,而非创作上的成就感。米修在绘画上有多向度的追求。比如他想要画出人的气质,画出人和人之间流动的氛围。再如他向往更高层次的真实,厌恶千篇一律的现实。他认为世界实际上是沉重的、浓厚的、令人困惑的,而太多人把世界贬损为纯粹的可理解性,理解得越抽象,就把世界推得越远。在他看来,他所画的脸孔是最现实的,在那里,客体能轻易地转为主体,而现实性缺失、消逝。但正如孩童一样,在绘画中,米修在满怀憧憬的同时,也是极度困惑的。他积极地尝试,一再地努力,却仍然满腹犹疑。致幻剂的介入允许他在解开困惑之前就接触视觉效果的更大可能,开拓了他的绘画道路,但同时也让他在见识了幻觉中的绮丽景象之后,对绘画的壮观性要求越来越高、越来越苛刻,他一再寻求提升表现力的方法,密集的墨迹小人、细胞结构图般的素描皆出于此。绘画让米修在狂喜之中重新感受到了这个世界,在此之前,他认为自己是麻木的、几乎感受不到世界。在感情上,他一定对绘画满怀感激。但当他的画作被艺术界承认以后,绘画从一种救赎手段转变为一种创作路径。米修在绘画上的野心让他不断尝试新的突破,追求更壮观的景象。他把作画形容成一种"休息",在画画的时候,他是不做思考的。这或许暗示着米修对理性的态度。在调动语词、利用语言系统时,他无法摆脱理性。

米修对自己绘画思想的阐述充满了诗性的描述,有时甚至像罗列意象一样罗列语词以表达自己的理念。在诗性语言传达的过程中,存在着发生意义扭曲的极大可能。目前国内还缺少用以研究米修绘画思想的词汇系统。本文仅就米修的绘画理念搭建了大概的骨架,还有大量的血肉有待填充。

法国理论经典研究

白 的 崇 高[①]

巴拉迪·圣·吉洪[*]/文

刘 楠/译

（巴黎第十大学　哲学系）

　　在希腊罗德岛卡里迪亚海湾的夏天中，我见到了白曦中的一次日出。于我而言，白最适合用来形容那延伸至视野尽头的墙垣，明亮、厚重、如凝浆一般。白不区分色彩与轮廓，也不覆盖它们，却让人感到有什么既坚决又隐匿的呈现。它绝不是一处允许投射自我的"负空间"，而是一种缓然隆起、限界性的无垠。

　　白夜降临——在"白"的本义上。它与日暮时分的黯昧有天壤之别。如果说在那时，事物的线条变得模糊不清，对于某些被渐浓夜色反衬的色彩来说，却恰恰相反。万物集聚黄光，让常见的橘与红有了厚度。意念变得暧昧，被着色的形体愈见浮跃。白曦却不会让我有这种得失参半的感受，以"灵泊"（limbes）形容它再贴切不过，它让我联想到曼特尼亚那幅再现巨大螺状石龛内部、周围散布着幽灵般身躯的画作。或者，特别让我想起保罗·克利《日记》中的诗句，它铭刻于德国城堡坡公墓中画家的墓碑之上：

---

①　*Du Sublime de la Blancheur*；*La couleur*，*les couleurs*，Entretiens de La Garenne-Lemot，7—9 oct. 2004，Dir. Jackie Pigeaud，Presses Universitaires de Rennes，2007，pp.235—244。中文译稿由作者授权翻译。

*　巴拉迪·圣·吉洪（Baldine Saint Girons），哲学家，巴黎第十大学哲学系教授，研究领域为 17—18 世纪欧洲哲学与崇高美学。

我的存在不可捉摸，

因为我既已死去，又未曾降生。

我似乎离不凡的创造之灵近在咫尺，

却又与它远隔天涯。①

　　"未生"的概念在此出现——原封未动、安然无恙的潜在性。既有所呈现，又不可捉摸。这白持续了多久？当亚里士多德口中的"绝妙面粉"逐渐变得不再紧实，太阳圆盘顶出天际，在地中海深处缓缓升起。耀动的金从这白中渐透出来。一位大自然的画家可曾面向远海，冥想过不可见的特殊底色？中世纪画家们在"玻珞"（bolo）的上面覆置金箔，以使其视效变强。终于，空气变透明了，深邃的、着色的白日在白夜中诞生。

　　之所以写下这段经历，是因为它提出了一个有关白色的问题：白到底是康定斯基所祈愿的"欢乐源泉"（1912），还是截然相反，是梅尔维尔所认定的最令人生畏的"恐怖"（1885）？画家与作家所谈的白，是否是同一种白？尝试理解分歧，必然要置身于历史。就像米歇尔·帕斯图罗（Michel Pastoureau）所揭示的，色彩研究的基础是在绘画史与科学史之间往复穿梭、并最终超越二者的文化史。

　　由此，我定义了我的研究：证明白的二元性，并对白的崇高性（sublimité）内核做出假设。同时，我将提出一个与绘画技术及审美有关的罕见问题：15 世纪欧洲绘画的白底，为何决然不同于现代架上绘画的白底？白底的新用途是否源于光的异质性发现——牛顿以棱镜将太阳光分解为七色，反驳了亚里士多德的色

---

① Paul Klee, *Théorie de l'art moderne*, trad. Pierre-Henri Gonthier, Gonthiermédiations, 1969, p.170.

彩论。白,作为所有色彩的源头,自身可能是无色的。白色的存在,是否是为了昭显色彩,如同制造幻相——时而在云端,时而在光翼之上①? 如果在本体上,白的色彩身份难以确立,那么它与欲望的关系是否同样难以固化?

康定斯基的理论

卡里迪亚海湾黎明前的天空呈现出一种非常近似于康定斯基的白色——除却两点:一,它不对立于黑,因为它从黑暗中溢出;二,它不产生共鸣。如康定斯基所描述的,与黄色一样,白色以略逊色的方式接近观者,产生辐散光芒的离心力。画家主张白的虚灵化效力和相继而来的愉悦感:

就色彩分析而言,白色象征一个世界,在其中,所有色彩的物质特征烟消云散。这世界高居头顶之上,那里的任何声响都不会传入我们的耳朵。因而一种无垠的静默降临,如同一道冰冷的城垣,高不可攀,坚不可摧。白作用于我们的灵魂,犹如这绝对静默。它内在性的共鸣如无声——近似于音乐中的休止符,后者仅仅标志一个乐句演奏的中断,而非终止。这静默不是死,它包含着可能的生。白的声响犹如被突然理解的一种缄默。这是一种充盈着少年欢乐的"无有",或更确切地说,一种前置于任何生命与起始的"无有"。它或许是冰川纪素寒大地的回响。②

对于康定斯基而言,白与黑彻底对立,然而他并未料想一种

---

① "云端"与"光翼"借指亚里士多德的色彩论与牛顿以棱镜分解太阳光为单色的色散实验。——译者注

② Kandinsky, *Du spirituel dans l'art* (1912), trad. M. et Me de Man, éditions de Beaune, 1954.

有光泽的黑，或如佩吉所提及的"一种阴翳之光"①。白，象征生，身披纯洁喜悦；黑，象征死，身裹悲悼与不幸。如果白意味着声音的休止，以及一种"饱含可能的生"的静默，那么黑则是彻底缺失的共鸣，曲终人散的死寂。先于所有开端的欢乐的"无有"，对立于不具任何可能的"乌有"。

康定斯基还留意到白与黑在视效上的对立。在白底之上，色彩的"色调变浑浊，一些色彩甚至自行分解"；而黑底上的色彩则获得"一种更严明的调门和一种更重要的力度"。然而，他没能由此推导出动摇这一色彩理论的反命题。诚然，如果黑色因可以烘托色彩而成为强化生的因素，那么熄灭色彩的白似乎才是死的因素。

梅尔维尔与可怖的白

关于白与崇高的特殊关联，似乎没有任何写作能够超越《白鲸记》的第 42 章。

直到第 36 章，皱着前额、歪着下颌的白鲸才出现在亚哈船长的描述中。人们立即猜出它是什么，并给它命名。当人们提及它的种种特征，回想起是它扯掉了船长的一条腿时，话音未落，亚哈船长试着讲出令他胆寒的东西：

> 它身上有种别的意思，或是种说不出来的可怕，有时强烈到完全掩住了其余一切。一种极神秘、讲不出来的东西，我甚至因为无法让人理解这东西而绝望。说到底，是这头鲸的白令人丧胆。

---

① Charles Péguy, *Porche du mystère de la deuxième vertu dans Œuvres poétiques*, Pléiade, p.662.

　　这席话是对埃德蒙·伯克的某种模仿。在《对崇高与美的思想起源的哲学研究》中，伯克认为黑色本身的确令人害怕，但却不是出于某种关系（这其实是洛克的看法，他的推理建立在"黑"与"无"的类比上），看见黑色，便是进入无相，如同被深渊凝视。世界"松开手"，它原本是我们身体所依赖的一根手杖。

　　对于梅尔维尔，什么是看见白色？我们徒劳地认为白是纯洁与欢乐的象征。但讲故事的人根本不信。他把白看作是一种无名恐怖的"神秘征象"。看见白，便是走到了镜子的另一头：

　　虽不知这些无名物藏在哪儿，但神秘的征象令人生疑。它们应当在哪儿活着。爱虽然让这可见世界有了种种面相，然而在恐惧中，不可见之物筑就了它们的领属。

　　梅尔维尔还举了动物世界中一些"白得可怖"的例子——白熊，回归线区带的白鲨、信天翁与草原白马。他随后提到比"最丑陋的畸形儿更遭人厌弃"的白化病人，他们令人嫌恶的白最让我们不安，因为他们离我们最近。

　　梅尔维尔没有忘记"白水幽灵"，它的显现比任何事物都使一个水手感到恐惧。它是"怪力乱神"的白吗？为什么白让人感到恐惧？

　　我们注视银河系那深邃的白。是否因其不确定性，才使无情的虚空与无垠的宇宙从阴影中浮现，才与湮灭思想一起刺入我们的后脊？或是否，在本质上，与其说白是一种颜色，不如说它是可见的无色，亦或是所有彩色的混凝？因此，在广袤雪景中，是否存在这样一种缄默却意味无穷的空无——既是无色，也是众神告退、遣散人间的失色？

然而这真得非此即彼？是刺入后脊的"湮灭思想"带来了世界的失色，还是世界的祛魅致使主体的丧失？祛魅后的世界是夭亡的？风瘫的？或布满癞疮？无论如何，包裹它的正是一块"纪念碑般的白色尸布"，而通常是五颜六色掩饰着这裹尸之白。

（世界上任何颜色）都仅仅是精妙的假象。它们绝不内在于实质，而仅仅是贵饰……

因此有了另一种白的真相——它揭示了事物之下。我们自问，真正的"神秘征象"是仅有的白，还是一种作为隐秘书写载体的白？如《白鲸记》，是刺入白鲸身体的猎鲸长枪，还是累累伤痕和交错密布的鱼叉？实际上，亚哈与白鲸拥有一个被共同书写的身体，发出一条他们自身无法破译的讯息，并将与他们一同消失。在这"活的乳白石"的表皮上，

不计其数的交错再交错的阴晕线，以及纵深入里的直纹。这些直纹不是印在鱼胶上……它们似乎穿透表皮，刻入肌理。这还不是全部。有时，在观察者关切的眼中，这些条纹仅仅是其他图画与象形文字的底景，就像真正的版画底板那样。[1]

亚哈船长炫耀着闪电的徽章，他的右脸和身体被一条白线贯穿，很像是"有时在树干上看到的闪电留下的笔直竖痕，它没有击落任何一根树杈，只是划破树皮，刻入一道不致让树干枯的伤痕"[2]。被闪电击中过的亚哈知道白鲸只是什么东西的纸面具。什么东西？谁知道与他对峙的无名物是什么？

---

[1] Herman Melville, *Moby Dick*, New York, Harper Brothers & Publisher, 1851.

[2] Herman Melville, *Moby Dick*, New York, Harper Brothers & Publisher, 1851.

所有可见物都是纸面具（pasteboard masks）。在每个发生的事件……在行为的执行之中……在不容置疑的事实背后，总有某种未知物在面具后显露。这尚可理解，而面具本身却不可思议。如果人想要击打它，那么便要通过面具来击打。但是，囚徒如何脱逃、如何获得自由却又不凿墙而出？对于我，这头白鲸就是这堵墙，紧挨着我。有时我认为这后面并无一物，不过算了。它折磨我，碾压我！白鲸身上有一种折辱的力量，险恶难辨。这个不可揣测的东西才是我最痛恨的。①

在此，汇集了所有崇高的象征：闪电烙下的印章，亟待凿穿的墙，不可识透之物的诱惑，以及一种爱恨倒错的激情。随着故事的逐渐演进，围绕白鲸，聚集起其他白的神秘征象：白鲸身上升腾起的白色华盖般的蒸气，有时因为一道彩虹的出现而华美异常；或当白鲸沉入大海，装扮在它周身的浩荡浓稠的白沫。

总之，梅尔维尔在此提出了白的两重二元性，它与 17 世纪法国学院理论产生了分歧。

很久以来，我们一直在争论白是否是一种颜色。对于达芬奇与法兰西学院派而言，白并不是一种真正的色彩，而仅是一种潜在色，这个理论后来在印象派那里得以重述——自然中不见白色。与此看法相左，迪弗雷努瓦（Dufresnoy）与罗杰·德·皮勒（Roger de Piles）引述古希腊诡辩者菲洛斯特拉特（Philostrate），他们认为白是一种颜色，即光尚未分解的颜色。牛顿实验也证实了这一点。而梅尔维尔是怎样说的呢？白的崇高性在于其本质的二元性——既是覆盖色（包裹幽灵的白布），又是无色。它吸收其他色彩，因而比它们更本质。

---

① Herman Melville, *Moby Dick*, New York, Harper Brothers & Publisher, 1851.

在 18 世纪的法国，第二种矛盾得以阐述。图绘的拥趸们认为白色前置（康定斯基继承了这个理论），而着色者们则认为白色后撤，分散视觉并疏离。唯独黑色前置，甚至是如此前置，以至于我们会担心它会在画作表面钻出几个洞。就此，梅尔维尔又提出一种悖反：白不仅用以着色，如幽灵身披的白布，并且成了一柄锋利的匕首，"从后脊"刺入。它是未知物看不见的利刃，阴险地插进身体。白的基底性与锋利性彼此联结，可以说，两种光学理论（粒子说与波动说）难分伯仲。

最终，只有身负两重看似不可调和的极性，白才是捉摸不透的、崇高的。那么白与黑是什么关系？梅尔维尔暗示二者互补，类似于中国哲学中的阴与阳。贯穿亚哈船长脸庞和身体的白线——一条闪电留下的痕迹将他与白鲸隐秘地联系起来：比如白鲸身上深入肌理的黑色条纹、纵横交错的鱼矛与鱼叉。

然而一个根本性的问题产生了：如何理解白色既透现色彩、又抹去色彩；而黑色似乎既从色彩中突显、又能盖住其他色彩？中国绘画中的白（书写作画的绢帛或纸）为阳，黑（墨）为阴，这一度令我费解。为了探讨这个问题，我将使用劳森伯格的画作，并将其与 15 世纪文艺复兴绘画的白底，以及塞尚与后塞尚时代绘画的白底相比较。

劳森伯格的白色画作

在画了一些近乎全白的画作后，年轻的劳森伯格想彻底抹去他的某一幅铅笔画。这么做是为了证明"铅笔另一头"的橡皮与笔尖"同样有效"。然而抹掉一幅尚未获得艺术品资格的作品无法令他满意，因而他转向比他略年长、当时已是抽象表现主义锋头人物的德·库宁，劳森伯格向他索要一幅有特殊意义的铅笔画，然后将其抹去。德·库宁同意了，就有了《被抹掉的德·库宁的绘画》(1953)。这一举动意味着什么？在《单色绘画》中，德尼斯·瑞尔(Denys Riout)写道，"二战"结束后的美国急切地想确立新世界艺术中心的地位，通过抽象表现主义，这一目标得以实现。有意承袭德·库宁衣钵的劳森伯格却让前者的一幅作品"化为乌有"。我们认为这显然是一次"弑父行为"，然而劳森伯格却认为这个举动是一次祭礼：

　　我们认为这是一种反抽象表现主义的姿态，然而恰恰相反，这是向其成就的一次致敬，一次爱意的表达。我应该是向抽象表现主义奉上祭礼的第一人，或首位艺术家。

　　有三处地方很有意思。第一，经涂抹后回归的白色区别于单纯平涂的白色。德尼斯·瑞尔指出，白色画作往往无趣，因为"观众连失望的乐趣也遭拒绝"，"这些画作过于直白地自我确立，因而无法引发一种个体化的满足"。白画的戏谑特征也由此而来，如阿方斯·阿莱(Alphonse Allais)那幅全白的《雪天中年轻女孩们初领圣体》。第二，约翰·凯奇认为自己的作品《4′33″》的无声与劳森伯格的白画异曲同工，时间的空白格准许我们做出最丰富的阐释。第三，劳森伯格随后在黑色画作中有了新的释放，以此伸张一种屏蔽与隐匿的逻辑，替换抹去的逻辑。

　　回顾历史，这类作品成立的条件是什么？首先，白色显现，还是透现？它是表象的还是透出表象的？其次，白是空白，还是一种多用途的空白结构？再次，白色真的抹去、而黑色真的遮盖吗？如何历史地看待绘画白底？

白　　底

　　白底在绘画中的普及并非不言自明。16、17世纪的意大利艺术往往使用深棕色底作画。而提到白底，我们会立刻想到15世纪文艺复兴艺术与现代艺术。这里不仅指湿壁画中的上返至表层的明亮得甚至刺眼的石灰白,也指油画白底。保存在圣马洛博物馆中的安杰利科的画作好似从墙面生出的纯粹幻象,不禁让人担忧它们会随时烟消云散。然而油画白底也同样恳切,似乎浸渍着各种可能——在天际的白、土地的白中,浮现出一切事物。白色是原初的描绘,准许轮廓的诞生,空白间的线条首先勾勒出透明的身体。如果达芬奇认为描绘的一块阴影不再代表阴影,那么描绘的一块白色呢? 现代画家使用的白底则相反,比如塞尚。不仅是因为他的画中不再有狭义上的描绘,当塞尚描绘线条时,这条线并不限定一个比照"无"的"有"。

无即有,虚即实。布鲁诺·哈斯(Bruno Haas)留意到:"透明现象不再与白底有关。"甚至于:"白与黑是两种仅有的不可能透明的颜色。"维特根斯坦在其《论色彩》的第 141 条评述中也说:

我透过一个透明的杯子看,也就是说,我没看到白色? 不,是我没把杯子看成白色。这怎么理解?

"白色"一词的应用也在发生改变。在 15 世纪,白色的存在方式是透视;在现代时期,这种存在方式被排除了。于第一种情形而言,绘画被视为一扇窗口,因其透明,穿过它,我们以透视的方式目睹事物出现。第二种情形则恰恰相反,窗的概念遗失了,绘画身份发生转变。画作不再是透现的,而是表象的。白的色彩胜过其透现、上返、去色与照见的力量。白色覆盖,而不再是透现。它不再与其他颜色角力,吸收它们,或让它们看上去远道而来。

结　语

　　为什么保罗·克利的名言"艺术不是可见的复本，而是令其可见"①让人略觉遗憾？的确，绘画打开了可见世界，并置入一道裂缝，但问题是，绘画的确令世界可见，但同时，绘画不也重构了世界不可见的维度吗？梅尔维尔这样写道：对于那些缺少想象力的人来说，表象没有任何可怕的地方。然而对于其他灵魂，检视它们的所有形式足以使表象变得可怕。普遍而神秘地，表象令人不安。②

　　让表象变得混沌，我们不再将白理解为一种自然使然，一种可预料的可见；而是将白色视作神秘的典范。以掩饰力来质疑一切显现力，以"里"质疑"表"，这就是白的使命，白是崇高的载体。幽灵披挂的白与白的不存在，匕首刺入与匕首的不存在。

　　这种状况带来的某种后果是对光线主义——或确切地说，仅仅是对白色光线主义的疑问。如果我们自发地寻求明知，就必然面对一些疑问。但就像柏拉图在第七封书信中所问到的那样，疑问相互纠缠，未必带来明晰之理。从这个角度而言，这便是白的教诲。它教给我们总是可逆的对换：从繁盛到荒芜，从在场到缺席，从窗到假窗，从清晰意念到"空空如也"。于是有了被改装的表象，如同被改写的话语。于是覆盖万物的大雪重新成为五彩斑斓的背景。

　　如果纯白如纯黑一般令人畏惧与崇高，那是因为它向我们展现了一种无法预知的抹杀力，如"雪盲"——雪景中的地平线突然隐没，天地浑然一体。白光的照射力也不总是有益的。学会以阴

---

① "Kunst gibt nicht das Sichtbare wieder, sondern macht sichtbar"，出自保罗·克利，《创造的忏悔录》，1920 年。

② 同上，第四十二章，第 273 页。

翳之光来对抗白光并非毫无益处。请谨遵两种曦光的教义——晨曦与暮光,它们不舍昼夜,正是为了将内在外化于外在,或相反地,令所存成为既往。

附诗:

白 与 透 明①

1

晶莹的雪

在低洼中盘桓

枝丫上的细雪

雪毯,雪罩

挂窗的碎珠

芥子须弥

一座座透明天堂

2

颜色

就在这白里面

棱镜

一把合上的折扇

3

无形的帷幔,浅薄的蛋白

---

① 法语名为：Blancheur-Transparence。

一道深锁秘密的大门

阿佩莱斯①的水绿墨

不可见馈赠可见

却拒不见予

4

面具或光芒：两种白的争执

遮蔽色隐瞒

透明色接纳，吐露

塞尚的色彩与精妙笔触

安杰利科的白色辐晕

由底部上返

一次圣显

5

潺潺溪流

白石色的波纹，涟漪

澄澈至底

6

命运如玻璃，它闪耀时，它已破碎②

我们仰慕转瞬即逝的荣耀

我们忘记谨慎带来智慧

---

① Apelles，古希腊画师。

② *Fortuna vitrea est: tum cum splendet frangitur*，普布里乌斯·西鲁斯的格言。

7

流淌之水
无牵无挂
水洼，水潭，水塘
暂时的水瓮
星罗棋布的白

8

玻璃窗教我
眼神是如何浸没其中
在那里，在最远处
我被镜子扣留
以它被冻结的平静
我撞上
不可穿透的墙
为你所爱的白
透现或屏蔽

9

玻璃窗，镜子，银屏
移动着的表面
自相矛盾的白
虚实一体
平滑，亦或粗糙
冰冷的霜
喂养的乳

道路
在自我正中
寻找道路
最初
与慢慢到来的

论列维-斯特劳斯结构主义思想
对"二元对立"的消解①

孙　震/文

（辽宁大学　哲学与公共管理学院）

摘要： 传统认识论中的"二元对立"模式对于人类的认识活动产生了深刻影响，这一模式形成于以"人"作为认识"主体"、作为认识中心的框架之中。列维-斯特劳斯反对这种以"主体—人"为中心的认识模式，在其理论研究中驱逐了"主体—人"的中心地位。与此同时，随着"主体—人"的隐退，"二元对立"这一传统认识模式也被列维氏消解：首先通过符号学的转换、隐喻、换喻颠覆了符号的"对立"性；而后通过对"乱伦禁忌"的研究揭示了"自然与文化"对立的虚假性；最后从零度价值的角度指出相对于"零度符号"的丰富性和"隐秘性"、"二元对立"模式的单一性和"实在性"。列维氏从以上几个方面批判"二元对立"模式的独断性，消解这一模式，其目的是尝试建构一种结构化、多元化、符号化、空间性的认识模式。

关键词： 列维-斯特劳斯；结构主义；二元对立；认识论

　　在传统认识中，由于"主体—人"作为认识活动的中心，那么

---

①　基金项目：辽宁大学亚洲研究中心青年项目（Y201606）。

"主体—人"与被认识的"客体—对象"之间就构成了一种认识活动的思考模式，即"二元对立"的思考模式。"二元对立"的思考模式、认识模式在传统认识论中非常普遍，无论是在唯理论中还是在经验论中，它们都是把认识活动界定为主体对客体的二元对立的认识活动，它们之间的区别只是在于"主体理性"与"客观经验"的决定性问题。也就是主体的理念、理性、意识使经验客体自然同一于其中，或是相反。然而对于"主体—人"与"客体—对象"这种对立关系，它们都是接受的。

人类的认识活动一般都是由"主体—人"展开，那么，外在于"主体—人"的一切事物都成了与"主体—人"对立的"客体—对象"。当我们作为一个主体，作为认识活动的中心时，我们会把所有异于这个中心的事物都视为"客体—对象"。这种"客体—对象"可能包括不同的具体事物、不同的活动或事件、不同的"主体—人"或者文化。当我们武断地把"主体—人"作为认识的中心之时，我们就会"随意地"把外在于"我"的、异于"我"的所有的"异"归为一种对于"我"来说的"同"。这是一种非常积极又非常懒惰的思考方式。当我们积极地去认识外部世界的时候，外部世界的"异"在面对"我"的时候已经简化为一种"同"，当然这是在"质"的意义上。

"二元"的这种由"主体—人"展开的认识模式使我们的认识活动始终关注着"我"这个中心，而忽视了外部世界的差异。"我思"只会往返于"主体—客体"，然而处于众多的"异"中的外部世界的"我"与其他"异"的关系、在"异域"中的"主体"之间的关系，都没有办法纳入"我思"的框架之中。"二元"模式虽然曾经是我们认识世界的一个有效工具，但是这种模式的独断性与片面性也是显而易见的。

　　"二元"的这种区分所带来的另一个原则就是"对立"，这是逻辑上的一个要求。在传统认识论中，我们无法接受"既是……，又是……"的模式，既然是"二元"的，必然是"对立"的。在传统的哲学概念中，我们会发现很多这种对立关系二元模式，如："精神—物质""形式—材料""理性—感性""灵魂—肉体"等。这种模式不仅应用在形而上学的概念上，而且在道德、伦理学、美学上也有着同样的二元对立，如："善—恶""好—坏""真—假""美—丑"等。然而，在现实世界中，这种非此即彼的、绝对的对立并不是如此清晰与普遍，这种绝对的"二元对立"仅仅是来自"我思"的臆想。通过我们的经验观察，现实世界中的大部分事实无法简单地分成二元，也不是彼此对立而存在。法国结构主义思想家列维-斯特劳斯认为："逻辑原则总是可以让要素对立起来，全部经验缺乏的这种先决条件使我们认为要素是有区别的。相对于第一个要求，如何对立是一个重要的问题，但是对这个问题的考量是次要的"[1]。

　　大千世界并无法化约为"主体"的想象，这种以"主体—人"为中心的认识论虽然可以帮助我们认识到一些规律，获得一些知识，但是这种模式的局限性也是明显的。列维氏在放弃了"主体—人"作为认识中心的同时，使传统认识论中的"二元对立"模式解体，建构了一种具有多元性、空间性、符号转换性的结构主义认识方法。

一、被符号学解体的"二元对立"

　　当我们怀疑"二元对立"的合法性与有效性之时，我们需要回顾索绪尔的《普通语言学教程》。在这部作品中，索绪尔提出了符

① Lévi-Strauss. *La pensée sauvage* [M]. Paris：Plon，2007. p.95.

号学这一概念,并确定了这一科学的原理。索绪尔定义符号学为:"一门研究社会生活中符号生命的科学"①,语言就是符号学中一个特别的系统。索绪尔对现代语言学最大的贡献之一就是区分了"能指"与"所指",并且发现了语言符号联系的任意性,即能指与所指的联结不是先天的,而是一种任意的联结,没有任何必然性。符号"能指与所指"之间的这种任意性是符号学得以成立的一个基础,列维氏在其人类学研究中也发现了类似的现象,当对印第安部落的命名方式进行考察时,西方研究者无法理解印第安人为什么会使用植物或动物的名字为自己命名,印第安人回答道:"这些词语首先是没有意义的,出于偶然,一部分词语一方面被用于动物与植物的名称,另一方面用于部落和个人的名字;有些在某些邻近的方言中相同的词能够指代不同的事物"②。可见,符号在最初的使用过程中,能指与所指的这种互指性只是出于一种偶然的因素,并不是传统思维中所认定的先天必然的联系。但是,随着符号进入交流系统之中,如果还保持着这种任意性,人们又如何进行交流呢? 索绪尔认为对于符号来说,能指与其所指向的观念原本是任意的,然而当能指进入到语言系统之中,符号的使用就固定了,具有社会的强制性。符号的使用不会由使用者意志而改变,这也就是符号的不变性。但是,索绪尔又发现,"时间保证语言的连续性,同时又有一个从表面看来好像是跟前一个相矛盾的效果,就是使语言符号或快或慢发生变化的效果;因此,在某种意义上,我们可以同时说到符号的不变性和可变性"③。索绪尔所谓的"可变性"是指"所指与能指关系的转移"④。当然,索绪尔强调的是语言本身所具有的自足性所导致的

---

① 索绪尔:《普通语言学教程》,高名凯译,北京:商务印书馆,1980 年,第 38 页。
② Lévi-Strauss. *Le regard éloigné* [M]. Paris:Plon,1983,p.208.
③ 索绪尔:《普通语言学教程》,高名凯译,北京:商务印书馆,1980 年,第 111 页。
④ 索绪尔:《普通语言学教程》,高名凯译,北京:商务印书馆,1980 年,第 112 页。

变化,使用语言的"人"无法干预这种变化。

　　符号所具有的整体性特点也对传统认识论中的"二元对立"思维模式产生了消解作用。索绪尔也认为:"如果我们从符号的整体去考察,就会看到在它的秩序里有某种积极的东西。"①当我们把符号区别为能指与所指,这对我们认识事物带来了一种消极的影响,因为这种方法使我们本来清晰的概念与事物的联系变得模糊了,这并不利于我们的认识活动,但是,索绪尔强调的并不是彻底使能指与所指分裂开来,而是使它们结合起来,"它们的结合却是积极的事实"②。索绪尔认为,这种结合"甚至是语言唯一可能有的一类事实,因为语言制度的特性正是要维持这两类差别的平行"③。在索绪尔看来,能指与所指的这种对立是一个语言现象的事实。因这种对立方式而形成的语言系统构成了语言符号的整体。当我们把概念与事物分离开,使其进入一个符号系统中,作为一个符号的概念已经没有"主体—人"赋予的意义,符号的价值仅仅在于彼此之间的差异。"语言像任何符号系统一样,使一个符号区别于其他符号的一切,就构成该符号。差别造成特征,正如造成价值和单位一样。"④当事物成为一个概念,而概念又成为一个符号、进入一个符号系统之中,事物原本的价值和对立在符号系统的整体中已经没有了任何意义。系统整体之中,符号的意义只来自彼此间的差异,传统认识论中固化的"二元对立"的思维在一个符号系统的整体之中已经失去其原有的稳定性和意义。虽然,在索绪尔的思想中并没有放弃"二元"的思维模式,但是索绪尔提出的符号学研究及其方法为打破传统认识论中的"二元对

---

① 索绪尔:《普通语言学教程》,高名凯译,北京:商务印书馆,1980 年,第 167 页。
② 同上。
③ 同上。
④ 同上,1980 年,第 168 页。

立"做好了准备,促生了在其后出现的列维氏的结构主义思想。

20 世纪 60 年代以后,法国的结构主义符号学研究兴起,并且对哲学及其他人文科学都产生了影响。列维氏认为,符号学是:"人类活动的任何方面都具有的、被用作记号或成为记号的潜在可能性。因而社会活动或文化活动就被看成本质上的记号活动,也就是说人总是用一套行为记号系统来意指另一套记号系统。"①列维氏把这种符号学思维应用在神话学的研究之中,并且发现了不同神话之中内蕴着相同的结构。列维氏的神话学研究往往采用符号学的隐喻和换喻方法。隐喻就是一种象征的手法,为了表达某种意义而使用相似的东西来替代,比如:用龙来代替中国,用公鸡来代替法国。换喻是另一种象征的方式,"人们使用某种意群连环的方式,把不同种类的元素联结在一起,从而可以使我们从部分而得知整体"②。但是,当列维氏在进行神话分析研究时,隐喻和换喻的方法并非非此即彼,当我们在接受一些讯息的时候,可能会同时包含这两者的因素。列维氏在其神话研究中发现了符号学的这种转换原则,所谓的"二元对立"面对结构的研究已经没有了其绝对的意义,"在这里,动物和人类可以互相代换,文化和自然混淆在一起"③。

在《面具之道》中,列维氏也阐释了这种符号转换的规律。列维氏发现:"在从一个族群转入另一个族群的时候,相同的神话往往发生颠倒"④,而且这种现象同时也发生在面具的形式上。这种令人不可思议的颠倒现象的发生,无法通过简单的"二元对立"的

① 李幼蒸:《结构的时代——结构主义论析》,台北:谷风出版社,1986 年,第 51 页。
② 高宣扬:《结构主义》,台北:远流出版事业有限公司,1990 年,第 193 页。
③ 高宣扬:《结构主义》,台北:远流出版事业有限公司,1990 年,第 195 页。
④ 列维-斯特劳斯:《面具之道》,张祖健译,北京:中国人民大学出版社,2008 年,第 85 页。

模式来理解,而是要使其置身于符号的系统之中。"斯瓦赫威面具的白色装饰品,皂诺克瓦的黑色面具,前者眼珠暴突,后者眼窝坍陷,悬吊的舌头与外撇的嘴唇,孤立地看上去都没有什么含义,或者不妨说,都具有一种辩证的含义。给一个神异的造物指派每一条特征,都要看这些跻身神庙中的造物是如何为了能够更好地履行互补性角色而相互对立的。"①当我们运用"二元对立"的方式孤立地去看待这些神话和面具的颠倒现象时,这种看上去不合逻辑的颠倒有些使人无法理解。在逻辑的范围内,我们无法接受一对相反的符号同时象征着同一种现象。然而,这种情况的发生却是如此真实。于是,列维氏把这些现象置入符号的系统之中,在转换的思考方式下,这些好似无法理解的现象都被系统的结构所容纳。列维氏指出:"一副面具首先并不是它所表现的东西,而是它所转换的东西,也就是它选择不去表现的东西。同神话一样,一副面具既有所否定,也有所肯定,因为它不光来自于它所表达的或者它认为能够表达的东西,同样来自于它所排斥的东西。"②

"对立"的思维方式原本来自人类心智的模式,从"主体—人"出发所观察到的许多经验都表现出二元的对立模式,例如:男人与女人、左与右、天与地、生食与熟食。但是,当这些事物成为符号进入我们交流的系统中时,这种非此即彼的"二元对立"的模式就在符号的转换下发生了变化,"心智永远构造着对立项,但是这些对立项的实质不是稳定的,并显然没有人类学价值"③。心智结构在产生认知的过程中会进行基本的二分化,对对象进行分类,

① 列维-斯特劳斯:《面具之道》,张祖健译,北京:中国人民大学出版社,2008年,第61页。

② 同上,第101页。

③ 巴尔特:《符号学历险》,李幼蒸译,北京:中国人民大学出版社,2008年,第143页。

使对象进入我们的认知范式之中。但是,当我们使用语言来表述这些分类对象之时,这些原初二分化的对立项由于语言的符号特性开始出现了转换的现象,当然这些分类本身也许是任意和随机的,不同的社群和文化中对外部世界的分类也不尽相同。于是这些"二元对立"仅仅保留形式上的对立,在内容上,这种对立已经成为一种虚假的对立。由此可知,作为结构主义方法论的符号学对传统认识论中的"二元对立"原则产生了极大的破坏,"转换""隐喻""换喻"成了结构主义思想的标志。

二、乱伦禁忌——自然与文化的虚假对立

与中国传统文化中"天人合一"的思想不同,自然在西方思想传统中一直是被"主体—人"认识和"改造"的"对象—客体"。作为认识和改造活动的"主人"——"主体"所拥有的认识和改造的能力就造成了与被认识和改造的对象——"自然"的一种"必然"对立。我们可以认为"主体"所拥有的认识和改造的能力就是一种文化,同时"主体"也正是通过拥有这种能力使自身与自然分离开来,这种观点在 20 世纪前的社会学、人类学研究中被广泛接受。被我们称为"原始社群"以及生活在这种"原始社群"中的"野蛮人"都被认为属于一种"自然"状态,这种"自然"是"应该"而且"必须"被来自"文明"社会的"主体"所改造的。"自然"与"文化"的对立俨然成了一种"先天"的对立,不可动摇,至少在结构主义思想出现之前是这样的。"自然"就成了"野蛮""未开化""初级""非理性"的同义语,而"文化"则代表着"先进""理性""高级"。"自然—文化"这种对立关系是传统认识论中的"二元对立"模式在人类社会研究中的一种表现,因此,我们似乎可以把这种"自然—文化"的对立看作是"感性—知性"的对立。

在结构主义人类学研究中,列维氏使用了二分法来进行结构

分析,但是同时他也发现了这种方法的局限性。在《生食与熟食》的序言中,列维氏坦言他所从事的神话学研究正是"在符号的层面上努力超越感性与知性的对立"①。在具体的研究中,列维氏发现在生食与熟食、新鲜与腐烂之间存在着类似于符号学的转换规则,即自然与文化的对立并不是格格不入,"建立在生与熟之上的轴线标志着向文化的过渡;建立在新鲜与腐烂之上的轴线则标志着向自然的回归,原因是烹调使生的东西完成向文化的转化,腐烂过程则帮助完成向自然的转化"②。列维氏认为所谓自然与文化的区别正是自然与人类社会的区别,而这种区别源于"被接受的历史性符指的缺陷"③。人作为一个既是"自然的"、生物性的,又是社会性、文化的生命体,本身就是一个"自然与文化"的集合体。随着人类社会的形成与人类活动的复杂化,如:语言的使用、石器工具的使用、丧葬仪式等,人类开始脱离自然,进入文化之中。自然进化成了文化,自然似乎就是与文化对立的概念。但是,列维氏却认为"自然与文化"的这种"二元对立"并不具有人类学价值,或者说是一种虚假的对立,仅仅是为了满足逻辑的价值。列维氏发现在人类社会中有一个现象是可以打破这种"自然与文化"的虚假对立,即乱伦禁忌。"乱伦禁忌既不是纯粹来源于文化,也不是纯粹来源于自然,更不是部分自然部分文化的混合物……它实现了从自然到文化的过渡。"④

在人类社会发展的过程中,交换是社会发展的一个必要条件,对性的交换更是一个族群、一个社会发展所必需的条件。那

---

① Lévi-Strauss. *Le cru et le cuit*[M]. Paris：Plon,1964. p.22.

② 列维-斯特劳斯:《人类学讲演集》,张毅声译,北京:中国人民大学出版社,2007年,第 39 页。

③ Lévi-Strauss. *Les structures élémentaires de la parenté*[M]. Paris：Mouton de Gruyter,1967. p.3.

④ 同上,pp.28—29.

么，乱伦禁忌作为禁止在一个家族内结婚的规则具有积极意义。这样的观点是对传统人类学研究的一个突破，传统人类学研究要么把乱伦禁忌作为道德禁令的表现，要么作为一种纯粹生物性的本能。列维氏的贡献在于把乱伦禁忌作为"一个非生物化的现象，同时脱离了亲属关系的简单图式与种族中心的道德设想"①。列维氏通过乱伦禁忌的原则发现了人类社会可以在乱伦禁忌的法则下分为两种群体——可以结婚的和不可结婚的，"但是这样的双边联姻系统能够以两个族系为基础运作起来，至少需要第三方的加入以允许单边系统的形成"②。人类社会按照这样的原则组织起来，成为一个系统。于是，乱伦禁忌成了促进人类社会交流的积极因素，亲属的关系系统可以被看作"一个象征的任意系统，如同索绪尔式的符号任意性"③。正是通过把社会组织、亲属关系符号化，列维氏发现了"乱伦禁忌"这一社会规则所具有的双重性。在人类社会诞生之初，乱伦禁忌应该是作为一个基本的社会准则，来支配其他的社会秩序。虽然乱伦禁忌是一个基本的、自发性质的准则，在不同的社会组织、不同的文化之中都具有普遍效力，我们却不能简单地把它作为一种自然法则、自然秩序。当然，我们也不能把这个禁忌作为文化法则或者文化秩序的一部分。

列维氏认为"乱伦禁忌处于文化肇始之初，同时处于文化之中，而且在某种意义上它就是文化本身"④。乱伦禁忌起源于自

① Lévi-Strauss. *Les structures élémentaires de la parenté* [M]. Paris：Mouton de Gruyter，1967. pp.38.

② Dosse. *Histoire du structuralisme*，*tome 1: Le champ du signe* [M]. Paris：La Découverte，1991. p.38.

③ Dosse. *Histoire du structuralisme*，*tome 1: Le champ du signe* [M]. Paris：La Découverte，1991. p.39.

④ Dosse. *Histoire du structuralisme*，*tome 1: Le champ du signe* [M]. Paris：La Découverte，1991. p.14.

然,因此,它具有自发性和普遍性。然而,随着人类社会的发展,它同时成了文化的一部分,或者说是使人类脱离自然的途径,从这个意义上来说,乱伦禁忌又是文化的。所以,我们说乱伦禁忌处于自然与文化的交叉点之上,按照列维氏的观点,这是一个人类用文化来代替自然的符码法则,"在乱伦禁忌之中,同时具有特殊的规则、标准的代码(文化)以及普遍的特征"①。

通过上文对"乱伦禁忌"这一概念的解析,我们可以发现这一概念对传统认识论中的"二元对立"思维产生了巨大的破坏作用。"乱伦禁忌"在消解了"自然与文化"的对立之时,也消解了传统认识论中诸多"二元对立"的概念以及由这些概念所带来的问题。可以说"乱伦禁忌"不仅消解了"自然与文化"的对立,也彻底颠覆了"二元对立"这种固化的传统认识论观念。"二元对立"只是逻辑思维的一种想象,只是文化霸权强加在自然之上的一种桎梏。结构主义在驱逐了"主体—人"这个认识中心的同时,也必然分解了这种"二元对立"的模式,以"多元"分解"二元",以"转换原则"消解"对立",从而建构了一种多元的、不断转换的、充满换喻与隐喻的"认识论",来认识我们外部的世界。

三、玛纳——零度的价值

玛纳(Mana)是一个代表魔力的概念,此概念在大洋洲诸语系中得到广泛使用。马塞尔·莫斯认为玛纳是社会关系的缔造者,"正是赋予物品与人以意义、赋予巫术意义、宗教意义与社会意义的东西……玛纳观念是由一系列相互混淆的不确定的观念构成的。它依次、并且同时是资质、实体和力量"②;巴尔特则认为

---

① Dosse. *Histoire du structuralisme*, *tome 1: Le champ du signe* [M]. Paris: La Découverte, 1991. p.39.

② 马塞尔·莫斯:《社会学与人类学》,佘碧平译,上海:上海译文出版社,2003年,第76—77页。

玛纳是列维理论中的"中性项或零度"①；笔者则认为玛纳是列维氏在其结构主义思想中消解"二元对立"这一思维模式的终极工具。

莫斯的社会学与人类学研究是列维氏结构主义思想的一个重要来源，列维氏为莫斯的作品《社会学与人类学》写了导言，我们称之为《马塞尔·莫斯著作导言》（以下称《著作导言》）。在这篇导言中，列维氏运用结构主义思想分析和评介了莫斯的作品，并且得到了独具结构主义特色的结论。因此，《著作导言》是了解和分析列维氏思想的一部重要作品。在《著作导言》中，列维氏强调了社会整体研究以及无意识在社会学和人类学研究中的重要性，在全文的后半，列维氏不断地分析和讨论着玛纳，因为列维氏认为莫斯作品的逻辑结构"都是建立在玛纳的概念之上"②。在列维氏看来，莫斯的人类学研究结合了社会学与心理学的方法，玛纳不再是一个神秘的、无法触及的巫术，而是"某种人类精神的第四维度"③，我们可以通过对无意识的研究来认识玛纳，因为"正如在宗教和语言中一样，在巫术中，正是那些无意识思想在起作用"④。列维氏的这种观点源于他认为在巫术、宗教中，有着与语言类似的一种现象，即象征的特征。在语言中使用的象征性符号，我们同样可以在巫术和宗教中发现。而且，语言在列维氏的思想中是一个自足的系统，因此，列维氏认为"像语言一样，社会是一个自足的实体（相同，但来源不一）；符号比其所象征的更加

---

① 巴尔特：《符号学历险》，李幼蒸译，北京：中国人民大学出版社，2008 年，第 143 页。

② Lévi-Strauss. *Introduction à l'œuvre de Marcel Mauss* [M]. Paris：Les Presses Universitaires de France, 1968. p.36.

③ Lévi-Strauss. *Introduction à l'œuvre de Marcel Mauss* [M]. Paris：Les Presses Universitaires de France, 1968. p.27.

④ 同上。

实在，能指先于所指并且决定着所指。我们再次发现这是一个关于玛纳的问题"①。对于莫斯来说，他更倾向于以理性来理解玛纳的作用。正如莫斯在《论礼物》中的观点，社会生活是一种关系的网络，而豪(le hau)是具有象征意义的、联系不同部族的符号性礼物。巫术活动应当被看作一种逻辑的判断，玛纳就是在逻辑命题中的联项，"也就是说玛纳在巫术理论中，正如豪在礼物理论中"②。列维氏不是很同意莫斯理性方式的理解，玛纳不仅仅是由无意识所产生的，也具有同样来自于无意识的语言的符号特性。玛纳这类的概念具有流动性和自发性，人类的精神在不经意之间制造了它们，而且"它们同时建立了正式的解释和反映系统，也就是我们为科学保留的角色。但是，这类概念为了再现其不确定的符指价值总是到处插手，有点像代数符号"③。这类概念的价值正是由于其流动的特质所带来的不确定性，列维氏接着说道："它（价值）自身是一个空值，因此可以接受任何意义，它唯一的功能就是抹平在能指与所指之间的差异。"④列维氏在这里提出了一个新的观点，也就是玛纳的零度价值。正如我们在前面所介绍的巴尔特的观点，列维氏为"二元对立"找到了一个中间项。在这个零度之上，所谓的对立、差异都不存在，即使是符号学中的能指与所指之间的差异也已经被填补。

列维氏发现对于所指来说能指是过剩的。能指所替补的对

---

① Lévi-Strauss. *Introduction à l'œuvre de Marcel Mauss* [M]. Paris：Les Presses Universitaires de France，1968. p.28.

② Lévi-Strauss. *Introduction à l'œuvre de Marcel Mauss* [M]. Paris：Les Presses Universitaires de France，1968. p.35.

③ Lévi-Strauss. *Introduction à l'œuvre de Marcel Mauss* [M]. Paris：Les Presses Universitaires de France，1968. p.39.

④ Lévi-Strauss. *Introduction à l'œuvre de Marcel Mauss* [M]. Paris：Les Presses Universitaires de France，1968. p.36.

象就是一种不在场、一种缺失，"确切地说，玛纳这一类概念代表着这种浮动的能指（signifiant flottant），它附属于所有有限的思维（但同样是所有艺术、诗歌、神话和美学创作的保障）"①。这也就是"无"或者"零度"的意义，漂浮的能指能够把人类的精神从呆板的直线与秩序中带入一个充满着无限可能性和方向性的空间，这个空间所拥有的一切都源于它的"无"。"玛纳"这个概念可以来解释这种"无"，正如德里达所说，"事实上'玛纳'就是一切，但与此同时，准确地说，难道不是因为它什么都不是吗？它是一种单纯的形式，或者更准确地说，是一种纯粹状态的象征，因此，它能够承担任何象征的内容"②。列维氏运用语言学的方式来理解玛纳的意义，他认为玛纳就是"零度象征值，也就是说，一个缺乏必需的增补的象征内容的符号"③，它就是用于填补那个缺失的能指。在结构主义语言学里，零度音素的特别功能就是替换那些不在场的音素——即那些无法自由使用的音素。德里达总结了类似"玛纳"这类概念的意义："玛纳这类概念的功能对应着意义的缺失，而对于其自身来说，并没有任何特别的意义。"④在这里，德里达所强调的意义的缺失，就是时间和历史上的缺失。当我们把符号放入游戏之中，符号的历史性已经不再被考量，历史在符号面前全无意义，"这也就是所谓'零度'，也就是前面德里达所谓对'事件'一词加上括号，也就是承认非连续性和偶然性的巨大作用"⑤。

---

① Lévi-Strauss. *Introduction à l'œuvre de Marcel Mauss* [M]. Paris：Les Presses Universitaires de France，1968. p.42.

② Derrida. *L'Écriture et la différence* [M]. Paris：Éditions du Seuil，1967. p.424.

③ Lévi-Strauss. *Introduction à l'œuvre de Marcel Mauss* [M]. Paris：Les Presses Universitaires de France，1968. p.43.

④ Derrida. *L'Écriture et la différence* [M]. Paris：Éditions du Seuil，1967. p. 425.

⑤ 杨大春，尚杰主编：《当代法国哲学诸论题——法国哲学研究1》，北京：人民出版社，2005年，第56页。

通过以上列维氏和德里达对玛纳的解析,我们已经发现玛纳是一种特殊的符号,这个符号的内容就是一种"无",正是由于这个场域的空空如也,这个符号可以承载任何内容,发出各种声音,此处"无"声胜有声!尚杰先生把这个符号比作中文的"兴","'玛纳'与中国传统文化中'兴'的概念类似。'兴'具有原始神秘思维的深刻烙印。这里的'原始'并非意味落后,恰恰相反,它传达出'精神转换'这样一种当代思想,转换既迅速又果断,这个过程充满了象征"①。确实如此,玛纳与"兴"都来自于原初族群的文化,虽然它们拥有着不同的能指,或者说不同的族群都有不同的"玛纳",对于一个"零度的符号",似乎它的名字已经不重要了,这个符号的价值不正在于这样"漂浮"的能指吗?回到本文的主旨,传统认识论中的"二元对立"模式对于玛纳这个"零度的符号"已经没有了任何价值。"二元对立"作为一种固化的思维模式,面对着充满无限可能性的"零度的符号",这种模式被消解的命运也是不可避免的。

传统认识论中的"二元对立"思维模式对于我们认识外部世界具有重要意义,这种模式可以使我们更快速地、清晰地分辨事物,确定事物的区别进而得到关于对象的知识,可以说"二元对立"思维是一种简单而又有效的办法。但是,随着我们外部世界的复杂化,以及我们对于整体性的要求,我们会发现这种简单地把对象"二元"化并且"对立"起来的方式,并无法解释外部世界的丰富性,尤其是面对着我们人类社会的全部事实时。因此,打破传统认识论"二元对立"思维的固定模式成为人类认识活动的重要诉求。结构主义者在探寻表面现象背后的深层结构之时,已然打

---

① 尚杰:《法国哲学精神与欧洲当代社会(上册)》,上海:同济大学出版社,2011年,第235页。

破了这种传统的"二元对立"模式。如前文所述,对于结构的研究需要把不同的要素组合在一个系统之中,进而在这些要素之间发现彼此依存的关系。在这种模式下,要素之间的差异构成了意义,它们之间曾经存在的二元对立在进入符号的系统之后,就已经被消解了。各要素在系统之中不再是诸种"二元对立"的关系,而重新呈现出了丰富多彩的无限组合的可能。列维氏用了一个万花筒的例子来说明这个现象,"这个装置也包含着碎屑和片段(des bribes et des morceux),并以此实现结构性的布局。这些碎片来自于破裂和分解的过程,它们自身出于偶然,但它们的产物在它们之间保持着某种同源性:尺寸的大小、色泽的鲜艳度、透明度"①。这个万花筒形象地象征着人类社会的全部事实,万花筒中的彩色碎屑则象征着人类社会中或历史中的各个事件。对于全部的社会事实来说,那些零散的事件正如碎屑一般无足轻重。在万花筒中,随着万花筒的转动,零散的碎屑会组成不同的图案,使观察者眼花缭乱。然而无论怎样转动万花筒,图案有多少种变化,这些组合都有着类似的规则,这就是列维氏努力找寻的隐藏在复杂的社会事实之中的结构。列维氏用万花筒这个比喻非常形象地为我们说明了结构的运作方式,以及结构中诸要素的依存关系和表现方式。在这样的万花筒中,传统认识中的"二元对立"随着万花筒的转动被消解了。"二元对立"这种传统认识中的基础方法被结构主义消解了,也是在这个意义上,高宣扬先生认为列维氏最大的贡献是"彻底打破并超越传统理性主义和经验主义的对立,打破以建构逻辑主体为主旨的'主客二元对立统一'的思考模式"②。

---

① Lévi-Strauss. *La pensée sauvage* [M]. Paris: Plon, 2007. p.51.

② 高宣扬:《列维-施特劳斯及其结构主义的历史地位》,中国哲学年鉴,2010 年,第433 页。

至此，列维氏通过在人类学、神话学引入结构分析，通过符号学转换、隐喻、换喻的方法，消解了传统认识论中的"二元对立"的思维模式。在列维氏结构主义思想中没有绝对的"二元对立"，他在处理"共时性"与"历时性"的关系、"能指"与"所指"的关系等"二元对立"的概念时，并没有将它们绝对对立起来，它们不是非此即彼的概念，而是一种组合的形式。因此，笔者需要再次强调列维氏思想的一个基本准则：人类思想发展的历史不应该是一个又一个的墓地，而应该是一个列维氏所说的修修补补的组合性发展过程。正如列维氏在分析美洲印第安人社会组织时谈到，他不认为"二元组织模式是一个源自人类二元思维的普遍现象"①。对于列维氏来说，二元组织模式"仅仅是生活在广阔但界限明确的地理区域的居民选择以一种持久不平衡的二元模式来解释世界，其中相继出现的各种状态相互重叠。这种二元模式时而体现在神话中，时而体现在社会组织形式中，时而同时体现在两者之中，表现出内在的和谐一致"②。传统的"二元对立"并不是被结构主义的"多元转换"埋葬了，而是在这种新模式下兼容并用。笔者认为这也是列维氏结构主义思想在消解"二元对立"的同时，给我们带来的思考。

---

① 列维-斯特劳斯：《猞猁的故事》，庄晨燕、刘存孝译，北京：中国人民大学出版社，2006 年，第 223 页。

② 同上。

思想随笔

米歇尔·塞尔：思想旅行家

刘阳鹤/文

（同济大学　人文学院）

一、"中"点站之旅

"一位不知疲倦的思想旅行家"，这是法国哲学家、科学史家、作家米歇尔·塞尔被赋予的公共形象。我们通过其出版方 Le Pommier 发布的消息得知，他已于 2019 年 6 月 1 日晚七点抵达思想的终点站。不过，我更愿意从米歇尔·塞尔的"中"点站开始谈起，这里的"中"代指他 40 年前的中国之旅：1979 年 5 月 29 日上午，塞尔与国内哲学工作者在中国社会科学院举行了座谈会，会上他谈论了战后法国哲学界的现状[①]，这是米歇尔·塞尔首次造访中国，很有可能也是唯一一次。但遗憾的是，国内学界在西方思潮不断涌入的 80 年代，并没有持续跟进对塞尔的关注，直到 1996 年才翻译并出版其第一本著作《万物本原》[②]，而塞尔在法国的影响力恰恰也是在 1995 年左右达到了最高峰值，在当时要远

[①]　详情可参见《国内哲学动态》（现为《哲学动态》）1979 年 07 期发表的通讯稿：法国哲学家米歇尔·塞里访华。

[②]　此外，我们还可以看到塞尔的其他几本中译著作：《万物本原》(2012)、《拇指一代》(2015)、《生地法则》(2016)，以及台译本《拇指姑娘》(2017)、《寄食者：人类关系、噪音与秩序的起源》(2018)、《剧变的新时代：米榭·塞荷〈危机时刻〉与〈以前有多好！〉合订本》(2020)、《米榭·塞荷的泛托邦》(2019)，其中《生地法则》译著是由塞尔分别于 2008 年和 2009 年出版的两本小书——《干净之恶》《危机时刻》组成。

354

法国理论(第八卷)

远高于与他同时代的哲学家阿兰·巴迪欧。

在《万物本原》的中译本序言中,米歇尔·塞尔回顾了自己 16 年前的中国之旅,他谈到"我曾有幸在这蚕桑繁盛、沟渠纵横、稻田连绵的富饶地区流连忘返;那时,我首先对中国怀有仰慕之情,后来才试图从那里的城市、人民、历史和艺术来了解这个国家"①。很显然,塞尔初到中国就对他所接触到的农耕文化留下了深刻印象。于是,继《万物本原》(1982)之后,塞尔在 1983 年出版了《超然物外》(Détachement)一书,其中第一章就以"农民"为题写下了关于"中国沃土"的历史忧思。法国人类学家勒内·基拉尔为这本书写了序言(基拉尔与塞尔均为法兰西学院院士,他们也都曾在斯坦福大学任教),他指出塞尔该书的"第一章是受中国乡村的启发,但也是关于历史思维在中国的不可能性及其在西方的可能性"②。

在西方哲学的思想传统中,人们看待世界的方式基本上都围绕着"万物始于一",而米歇尔·塞尔则在莱布尼茨"单子论"的启发下试图扭转这一情形,他认为历史是从"多"而非"一"中产生的,任何想要消除"多"的企图都不可能实现。因此,他毅然提出我们要不断从"一"回溯到"多",以便在众声喧哗的可能性中去思考历史,他还认为"历史不是由某些要求产生的,而是由环境产生的"③。无论在何种环境下,我们似乎都应当去倾听历史长河中的喧嚣与骚动,因为"历史的规律就是喧嚣与骚动"④。毫无疑问,塞尔着重对"多"所进行的哲学思考,实则是想把我们引向历史的混

---

① 米歇尔·塞尔:《万物本原》,蒲北溟(即蔡鸿滨)译,北京:生活·读书·新知三联书店,1996 年 11 月,第 1 页。
② Michel Serres, Dètachement, Flammarion, 1983.
③ 米歇尔·塞尔:《万物本原》,蒲北溟(即蔡鸿滨)译,北京:生活·读书·新知三联书店,1996 年 11 月,第 138 页。
④ 同上,第 106 页。

乱无序之中,秩序当然也涉身其中,唯有这样,我们才能保护可能性,并重建新生。

二、"五月风暴"与"人之死"

从这一点出发,我们或许可以套用上述说法,并做出如下断言:在法国 1968 年"五月风暴"的历史混乱之后,塞尔才真正获得了他的哲学生命,并一跃成为当代法国思想界极具创造性的哲学家之一。正是在这一年,塞尔凭借其长达 800 多页的大部头论著《莱布尼茨的系统及其数学模型》获得了国家博士学位。值得关注的是,作为英语世界目前系统研究塞尔的专家,莫纳什大学教授克里斯托弗·沃特金(Christopher Watkin)在塞尔去世后的第二天撰文写道:这本著作"在 1968 年政治事件急剧紧张的高峰期,为我们敲下了乐观而又微妙的政治音符"①。然而,与塞尔的"渐进主义和乐观声明"(沃特金语)不同,经历过这场风暴之后的哲学家和知识分子们,似乎普遍带有某种悲观主义情绪,与塞尔一起共事的福柯更是哀叹道:"知识分子"从此销声匿迹了,只剩下在各专业领域里忙碌的"专门家"。尽管福柯的说法弥漫着风暴退去的历史悲怆感,但他在 70 年代走向学术巅峰的道路上依然积极投身于各种社会活动,塞尔虽然与切身的政治介入无涉,却也通过"赫尔墨斯"(Hermès)系列著作积极致力于研究控制论、信息革命、生物技术革命所带来的知识进步,从而去思考科学的责任和伦理问题。

如果说福柯在 60 年代中期宣告的"人之死",意味着发轫于 19 世纪初的人文科学中的"人"消失了,那么我们是否可以进而认

---

① 参见 https://christopherwatkin.com/2019/06/02/why-michel-serres-a-personal-reflection/#_ftn13

为,塞尔在 70 年代的工作将我们引向了某种后人文科学(Posthu-manities)的新领域? 在 2013 年出版的《后人类》一书中,意大利哲学家罗西·布拉伊多蒂认为,福柯的《词与物》使"关于什么是'人'的概念正在时代语境中流传,并为一系列的政治团体确立了反人文主义的议程"①。在布拉伊多蒂看来,人文主义与反人文主义的问题分别在于:前者傲慢地将人放在世界历史的中心,而后者则无法通过具体的政治行动走出自己的内在矛盾,因为这一内在矛盾恰恰根植于人文主义的传统之中,而事实也证明它的确在 60 年代的政治行动中以失败而告终。自 2007 年起,美国明尼苏达大学出版社开始推出"后人文科学"系列丛书,米歇尔·塞尔的《寄生虫》被首先推出,这似乎在很大程度上表明了英语学界对塞尔作为后人文主义先驱的认定。那么,我们有必要追溯一下塞尔是如何走向后人文主义立场的,他在何种意义上超越了人类中心主义,又是以何种方式对人类的新境遇加以思考的。

三、走出"人类中心论的幻想"

20 世纪 70 年代初,法国生物化学家、分子生物学家雅克·莫诺(Jacques Monod)出版了一本名为《偶然性与必然性:略论现代生物学的自然哲学》(1971)的演讲文集,其中第二章倒数第二节的小标题为"人类中心论的幻想",该节是否是米歇尔·塞尔重新审视人类之间及其与自然、生态环境之间关系的思想来源呢? 事实上,雅克·莫诺与米歇尔·塞尔在 60 年代末的关系非常紧密,亦师亦友,前者不但教授后者当代生物化学方面的知识,并令

---

① ［意］罗西·布拉伊多蒂:《后人类》,宋根成译,郑州:河南大学出版社,2016 年,第 32 页。

他率先读到了《偶然性与必然性》的手稿。也就是说,莫诺在 1969 年去美国波莫纳学院演讲之前,塞尔就已经阅读了这本书并受到其潜在影响,而他在与其学生——法国哲学家、社会学家布鲁诺·拉图尔的对谈中①也曾坦言,这本书在后来改变了自己的人生。如果要在早期的文本中寻找依据,我们在 1974 年出版的《赫尔墨斯Ⅲ:翻译》一书中即可看到塞尔首次讨论莫诺的生物化学,自此之后,生命科学便在塞尔的后人文科学思想实践中扮演着重要的角色。

在《偶然性与必然性》中,雅克·莫诺从生命科学的全新视角批驳了历史上各种版本的"万物有灵论"②,并最终把批判的落脚点放在了马克思主义的核心观念,即辩证唯物主义之上,他认为"马克思和恩格斯把他们的社会学说的大厦建立在自然界自身规律的基础上,马克思和恩格斯也复活了'万物有灵论的设想'"③。之所以做出这一论断,莫诺给出的理由是:"辩证唯物主义仍然试图提出一个系统的主观的解释,通过这种解释,自然界就表现为具有一种向上的、积极的、创造性的意向,也就是说,自然界总是有一种目的。这一切使自然界成为可解释的和有道德上的意义的。"④对于莫诺而言,无论在何种思想体系或学说中,这一设想归根结底是目的论的,在方法和事实上都是错误的,导致这些错误

---

① 参见 Michel Serres with Bruno Latour:*Conversations on Science*,*Culture*,*and Time*,Translated by Roxanne Lapidus,The University of Michigan Press,1990,p12—13.

② 据雅克·莫诺的解释:"万物有灵论的信条,就像我在这里所具体描述的那样,主要是,人把对于自己的中枢神经系统的强烈的目的性功能的理解,投射到了无生命界中去。换句话说,就是假定自然现象能够用而且必须用解释人类有意识、有目的的主观活动的同样方法、同样'定律'来加以说明。"(p22)

③ [法]雅克·莫诺:《偶然性与必然性:略论现代生物学的自然哲学》,上海外国自然科学哲学编译组译,上海:上海人民出版社,1977 年,第 24 页。

④ 同上,第 29 页。

的根源则在于以人类为中心的幻想。那么,如何避免莫诺所谓的
"人类中心论的幻想"呢?

对于米歇尔·塞尔来说,避开这一幻想的捷径似乎在于:借
非人类来谈论人类。因此我们在《寄生虫》中能看到大量的动物/
神话寓言,出自法国古典主义时期的寓言诗人拉封丹之手,其中
依次出场的主要动物/神话人物有老鼠、半人半羊神、蛇、狮子、双
子神、赫尔墨斯神、青蛙、龟、马、狐狸、豺狼、蚂蚁、牛等,当然也有
与人类社会相关的直接举证,比如谈论金钱、资讯、球、噪声、音
乐、爱情等,以上诸种人类与非人类之间的理论互动以夹叙夹议
的方式层层推进,主要是从逻辑、技术、劳动、经济、社会这几个层
面相继展开的。通过观察四种不同用餐时刻中事物之间的复杂
关系,米歇尔·塞尔最基本的动机就是要瓦解人类中心论的幻
想,从而揭示出人类在历史进程中得以安身立命的关系模型,即
寄生现象。根据对拉封丹寓言《二鼠宴乐记》的解读,塞尔分析了
其中错综复杂的寄生关系:城里老鼠、乡下老鼠、佃主、噪声之间
互为主-客,也就是说没有任何一方是绝对的主体或客体。在塞
尔看来,寄生现象让我们注意到主体间的关系,它是人类之间存
在的基本关系,而哲学不能总是离不开主-客体的关系模式。正
如学者黄冠闵在《寄食者》的序言中所指出的:

不同于现象学从主-客或主体间性的角度出发来建构知识,塞
尔转而从事物与事物之间的关系来看待知识的形成。对于塞尔来
说,与其寻求知识的可能性条件或奠定知识的最终基础,进而生成
一种进入世界或身处世界的经验,不如直接肯定一切都只是在关系
网络中成立,基于事物之间的关系,知识有一个自然基础。①

① 米歇尔·赛荷:《寄食者:人类关系、噪音与秩序的起源》,伍启鸿、陈荣泰译,群学
出版社,2018年,第8页。

由此可见,前者无疑是人类中心论的固有视角,而后者的转变就在于它消解了人类主体对自然客体的支配权,从而进入到了一种主-客倒置的共生关系之中。塞尔认为我们应该遵循生命与地球科学对人类的教导:我们同所有生物一样生活,我们的生命与地球相连,受制甚至受支配于地球和生命的法则。基于此,塞尔开始集中从生物学、文学、神话学、自然哲学的诸多层面上建构他所谓的"自然契约",试图以此调和人类与自然之间日益紧张的关系,这不但能清除我们长久以来挥之不去的"文化污染"——即笛卡尔认识论中的"成为自然的主人和所有者"(出自《谈谈方法》)以及让-雅克·卢梭的"社会契约论"等观念——也能让我们从人类的自恋中走出来,以便重新建立与自然之间的关系。

四、人类世与自然契约

毫无疑问,这是在人类世的层面上去思考人类境遇。塞尔认为"相较于动物的寄生行为,人类是另一级别的寄生者。差别在于:前者是单个,后者是整体;前者是时间,后者是历史;前者是园子,后者是行省;前者践踏园圃,后者毁灭世界"[1]。实际上,这把我们引向了人类寄生于世界的毁灭性影响,这当然可以被视为人类世所带来的悲剧性结果,鉴于此,他才想在前人的基础(社会契约、知识契约)上再签订一份有形的新合同,也就是与自然环境之间的契约,在他的设想下,这一契约可以改变我们目前的单向关系(即人→自然),而成为一种双向关系(即人⇄自然)。所以,塞尔直言新的契约将是一份租赁合同,我们不能再像以前一样在笛

---

[1] 米歇尔·赛荷:《寄食者:人类关系、噪音与秩序的起源》,伍启鸿、陈荣泰译,群学出版社,2018年,第160页。

卡尔的意义上做自然的主人和拥有者，而应该转变我们的寄生状态。从寄生到租赁的关系转变，在某种意义上意味着："当我们只不过是租户的时候，我们才能够沉思和平相处、人类的和平，因为那时世界是和平的。"①紧接着，他发出呼吁，希望宇宙政体快点到来，这一宇宙政体即他所谓的"生地"（Biogée），"生地"同时包含了世界和人类-生地科学共同的主体和客体，他们使用共同的语言，表达对水、空气、火、土地和生命的关注，而通过与世界共同拥有的财富，我们将改善与自然的关系。

值得一提的是，姜宇辉教授在《人类纪的生与死》一文中提到了英国学者蒂莫西·克拉克对塞尔的批评，我们在克拉克的《边缘生态批评》（*Ecocriticism on the Edge*）一书中，可以发现他追认了塞尔早在 1990 年就通过《自然契约》预见性地思考的人类世问题，但他却批评了塞尔的著作同样是"人类中心论幻想的一种练习"，这与我之前所分析的"走出"显然是相互冲突的，克拉克认为塞尔"在 90 年代对人类世的先见描述中仍然纠缠着人类的自我概念，而人类的自我概念实际上已经接近尾声"②。结合下文中已有的相关评论，我们是否可以认为：与其过分纠缠于塞尔仍然依靠人类的自我意识去进行某种乌托邦式的生态学幻想，不如说他早已降格人类的主体地位，为我们提供了一种基于社会政治的批判，并强调与自然进行集体性协议、协调社会机构和社会行动的崭新视角。以下是加拿大学者托马斯·海德（Thomas Heyd）以及法国学者贝特朗·纪尧姆（Bertrand Guillaume）在《人类世的自然契约》一文中的倡议，他们认为即便自然契约有种种挑战，但

---

① 米歇尔·塞尔：《生地法则》，邢杰、谭弈珺译，北京：中央编译出版社，2016 年，第128 页。

② Timothy Clark, *Ecocriticism on the Edge: The Anthropocene as a threshold concept*, Bloomsbury. 2015. p6.

　　我们也有理由相信：这样一种契约是有意义的，是应当追求的，有许多方法来落实它，而且相对于有些人鉴于人类世现实提出的、可能具有灾难性的、大规模的干预主义方式而言，这种契约是有威力的替代选择。自然契约的思想提出，未来仍然是可以通过让自然世界的万物发出重要声音来修正的，而且在此过程中，这些方式还可以为维护地球提供启示和引导，使之拥有比我们继续一切照旧更加宜居的条件。这是一种充满希望的视角，需要我们的想象力与意志，并且值得倾听哲学家、决策者、领导人、受教育者和公众的意见。①

　　我们的确有理由相信，至少我们已经可以找出实例来印证这一设想：在以"禹步"为主题的第 12 届上海双年展中，瑞士艺术家乌苏拉·比尔曼（Ursula Biemann）的视频装置《森林法》，在很大程度上就实现了这一可能，该作品的"核心部分由一系列深具里程碑意义的法律诉讼案构成，这些案件先后将'森林'带上法庭，为大自然的权利辩护。其中尤为典型的范例之一，便是萨拉雅库原住民基于他们所信奉的森林有灵的宇宙起源论，最终赢得了诉讼"②。事实上，比尔曼的《森林法》之所以得以实现，并获得巨大成功，恰恰就是因为她本人对"自然契约"思想的艺术实践③。或许我们应当通过这个作品所起到的切实效应，比如在司法诉讼上的成功，以及在社会上引起的广泛关注，去更为深入地思考艺术是如何承载思想的威力。鉴于这一实质性案例所带来的积极反响，我们在人类世的议题上自然无法忽视塞尔的生态思想遗产，

---

① 托马斯·海德、贝特朗·纪尧姆：《人类世的自然契约》，杨珺译，国际社会科学杂志（中文版）2018 年 04 期，第 82 页。

② 参见 https://prohelvetia.cn/zh/2018/11/05/

③ 参见 http://www.lievengevaertcentre.be/events/ursula-biemann

毕竟它已经给了我们直面人类世困境的替代性方案,而这一方案
在未来的可能性实践中或将继续发挥它的潜力。

五、思想旅行家的"终"点站

米歇尔·塞尔本人的思想旅行已至"终"点站,然而对于我们
来说,它势必会成为一个新的起点。最后,请允许我回顾一下他
去世前后,在汉语世界所留下的踪迹,也就是说截至目前我们都
做了哪些方面的工作①。根据脚注中提到的中文文献,我们基本
可以对米歇尔·塞尔有一个大致的了解,其中主要包括的核心议
题有:因激烈批评其导师巴什拉而提出的"新新科学精神"、主张
人文科学应与自然科学相融合的"后现代科学观"、以"自然契约"
为根基的生态学思想,以及奠基于教育人类学、教育伦理学、教育

① 除了前文及脚注中提到的译著,关于米歇尔·塞尔的其他主要中文文献还有:1.
专节论述的著作。尚杰《归隐之路:20 世纪法国哲学的踪迹》(2002)、莫伟民等
《二十世纪法国哲学》(2008)、郭明哲《20 世纪法国科学史和科学哲学研究》
(2018);2.专节论述的译著,及单篇(介绍)的译文。文森特·德贡布《当代法国哲
学》(2007)、约翰·雷契《敲开智者的头脑》(2002)、维克多·泰勒《后现代主义百
科全书》(2007)、米歇尔·塞尔等著《文字即垃圾:危机之后的文学》(2016)、汪民
安主编《建筑、空间与哲学》(2019)、王立秋相关访谈译文(塞尔×莫特利)、基思·
莫泽《通过"身体性想象"重思生物圈——米歇尔·塞尔的感官哲学》(《外国美学》
32 辑,高砚平译);3.单篇论文。孟强《米歇尔·塞尔论自然契约》(《世界哲学》
2011 年 05 期)、郭明哲《探求知识的融贯性——米歇尔·塞尔的哲学思想述评》
(《哲学动态》2008 年 11 期)、李健《塞尔科技哲学思想的教育启示》(《成都理工大
学学报》2015 年 06 期)、陆兴华《纪念米歇尔·舍赫:必须向 00 后看齐!》("同济
理论电车"公众号)、徐明《米歇尔·塞尔的编织美学对学科融合的启示》(《中外文
化与文论》2020 年 03 期)、《"大叙述"时代的新人文主义——关于米歇尔·塞尔》
(《书城》2019 年 08 期)。4.台湾博论及单篇论文和翻译。许宏儒《吟游、寻渡与
参化——Michel Serres 教育哲学思想之研究》,及其单篇论文《塞荷的教育知识论
研究》(《当代教育研究季刊》第二十一卷第一期)、《论法国哲学家米歇尔·塞荷之
"第三者"概念及其教育哲学意涵》(《市北教育学刊》第 40 期)、毛荣富译 Josue
Harrari 等著《迈向多线通路的旅志——赛荷道论》。此外,关于英文文献的整理
工作,可参见莫纳什大学教授克里斯托弗·沃特金的个人网站:https://christo-
pherwatkin.com/。

美学的教育哲学思想等。除了这些直接谈论塞尔的已有文献外，我们从其他间接研究中也可以看到塞尔的身影，比如国内对拉图尔"行动者网络理论"（Actor-Network Theory）的讨论必然也绕不开他。在拉图尔看来，塞尔是"非现代的"，而不是现代的或后现代的思想家。不过，这里所谓的"非现代的"并不意味着塞尔是一位具有"前现代"思维的哲学家，而是说他在对后现代知识状况的审思中开辟出了一种新的知识路径，这一路径强调各类知识的交流、转化与融通，他试图把自己塑造成一个法国传统的百科全书式哲学家，而他所受到的种种有别于其他哲学家的知识教育，也使他能够在各个学科间的差异性中来回穿梭，并成为一个致力于弥合"两种文化"间鸿沟的思想旅行家。

在法国 1960 年代以来的思想谱系中，米歇尔·塞尔确实是一个非常独特的存在，他继承了法国新认识论的思想遗产，与结构主义思潮有着非常微妙的历史纠葛，以至于法国哲学家文森特·德贡布（Vincent Descombes）指出，"塞尔也许是法国唯一一个其著作符合结构主义精神的哲学家，因为他的定义更多来自于布尔巴基而不是索绪尔"①。正如大家所知道的，塞尔在巴什拉的指导下研究了布尔巴基学派，而巴氏也在后来被追认为早期结构主义的先驱之一，尽管他们两人对"结构"的思考都不属于语言学意义上的结构主义。即便塞尔在 70 年代对巴什拉有过非常激烈的批评，但我总觉得他在哲学风格上与巴什拉非常相近，他们均致力于自然科学与人文科学的交汇与融合，但塞尔在认识论意义以及在理论态度上的确是更为坚决的一方，巴什拉或多或少会有矛盾心理，以致于研究者们至今无法回避他思想中所谓的"二重

---

① 文森特·德贡布：《当代法国哲学》，王寅丽译，北京：新星出版社，2007 年，第 119 页。

性之谜"。

综上所述,就米歇尔·塞尔研究而言,首先讨论的当然是他在数学意义上所阐发的"结构主义",及其与晚他十年左右盛兴的结构主义思潮有何联系。其次,我们也应当着力研究其与巴什拉认识论的内在联系和冲突所在,也许巴氏更多是在美学风格上深刻影响了80年代之后的塞尔。再次,塞尔技术哲学中的乐观主义倾向,似乎与人文学者们普遍的技术批判路径完全相异,而技术进步所带来的新知识空间与后人类话语,恰恰是他新世纪以来所致力思考的重要维度。最后,值得一提的还有,在近些年兴起的新物质主义、面向对象的哲学中,米歇尔·塞尔在某种程度上也扮演着一定的角色,这兴许可以成为我们切入他思想内部的最新突破口。总之,米歇尔·塞尔为我们留下了丰富而巨大的思想遗产,我们又当如何来面对这位博学又博爱的吟游诗人呢?或许我们应当投入到他所说的"多"中,用新知去创造更多的可能性。